新光集团
新光集团

中国驰名商标·中国名牌

周晓光获邀观礼中华人民共和国国庆60周年庆典。

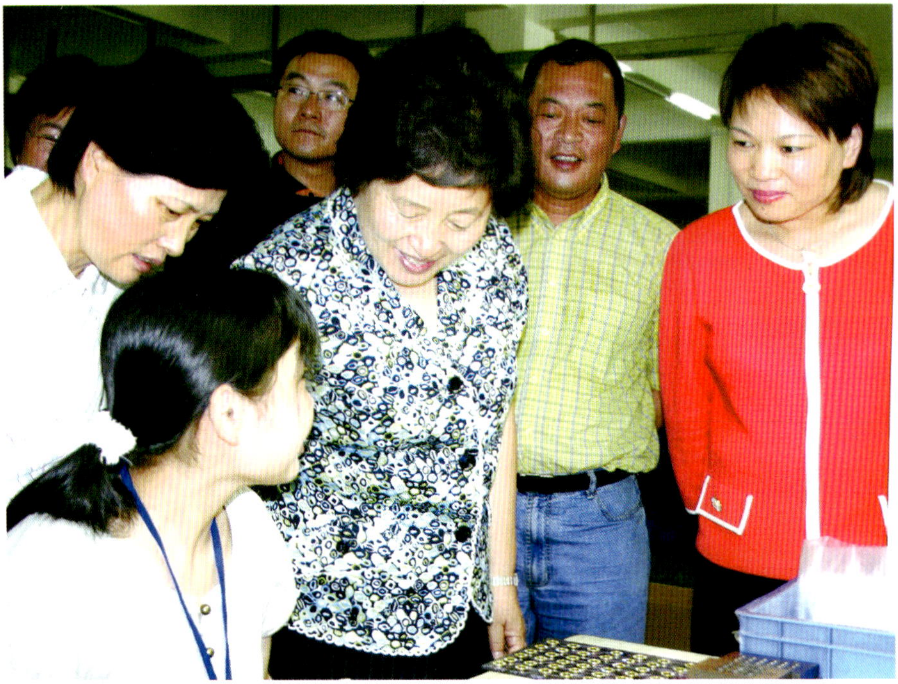

全国总工会副主席孙春兰同志考察新光控股集团创建和谐企业情况。

新光控股集团园林式的厂区是职工业余休闲的好去处。

新光控股集团党委挂牌成立。

新光控股集团积极发展新党员。

周晓光创建的国内首个全国人大代表联系点。

为了准备 “两会” 议案，周晓光及其顾问班子每年都要进行大量的座谈、走访、考察，掌握第一手资料。

当劳模、戴红花——新光控股集团评选出的“杰出员工”。

新光控股集团把EMBA班“搬”进企业。

被评为浙江省卫生厅A级食堂的新光控股集团职工食堂厨房。

由高级管理人员充当“服务生”、为一线员工服务的“新光梦想餐厅”。

新光控股集团定期慰问周边乡村老年人。

系统的专业培训是新光控股集团根据员工的职业生涯规划精心安排的。

新光控股集团形式多样的党员教育活动。

新光控股集团每年一次的集团职工运动会。

国际商贸名城——义乌的璀璨夜景。

新光控股集团向义乌市民演出员工自编自演的文艺晚会。

新光控股集团员工来自“五湖四海”。

总策划：栗玉仕 徐 军

竞和之路

新光控股集团构建和谐社会的探索与实践

“浙江民营企业暨新光控股集团构建和谐
社会的探索与实践”课题组

经济管理出版社
ECONOMY & MANAGEMENT PUBLISHING HOUSE

图书在版编目（CIP）数据

竞和之路/浙江民营企业暨新光控股集团构建和谐社会的探索与实践课题组.—北京：经济管理出版社，2010.1

ISBN 978-7-5096-0869-2

Ⅰ.①竞… Ⅱ.①浙… Ⅲ.①轻工业—工业企业管理—经验—中国 ②周晓光—生平事迹 Ⅳ.①F426.8 ②K825.38

中国版本图书馆 CIP 数据核字（2009）第 234859 号

出版发行：经济管理出版社
北京市海淀区北蜂窝 8 号中雅大厦 11 层
电话：(010)51915602　　邮编：100038

印刷：北京银祥印刷厂　　经销：新华书店

组稿编辑：勇　生　　责任编辑：勇　生　谭婷婷
技术编辑：杨国强　　责任校对：郭　佳

720mm×1000mm/16　　19.5 印张　　336 千字
2010 年 1 月第 1 版　　2010 年 1 月第 1 次印刷

定价：58.00 元

书号：ISBN 978-7-5096-0869-2

“浙江民营企业暨新光控股集团构建和谐社会的探索与实践”课题组

顾问：宋惠昌

中央党校教授、中央党校原哲学部副主任、中央党校原研究生院院长、中国伦理学会原政治伦理学分会会长，著名伦理学家

组长：韩庆祥

中央党校哲学部副主任、教授、博士生导师，中国伦理学会政治伦理学分会会长、中国人学学会副会长

课题组成员：

靳凤林　中央党校哲学部教授、伦理学博士

刘余莉　中央党校哲学部教授、伦理学博士后

邱耕田　中央党校哲学部教授

梁晓杰　中央党校哲学部副教授、伦理学博士

窦　勇　清华大学经济学博士

刘慧敏　中国人民大学书报资料中心研究员

总策划：

栗玉仕　毕业于中国人民大学，获哲学博士学位。中国社会科学院金融研究所金融学博士后、公司金融专家。师从中国社会科学院学部委员、副院长，著名经济学家、金融学家李扬研究员。曾任教于清华大学。长期从事股权投资和企业并购工作，其所参与的某上市公司重组及行业整合案例被写入哈佛 MBA 教材。担任多家著名投资控股集团总裁。

徐　军　毕业于四川师范大学中文系、浙江大学新闻系；曾连续多年被评为浙江省最佳新闻工作者，获得中国新闻奖、全国省级党报好新闻奖等 20 多个新闻奖项；主持或参与多个政府、机构、企业发展战略、新闻公关战略、品牌战略的设计、组织和实施。

目 录

绪　论

新光集团独特的"竞和"发展模式

在具有较大国际影响力的浙江省义乌市林林总总的民营企业之中，崛起了一个光彩夺目的"明星"企业——新光控股集团（以下简称新光集团）。新光集团成立于1995年，是一家以流行饰品研发、生产、销售为主业，集投资、商贸、地产等多种产业于一体的大型民营企业集团。新光集团注册资本为3.168亿元，总资产达50亿元，整个集团有员工4000余人，拥有12家全资及控股子公司。经过十几年的拼搏发展，新光集团现已稳居全球流行饰品行业龙头地位，产销量及市场占有率高居行业榜首，拥有当前国内乃至世界规模最大的流行饰品生产基地，市场网络遍及全球70多个国家和地区。新光集团相继摘取了"中国名牌"、"中国驰名商标"、"中国出口商品免验企业"、"全国民营企业文化建设先进单位"、"全国模范劳动关系和谐企业"、"浙江省绿色企业"、"浙江省首批创新型试点企业"等众多荣誉称号，是中国珠宝、玉石、首饰行业协会副会长企业、浙江省饰品行业协会会长企业，以及中国仿真饰品行业标准的制定单位。近年来，新光集团着力提升产业层次，创新业务模式，推行多元化发展战略，积极开拓房地产、国际商贸、资本运营等新的市场领域，并先后以杭州西湖绝版地块竞投、上海美丽华集团并购、参与创建"百年人寿"、成为2009年上海世博会正式参展企业等多项成功案例，震动业界。有着多年"货郎女"、"扁担商"经历的新光集团董事长周晓光女士，因其优异的经营业绩、倾力于社会公益事业的高尚道德情怀，以及当选全国人民代表大会（以下简称人大）代表并创造性履行职能的卓越表现，成为全国知名的企业家、杰出女性、浙商的代表人物之一。

我们带着喜悦、期待与思考走进了新光集团……

我们带着这些走进新光集团，缘于诸多各级党政、人大等有关部门，社会团体以及新闻媒体，对新光集团的客观介绍和广泛报道。这些信息逐步汇集、陈列开来，不断展现出一些新鲜的、发人深省的“闪光点”，引发了我们对作为中国广大民营企业一分子的新光集团的那独特的经营管理理念和发展模式所具有的“样本意义”的考量。经过一段时间较为广泛地初步了解、访谈，我们逐步认识到，新光集团之所以能取得骄人的业绩，究其根本，是在于它多年来自觉不自觉地探索并实践着一种区别于其他很多企业、一种看似与市场规律和“丛林法则”相悖的经营管理理念和发展模式——我们把它称为“竞和”发展模式。这种发展模式体现了一个民营企业积累财富的内在经济本性，它能把企业做大做强，做得有竞争力；也表达了一个民营企业造福于民、承担社会责任的优秀品质，它能把企业做长做久，做得有生命力……而这，正是建设中国特色社会主义民营经济乃至全面构建和谐社会所急切需要的。

我们带着喜悦走进新光集团，缘于新光集团既注重活力又注重和谐所显现的“典型意义”。一个企业的健康运转和发展，归根结底是依靠两个平衡协调的“轮子”：一个是活力之轮，另一个是和谐之轮。新光集团以“竞争”而具有发展活力，在同种行业中异军突起、独占鳌头；同时，它又以“合和”而达到和谐，在同种行业中具有典型的榜样示范作用。这令我们欣喜，也令我们深思。

我们带着期待走进新光集团，发端于作为浙江民营企业的新光集团对构建社会主义和谐社会所具有的“启示意义”。新光集团既搞市场经济，又充满诸多社会主义因素；既注重效率，又强调公平；既注重资本运作，又关注劳动者的利益；既注重企业利润，又承担社会责任。尤其它所实行的“竞和”发展模式，是以竞争中的“合和”来推动企业发展的，这对我国构建社会主义和谐社会具有重要的启示意义。

新光集团的成功，说到底是在其表象背后所蕴涵的一种独特的经营管理理念。它所集中体现出来的经营、管理、战略、发展等方面的思路和做法，归结起来就是“竞和”的发展模式。这种“竞和”的发展模式，是新光集团在反映时代的“竞合”发展趋势，在汲取中华优秀传统“合和”文化的精髓，尤其是在企业发展与实践探索的过程中，逐步形成、发展起来的。时代的“竞合”发展趋势、中华优秀传统“合和”文化和企业实践发展的经验积累，是新光集团“竞和”发展模式形成的三大因素和深刻根据。

一般而言，企业的经营理念，往往会经历一个由单纯的竞争到既竞争又合作进而到“竞和”的发展过程。

商场如战场。在几千年的商战中，特别是自人类选择了市场经济体制以来，人类的经济生活中总是存在着血淋淋的"丛林法则"。自20世纪80年代以来，企业的经营环境发生了深刻变化：伴随着企业与社会互动关系的深化以及人们对一种人道的、共赢的市场经济的呼唤，企业之间那种"你死我活"的对抗性竞争关系已越来越不适应社会发展的需要了，其负面效应也日益凸显。越来越多的企业逐渐意识到，要想在竞争中完全战胜对手而独占市场，不仅是不可能的，也是不经济、不人道的。于是，许多企业开始以一种宽容、开放的心态来看待竞争对手，以更加友好的方式来进行市场竞争，也力求通过一些策略和手段以形成与竞争对手求同存异的态势。为了实现自身的经营目标，企业也开始与供应商、用户建立良好的合作关系，甚至选择具有战略价值的竞争方，开展与其某一方面或某几方面的合作，以获得多赢的结果。

相对于单纯的"战而胜之"的竞争，"竞合"无疑是一种先进的经营理念。新光集团在其经营实践中，充分认识到由竞争到"竞合"对一个企业发展的根本性意义，由此确立并相当成功地运用了"竞合"这种经营理念。新光控股集团的"竞合"实践，主要表现在产业群"竞合"、国际化"竞合"、管理"竞合"、区域"竞合"、资本"竞合"、企业主与员工"竞合"、文化"竞合"等方面。正是对"竞合"经营理念的成功运用，新光集团在实现自身大发展的同时，也极大地促进了整个义乌饰品行业的发展。例如，在产业集群的"竞合"中，义乌饰品业界的人士有着这样的共识：新光集团是中国流行饰品行业的"黄埔军校"，这所"黄埔军校"已成为了义乌饰品产业乃至整个中国饰品产业快速发展的"催化剂"。目前，在义乌饰品产业3000多家生产经营的企业中，至少有600家是由新光控股集团出去的员工创业开办的，如果再加上流动到其他饰品企业的各类管理、技术人员以及普通技术工人，有着"新光"背景的人数会更多。回顾义乌饰品产业和新光集团的发展历程，新光集团董事长周晓光曾作过清晰而系统的阐述："表面上我扶持了竞争对手，实际上我为自己的产业打下了更为坚实的基础。""只有整个行业兴旺了，我们新光才能兴旺。""我希望看到的是一片森林，而不仅仅是一棵大树。""一棵大树固然可观，但它只能提供给路人一片树荫；而一片森林，却能够影响一个区域的气候。"

如果我们的分析仅仅停留在"竞合"的经营理念上，就不会真正读懂新光集团成功的社会意义。也就是说，当我们跳出"经营"的视野与领域，而从整个时代和社会的视角来解读新光集团发展的价值时，就会发现新光集团主动自觉地探索着由“竞合”经营理念走向“竞和”的发展道路。大多数企业可能主要向社会提供产品和服务，而新光集团不仅提供着产品和服务，而且还向我们这个社会提供了一种令人深思的、体现着先进性的“竞合”经营理念，提供了一种新颖的发展观和价值观。特别是这种“竞和”的社会价值取向，由“竞合”到“竞和”并兼而有之，这和当前中国构建和谐社会的大潮流和主旋律不谋而合，这是新光集团成功的真正根源与价值所在！也是新光集团引人注目的关键所在！一个企业，当它采取了“竞合”的经营管理理念时，它可能是众多企业心目中的“黄埔军校”；而当一个企业同时选择了“竞和”的价值观和发展观时，它就在整个社会铸起了一块“道德高地”。新光集团，就是我们这个时代舞台上闪亮登场的“黄埔军校”和高高挺立的“道德高地”。当我们关注的视角由“竞合”走向“竞和”的时候，我们看到了一个民营企业在构建社会主义和谐社会的时代进程中所应采取的模式和发展道路。

在一般意义上，新光集团的“竞和”模式包含由低到高、层层递进且具有内在逻辑联系的三方面的基本内容：

一是“竞争”。属于基础层面，是指新光集团为追求利益最大化而力求脱颖而出、出类拔萃所进行的行为和过程。它表达的是企业在生产经营上的开拓创新、积极进取，在与国际国内市场的博弈中把自身做大做强的含义，它注重企业的效率与物质财富。

二是“竞合”。属于本质层面，是新光集团为了实现自身的经营目标，与供应商、经销商、用户建立良好的合作关系，甚至与具有战略价值的竞争方，开展一方面或多方面的合作，以获得经营上多赢的结果。它表达的是在企业内部特别是企业之间以及企业和市场之间，以追求合作共赢为目的。

三是“竞和”。属于最高层面，一般来说，它是以和谐的方式进行竞争，而竞争也要达到各方和谐的目的。具体来说，就是新光集团通过“竞和”与履行社会责任（包括经济责任、法律责任尤其是道德责任）的方式，追求企业内部以及企业与社会之间的和谐发展、有序发展和共同发展。它表达的是企业在增进社会财富与福利的过程中，力图实现企业内部及企业与社会关系的优化与和谐。更进一步来说，“竞和”方式是一种化敌为友、化危为机、化对手为共有发展伙伴的方式。它在目标上追求利益增长（这一点与竞争相同），但在做法上力求共富共赢、共同发展、互利互惠，在关系上倡导和谐有序。“竞和”是在承认存在着利益差别和矛盾竞争的前提下，着眼于利益相关者的共同点或共同利益，并吸取竞争对手的长处、优点而“扬弃”其短处或不足，特别是考虑到利益相关者的不同需求与利益关切点，从而以一种各方都能接受或各方利益都能得到增进的方式，来处理自身与外部环境包括与其他同行企业关系的一种先进的企业经营管理之道和发展之道。

“竞和”与“竞争”不同。“竞和”是矛盾同一性的一种体现，而竞争主要体现着矛盾的斗争性；“竞争”意味着实行的是“战而胜之”的方式，而“竞和”则实行的是“和而不同”。“竞和”是中国传统文化中的“和合”精神在现代企业经营管理中的具体运用。注重“和”，是中华民族特有的文化和思想。所谓“和”，指和谐、和平、祥和，从哲学上讲，就是指在承认事物差异的前提下，把具有矛盾关系的不同事物统一于一个相互依存的和合体中，并在不同事物“和合”的过程中，吸取各个事物的长处而克服其短处，使之达到最佳组合，由此推动事物的健康、持续发展。显然，“竞和”模式，就是一种着眼于行业内外不同企业的共性并在相互激励的基础上追求“共荣”和“共富”目标的经营管理思路和发展方式。

“竞和”与“竞合”也有区别。“竞合”基本上是一个生产经营性概念，具有“工具理性”的意义，而“竞和”则主要是一个责任担当性概念，具有“价值理性”的意义；“竞合”属于新光控股集团经营管理的本质层次，主要存在于企业的生产过程中的经营理念，它注重“合作共赢”，而“竞和”则是新光控股集团经营管理的最高层次，主要存在于企业内部及企业与社会的关系领域的价值追求，它注重“谐和共进”、“共生和谐”，具有理想升华和价值范导的作用。

“竞和”与“竞合”、“竞争”也具有内在的逻辑联系。贯穿于三者之间的一个基本线条，是竞争；作为最高层次的“竞和”，既包含“竞争”，也包含“竞合”，它是将“竞争”与“竞和”都融合于或统一于自身的更高层次的经营管理理念；“竞争”是前提和手段，“和合”是价值取向和目的，没有“竞争”，“和合”无以实现，因为“竞”为“和合”提供着不可或缺的物质基础，没有“和合”，“竞争”就会失去目标和方向，从而成为一种不受拘束的可怕的具有破坏性的物质力量。也可以这样说，在现代市场经济社会，企业如果只有“竞争”，那么企业或企业主很容易变成见利忘义、损人利己的纯功利化经济实体或极端自私的“经济人”，“竞争”也会变为狰狞可怕、只追求自我物质功利的力量。而企业如果只一味地追求“和合”而忽视了应有的“竞争”，那么就会限制乃至损害“竞争”的力量并制约企业的可持续发展，并最终导致“和合”价值无法实现，使“和合”成为盖在沙滩上的“空中楼阁”。就企业可持续发展角度而言，“和合”因“竞争”而生，“竞争”因“和合”而得以升华，并具有了普遍受益的功能和公平正义的性质。当然，这里的“和”包含“合”，但比“合”的层次更高。有“竞合”不一定能够实现“竞和”，因为它们之间毕竟有着明显的不同，而要实现“竞和”，必须先实现“竞合”，因为“竞合”是实现“竞和”的基础，“竞和”则是“竞合”的价值升华。

新光集团的“竞和”发展模式，就是从上述对竞争、“竞合”、“竞和”三者关系的分析中提升、概括出来的。这一模式对推动和谐社会建设具有重要的意义。

第一，它启示我们，在构建和谐社会中，要注重具有人格魅力的先锋企业家的导向作用。企业家在构建和谐社会中具有举足轻重的作用。新光集团由“竞合”走向“竞和”并兼而有之的发展品质，有着深刻的成因。新光集团是在具有“小邹鲁”美誉的浙中金华地区传统的家族文化的熏陶下成长起来的企业之“家”，是一个继承了“家”的精神与功能的典型家族型企业。“新光”就是取自其创始人虞云新之“新”和周晓光之“光”而成名。新光家族的形成，源于家族事业创始人虞、周两姓的联姻，它伴随着因联姻逐步兴旺的家族事业的壮大与扩展，它是一个以虞、周两姓为主干、多个姓氏融入，由多个小家庭单元、数十名家族成员组合而成的大家族结构。在这个大家庭里，不同的家庭成员各安其位、各担其责、默契配合，很好地体现了“合”。同时，在这个大家庭里，似乎永远是一幅人丁兴旺、人气聚足、热热闹闹、和和美美的快乐祥和景象，每个人都受到尊重，每个人都得到关爱，每个人都能为他人着想，每个人又都可以自由地表达，因而又很好地体现了“和”。这就是说，新光集团的“合”与“和”是其家庭“合”与“和”的放大。家和企业兴，这一点已在新光集团得到了生动的体现和印证。

这样的“和合”家族成长出一位具有人格魅力的企业家——新光集团的“当家人”周晓光。这是一位出生于20世纪60年代初期的东方女性。她自小就受到母亲坚韧不拔、刻苦勤奋、乐善好施、为人着想的品德的熏陶，她具备了能够成就大事业的集能力与道德于一体的品质和素质。在通常是尔虞我诈、利益至上的生意场上，她抱着与人为善、“吃亏是福”的生活信条，胸怀一颗感恩的心，恪守着本分做人的道德操守。她勤勉好学、钻研进取，掌握了搏击商海风浪的过硬本领。爱心救助，回报社会，协同广大浙商广泛开展各类慈善公益活动，对于新光集团的董事长周晓光来说，已成为一种常态。周晓光先后向“中国妇女发展基金会”、“中国残疾人联合会”、“义乌市残联”、“义乌市慈善总会”等社会慈善机构捐赠3600多万元。当举世震惊的汶川大地震发生后，在周晓光的发起和倡议下，新光集团向地震灾区共捐赠善款720万元，是义乌捐赠额最多的企业，在整个浙商团队里名列前茅。基于周晓光的人格魅力与社会贡献，她获得了中国妇女发展基金会授予的“爱心人士”证书和浙江省企业家协会授予的“妇女公益事业爱心人士”荣誉证书；她被授予“2007全国十佳巾帼建功标兵”、“2007优秀中国特色社会主义建设者”、“2007义乌十大慈善家”；她被公认为中国优秀女企业家、浙江省关爱员工优秀企业家；2008年，她又成为“浙商公益联盟”的发起人之一。有了她的人格魅力，才有了“新光”注重“和合”的发展品质，进而才造就了“新光”的成功。这种成功是因“和合”而成功，也是一个民营企业对构建和谐社会的重要贡献。

第二，它告诉我们，在构建和谐社会中，要注重企业经营管理模式或发展模式的榜样示范效应。有什么样的发展模式，往往就会有什么样的企业。作为民营企业的新光集团的“竞和”发展模式，对构建和谐社会具有直接的榜样示范效应。经过30年的现代化建设，我们积累了巨量的物质财富，同时也存在一些较为严重的社会矛盾。为了正确化解各种社会矛盾，实践以人为本的价值理念，实现全面、协调、可持续发展，党中央提出了构建社会主义和谐社会的战略主张。社会主义和谐社会是全体中国人都能够各尽其能、各得其所、和谐相处的社会，是民主法治、公平正义、诚信友爱、充满活力、安定有序、人与自然和谐相处的社会。和谐社会的理想境界是人类的千年追求。从孔子的“和为贵”到康有为的《大同书》，从法国空想社会主义者傅立叶“和谐制度”的设计到美国人类学家R.本尼迪克特的“协和社会”的论断，都充分表明：实现社会和谐、建设美好社会，始终是人类孜孜以求的远大社会理想。而只有在生产力有了极大发展、人们对社会发展规律有了深刻认识、以人为本的主导价值理念日益凸显的今天，构建和谐社会才有可能。在当代中国，构建社会主义和谐社会是贯穿中国特色社会主义事业全过程的长期而艰巨的历史任务。实现这一历史任务，党的领导无疑是核心力量。然而，由于社会主义和谐社会是充满活力、团结和睦的社会，因而建设社会主义和谐社会，还必须最大限度地激发全社会的力量，其中就包括广大企业的中坚力量。

构建社会主义和谐社会，企业的作用是极其重要的，民营企业也不例外。作为社会关系总和中的经济细胞，企业的正确定位及其合理的发展模式，无疑对解决社会矛盾、优化社会关系、构建和谐社会起着非常重要的促进作用。新光集团十几年的发展，犹如一幅耐人寻味的生动画卷。在这幅画卷上，我们看到了中华民族优秀传统文化在民营企业运行中发扬光大，看到了“竞和”之道的精妙运用；我们也看到了“竞和”发展模式既注重物质财富的积累，又注重社会责任，既通过解放人使民营企业焕发活力，又注重公正使民营企业充满和谐，既注重资本的“硬力量”，又注重资本被“和合”文化这一“软力量”的驯服，构建和谐的劳资关系……总之，在这幅画卷里，我们读到了一个民营企业“竞”的进取、“合”的共赢、“和”的境界对构建和谐社会的贡献，读到了一个民营企业在和谐社会构建中的发展之道。由此，我们可以说，新光集团的发展经验，是非常值得认真研究和总结的，是需要得到全社会高度关注的，它是企业如何参与、融入构建和谐社会的一个鲜活生动的“样本”。

新光集团在“竞”与“和”的结合上是非常成功的，这种成功使得新光集团成为发展社会主义市场经济、构建社会主义和谐社会的榜样企业。一方面，新光集团通过开拓创新，努力追求生产、经营上的进步，不断把自己的企业打造成一个经济强势的企业。新光集团现在已经是中国的知名企业、中国饰品行业的龙头企业、目前国内最大的流行饰品生产基地之一，连续多年排名义乌市民营企业的纳税榜首，这是其在“竞”的方面取得成功的证明。另一方面，新光集团在发展生产、创造物质财富的基础上，还积极主动、尽心尽力地履行着崇高的社会责任。“除了赚钱，还有责任让这个世界变得更美好”，这是新光集团董事长周晓光不变的信念。新光集团履行社会责任主要表现在：遵循商业道德，确保产品质量；承担环保责任，实施清洁生产；保护弱势群体，维护员工权益；支持慈善事业，捐助社会公益事业。也就是说，新光集团的发展不只属于自己，更属于社会，它通过一种“企业公民”的角色，努力造福于我们这个社会，并积极地阐述着民营企业如何为构建社会主义和谐社会做出贡献的样板意义。

新光集团的“竞和”发展模式深刻地启示我们：在构建社会主义和谐社会的时代背景下，企业要想为实现和谐社会战略目标贡献自己的力量，就必须同时采取生产经营上的“竞合”和承担社会责任上的“竞和”的发展模式。在经济生活中，可能有不少企业在生产经营中采取“竞合”的经营理念和方式，但构建社会主义和谐社会战略任务的提出已郑重地宣告：一个企业只采取“竞合”的经营方式已经不够了，还必须像新光集团那样，由“竞合”走向“竞和”并兼而有之。就是说，在企业的建设、发展中，只有把“竞合”与“竞和”有机地统一起来，企业才能成为一支构建社会主义和谐社会的积极的力量。

第三，它昭示我们，在构建和谐社会的过程中，民营企业建立一种结构合理的企业运作机制至关重要。企业发展模式往往通过企业运作机制来实现，这不但要有一个有利于社会和谐的企业发展模式，而且还必须有一个有利于社会和谐的企业运作机制。新光集团积极建立一种“以企业家的‘引领’作用+企业员工的‘事功’追求+企业的‘各尽所能、各得其所、和谐相处’的环境构建”为核心结构的企业运作机制，既促进了企业内部的和谐，也带动了企业之间的和谐，还推进了企业与社会的和谐，其作用不可低估。

新光集团的发展经验和取得的成就，吸引了远在北京、身在中央党校的专家、学者。我们在中央党校马克思主义理论部副主任韩庆祥教授和中央党校原研究生院院长、伦理学家宋惠昌教授的带领下，几番南下义乌，深入调查研究。我们用眼睛观察，用心灵感悟，用头脑思考，用理性分析；我们力图用我们的所见、所思、所想，来理性评述一个对构建社会主义和谐社会具有样本意义的不一般的“新光”，一位具有人格魅力、令人敬佩的了不起的周晓光！

经过相当长一段时间充分深入的探讨、分析、研究，在诸多专家、教授的通力合作和辛勤耕耘下，这本定名为《“竞和”之路——新光控股集团构建和谐社会的探索与实践》一书得以成型。本书共由六章组成。其内在逻辑关系是：分别从新光集团经营管理模式的时代背景、新光集团经营管理模式的传统文化基础、新光集团经营管理模式的社会资源、新光集团经营管理模式中的企业内部和谐劳动关系、新光集团经营管理模式中的企业外部社会责任、新光集团经营管理模式中的政治人格体现六个主要层面，集中考察、分析新光集团“竞和”经营管理模式的形成时代、传统和现实根据，阐述新光集团“竞和”经营管理模式的“企内”、“企外”和“主体”三个方面的核心内容，揭示新光集团“竞和”经营管理模式对构建社会主义和谐企业与和谐社会的基本价值和现实意义。

第一章，着重考察新光集团“竞和”经营管理理念和发展模式形成的时代背景。在经济全球化时代，世界经济的各个方面都发生着重要而深刻的变化，企业开始把合作引入到竞争战略领域，竞争中的合作逐渐成为一种趋势。新光集团不失时机地选取了“竞合”经营战略。在周晓光看来，商场上不仅仅是竞争，更多的时候需要合作。无论是合作者，还是竞争对手，都需要通力合作，把市场做大，把蛋糕做大。新光集团的“竞合”，主要表现在产业集群“竞合”、国际化“竞合”、管理“竞合”、区域“竞合”、资本“竞合”、文化“竞合”等方面。新光集团成功的“竞合”战略，给中国企业带来了深刻的启示：“竞合”是当今企业战略发展的最新趋势，是推动我国企业国际化的有效手段，因此，任何有作为的企业都应树立“双赢”的经营理念，而政府也应积极推动企业实施“竞合”经营战略。

第二章，着重揭示新光集团“竞和”经营管理理念和发展模式产生的传统文化基础，主要分析新光集团经营管理模式所蕴涵的优秀的中华传统家族伦理因素及其价值。确切地说，新光集团，是在东阳传统的家族文化熏陶下成长起来的企业之“家”，是一个继承了“家”的精神与功能的典型家族型企业。“家和万事兴”，新光集团的成功，在很大程度上就是把家族内部的和谐扩展到了企业这个大“家族”。而在周晓光身上所具有的勤俭持家、孝悌传家、助人为乐、吃亏是福、知恩报恩等优秀的品质和令人称道的处事原则，与其母亲从小潜移默化的传统伦理的身教是分不开的。新光集团的发展及其成功，更是蕴涵着以义取财、厚德载物、回报社会的道德大义。

第三章，重点考察、分析新光集团“竞和”经营管理理念和发展模式形成的社会资源之一——女性在市场经济中的力量，主要考察周晓光作为女性民营企业家所拥有的“社会资本”在新光集团发展中的独特作用。作为企业家的周晓光在新光集团的发展中，不断地积累着自身的社会资本，提高着自身的信誉水平，从而促进了新光集团的发展壮大。她以紧密结合的“饰品女王”和“议案女王”的双重身份，实现了市场经济和女性魅力、家庭和企业、市民和公民身份之间的结合与和谐。周晓光是一个从贫困山区和贫困家庭走出的“农家女”，正因为贫困，她才被迫走出了大山之中的家庭；正因为是女性，她才本能地做起了与美有关的生意；正因为市场经济，她的女性力量才得以焕发。在这里，女性做了自己的主人，女性成为市场经济中的一种建设性力量。周晓光作为女性企业家的美就在于耐心、坚韧、平和、细腻的性格特性，而这正是一个企业家应该具备的素质。总之，她的成功和新光集团的强大，诠释着社会资本在促进企业发展和实现社会和谐方面的积极意义。

第四章，着重论述新光集团“竞和”经营管理理念和发展模式的第一个核心内容（企业内部）——构建企业和谐劳动关系的做法和经验。在新光集团和谐劳动关系的建设中，新光集团党委和工会发挥着十分重要的作用。他们的做法主要有：以手段的丰富性和参与的广泛性推行厂务公开，加强民主监督，增强党组织的政治凝聚力；充分发挥“职代会”的作用，为职工谋福利；签订集体合同和工资协议书，依法维护职工权益；推进企业民主管理，认真化解企业内部矛盾；积极参与职业安全卫生监管；建设有“新光”特色的企业文化，不断增强员工的凝聚力等。这些做法的启示意义是：党组织和工会对企业的作用不可等闲视之，必须创造各种有利条件以发挥它们在企业发展中的政治保障作用。

第五章，着重论述新光集团“竞和”经营管理理念和发展模式的第二个核心内容（主要是企业外部）——履行社会责任的做法和意义。企业社会责任，是指企业应该承担的，以利益相关者为对象，包含经济责任、法律责任和道德责任在内的一种综合责任。新光集团承担社会责任的具体做法表现为：遵循商业道德，确保产品质量；承担环保责任，实施清洁生产；保护弱势群体，维护员工权益；支持慈善事业，捐助社会公益事业。新光集团的成功经验和通过“竞和”发展模式来履行社会责任的具体做法启示我们，对于社会责任感普遍不强、依然处于你死我活的恶性竞争中的中国多数企业来说，要想真正实现企业的可持续发展，并发挥企业在构建社会主义和谐社会中的积极作用，一种可行和可靠的做法就是积极履行社会责任，走新型的“竞和”发展之路。

第六章，着重分析新光集团“竞和”经营管理理念和发展模式的第三个核心内容（主体人格），即作为义乌市唯一的全国人大代表周晓光的政治身份和政治参与活动及其与新光集团“竞和”的关系。从 1998 年起，周晓光先后当选为义乌市第十一届、第十二届人大代表，金华市第四届人大代表，全国第十届、第十一届人大代表。周晓光具有强烈的代表意识和责任意识，她对自己作为人大代表所应担负的社会角色有着清醒的认识，对人大代表的职责也有十分准确的定位。她所提交的议案具有广泛的代表性，并尽可能地让更多高质量的议案被各级人大采纳。特别是她凭借自己过硬的德才素质实现了人大代表履职方式的创新：首创人大代表联络点并打广告征集议案。

第一章　竞合之道
——新光集团经营管理模式的时代性分析

俗话说，商场如战场。商场上的对手就是敌人。纵观人类几千年的历史，对待敌人的办法似乎只有一个，那就是把它消灭或者吞并。在市场竞争中，只有第一，没有第二；不是消灭别人，就是被别人所消灭；不是通吃，就是被吃。商战的胜利同时往往意味着失败者的消亡。但是，20世纪80年代以来，伴随着世界经济发展趋势的变化以及新技术革命的兴起，唯竞争论的企业经营战略发生了很大变化。面对复杂多变的国际形势、日益激烈的竞争态势以及越来越难以控制的市场，一味强调竞争的战略已难以有效地指导企业的发展。企业与供应商、顾客、同行业者和互补品生产者之间的关系，已经演化成复杂的既竞争又合作的博弈关系。因此，为了适应形势的变化，实现优胜劣汰，企业必须协调运用竞争与合作两种方式，即实行竞合战略。

一、竞合时代

20世纪80年代以来，世界经济发生了许多重要而深刻的变化——经济全球化、新技术革命、国际分工的深化等，这些变化对企业的经营理念产生了重要影响。竞合战略就是在这样的历史背景下应运而生，并给传统的企业经营管理战略理论带来了一次革命。

（一）经济全球化

全球化是当今世界经济发生的最深刻变化，也是世界经济发展的必然趋势。生产要素的流动日益超出国界的限制，在全球范围内寻求最佳配置。通过对外贸易、资本流动、技术转移、提供服务等方式，整个世界经济日益形成一个相互依存、相互联系的有机经济整体。在这样的一种格局中，在开放的市场中，任何企业都要面对来自于全世界的激烈竞争。普瑞斯、戈德曼和内格尔在《以合作求竞争》一书中指出，"企业孤立经营的昔日格局已经迅速被打破，一个企业的决策直接影响其他企业的决策，今日的企业管理涉及企业之间不断的相互往来"。[①] 这种往来不仅包括物质资源的互惠性交换，而且还有市场行为方面的深层次交流。这种交流的目的是为了应对市场中难以测度的风险，是为了对顾客与市场需求的变化做出迅速的反应，最终目的是为了应对经济全球化形势下更为激烈的市场竞争。

从生产角度来看，全球化背景下的企业要依据成本最小的原则在全世界范围内安排生产，其原因就在于各国要素禀赋不同，要素的价格存在差异。在市场经济中，这些生产资源被不同的企业所占有，要实现成本最小化，企业之间的合作必不可少。总的来说，全球化条件下，企业发展战略面临重大调整，企业之间不再是简单的竞争关系。在竞争中寻求合作，便成为企业应对全球化挑战的发展战略的新追求，传统经济中企业间单纯竞争的关系逐渐演变为既竞争又合作的竞合关系。

（二）新技术革命

从科学技术的发展来看，自从 20 世纪 80 年代后期起，新技术革命的浪潮汹涌而来，主要表现为信息技术、新能源技术、基因技术、航天技术、新材料技术等方面科技的迅速发展。在新技术革命的推动下，高新技术的产业化进程也大大加快。在这样的技术背景下，传统的企业竞争方式出现了新变化。

一是企业之间技术上的差距日趋缩小，技术垄断优势逐步缩小，仅依赖企业雄厚的技术力量在竞争中取得优势变得越来越困难；二是在经济全球化的背景下，由于经济的相互渗透，与竞争对手的合作越来越受到重视，企业之间既是竞争对手又是合作伙伴，一种新的竞争关系开始出现；三是在知识经济时代，信息传递以及交流越来越快捷、公开，产业升级越来越频繁，这就使竞争者可能在某一领域重又回到同一起跑线；四是计算

---

① 肯尼思·普瑞斯、史蒂文·L.戈德曼、罗杰·N.内格尔：《以合作求竞争》，辽宁教育出版社，1998 年版。

机、互联网的广泛应用，减小了信息的获得、使用成本，减少了企业的信息不对称现象。

（三）资本输出

在经济全球化的背景下，传统的货物贸易在“二战”之后取得了巨大的发展，并且可以预期，在今后较长一段时期内，货物贸易将依旧是国际交易的主体和全球经济发展的主要动力。但由于其他国际交易形式，特别是资本输出的快速发展，货物贸易在国际交易中的份额将呈下降趋势。投资已成为世界经济发展的新支点，国际直接投资额年均增长率高于国际贸易年均增长率，国际直接投资年均额与年均国际贸易额的差距在不断减少。随着全球金融自由化改革的进一步深入，预计这种发展趋势将进一步强化，直接投资将是今后全球经济发展中最具活力的要素。开展直接投资的海外企业在当地市场存在着诸多劣势，比如不了解当地的政策、法律、文化、风俗等，如果想顺利地开展业务，就必须和东道国的企业开展合作。世界范围内蓬勃兴起的直接投资活动极大地促进了企业间的合作。

（四）跨国公司

作为经济全球化最重要的载体，跨国公司的发展是经济全球化的必然结果，同时又是经济全球化发展的动力。随着全球化的发展，跨国公司也发展迅速。自 20 世纪七八十年代以来，跨国公司在全球范围内得到了迅速发展。据统计，1970 年全世界的跨国公司约有 3500 家，它们的子公司约有 7000 家，到 1992 年分别达到了 3.7 万家和 17 万家，1995 年又分别发展到 4 万家和 25 万家，2002 年全世界的跨国公司已发展到 6.4 万家，其子公司达到了 87 万家。

跨国公司在全球范围内来安排生产，因此供应链的管理就成为重要的课题。供应链管理是指对产品生产和流通中所涉及的物流、商流、业务流、价值流、资金流和信息流进行的计划、组织、协调及控制。它是在社会分工越来越细、产品生产日益全球化的过程中提出来的一种营销管理理念。跨国公司在企业管理中，只有通过贸易伙伴间的密切合作，提高供应链的运行速度、效益和附加值，才能为整个供应链上的所有贸易伙伴带来巨大的经济效益，实现优势互补，增强市场竞争力。

（五）市场变化

斯坦福大学管理学博士、被《经济学人》杂志誉为“管理学大师中的大师”的汤姆·彼得斯谈到当今的市场变化时说，“市场变得像时装、流行色一样不可捉摸，产品更新必须跟上这个‘毫微秒’时代”。[①] 随着经济的全球化，市场的国际化，市场需求也出现了新的变化。新经济时代，顾客需求的变化呈现出两大趋势：一是个性化，是指不同的顾客群体呈现出不同的需求特征，甚至单个顾客就有自己独特的需求特征；二是多变性，是指顾客的需求在时间序列上表现出震荡态势，换言之就是市场需求的快速变化。市场中客户需求越来越个性化，而且常常在瞬间完成。这就对传统的企业经营管理模式提出了挑战。一方面，企业缺少一种有效的快速向客户提供商业咨询、产品技术介绍、客户需求询价与报价、快速处理订单的管理机制，传统的生产管理模式难于及时满足市场与客户的要求。另一方面，消费需求的快速变化使得产品生命周期不断缩短，以前能获利几十年的产品，现在很可能在 3~4 年就被新产品所替代。传统的大批量、流水线生产也难以满足客户的个性化需求。

一个企业要立于不败之地，就必须准确把握市场先机，挖掘多层次市场中的潜在市场，高度关注消费者的需求，以快速、优质的个性化服务来满足消费者的需求。当企业无法靠自己的内部资源来满足市场需求时，就开始从企业外部寻求帮助，于是，外包、企业联盟、跨国合资、专利使用权转让、研发联盟、联合生产、联合营销、供应共享、物流协作、渠道协调、让利销售等多种合作形式应运而生。

全球化时代，世界经济的各个方面都发生了重要变化，企业开始把合作引入到竞争战略中，竞争中的合作逐渐成为一种趋势。

二、竞合战略

竞合战略，简单地说，就是竞争与合作两种战略的结合。市场作为一

① 樊兰：《贴近顾客，后卓越时代的真实忏悔》，《当代经理人》2006 年第 3 期。

个复杂的系统，呈现出多维、复杂、纵横交错的多重特征，必然体现出竞争中有合作，合作中有竞争的“竞合”特征。竞合战略是竞争战略的进化，是市场理性发展的结果，是社会发展的必然要求。

（一）什么是竞合战略

对于竞合战略，国内外学者从不同角度进行了阐述。1996 年，美国哈佛大学教授布兰登勃格（Adam M.Brandenburger）和耶鲁大学教授内勒巴夫（Barry J. Nalebuff）以博弈论为工具来分析企业间既竞争又合作的现象。他们创造性地提出了“竞合”（Coopetition）概念，用来描述企业间既有竞争又有合作的新型战略关系，研究了企业应如何在竞争与合作中取得平衡。他们认为，当共同创建一个市场时，商业运作的表现是合作；而当进行市场分配的时候，商业运作的表现即为竞争。企业必须同时关注竞争与合作，并学会将二者很好地融合起来，加以灵活运用。

詹姆斯·摩尔（J.Moore）从竞合的具体形式——战略联盟的角度来研究竞合战略。他在 1996 年发表的论著《竞争的死亡》（The Death of Competition）中提出，当今时代，以产品或市场为基础的一对一竞争已经成为过去，竞争的焦点是企业在整个商业生态环境中领导地位的争夺，是企业群组与企业群组的对垒，是战略联盟与战略联盟之间的抗衡以及控制核心技术和追求产业标准。同样是从战略联盟角度进行研究，西尔拉（Sierra）、康特拉克特（Contraetor）等人认为，战略联盟是由很强的、平时本是竞争对手的公司组成的企业或伙伴关系，是竞争性联盟。康特拉克特指出，众多业务相近、规模相当的跨国公司近年来纷纷以联合生产、联合采购、联合研究开发等形式展开合作，它们之间在合作中的贡献往往是类似而不是互补。

Ya Dong Luo 从动力机制来研究竞合关系。他认为，企业建立竞合关系的动机主要包含：竞争性合作能够降低市场扩张过程中与创新、新产品开发等相关联的成本、风险、不确定性；扩大收益、共享资源、优势互补；共同抵御外部威胁；策略灵活性；抵制技术标准；创造和把握机会；等等。

Quintana Garcia 和 Benavides Velasco 就企业与直接竞争对手、上游联盟伙伴和下游联盟伙伴的合作竞争关系与企业绩效进行了实证研究。他们将企业的创新能力作为绩效衡量的主要指标，并将企业竞合分解为三个方面：一是直接竞争对手之间的合作；二是企业与上游联盟的竞合行为；三是企业与下游联盟的竞合行为。他们通过对欧洲生物技术企业长达6年的跟踪研究发现，竞合战略比起单纯的竞争或合作战略，更能够提升企业的创新能力。

从产业的角度来看，竞合行为在以技术为主导的产业内很常见，特别是在信息技术，生物技术等领域。因此，M.Chirgui的研究指出，企业形成竞合关系的原因，在于新技术交换和技术互补、获取新市场和促成新的技术标准等。

综合以上研究成果，竞合的概念可以分为广义、狭义两个方面。从广义上来讲，是指多个主体（包括个体、群体或组织）的竞争与合作同时存在的一种关系状态，既包括内部，也包括外部的一种广泛存在的竞争合作关系。从狭义上来讲，是指企业为了开发市场或减少成本进而提升企业竞争力和争取市场主导地位所采取的一个合作与竞争相合并的战略。

（二）竞合战略的内涵

竞合战略是对传统的竞争战略的拓展，它建立在对企业竞争博弈分析基础之上，它的主要思想源自非合作博弈（Non-cooperative Game）。我们知道，在非合作博弈中，纳什均衡是最终的结果，但这一结果不是唯一的，也并不总是最优的，从效用总量来看有很大的改进空间，如果通过适当的规则设计，现有的博弈参与者会得到比纳什均衡更多的效用，合作就是规则变化的一种选择。或者说，在单纯竞争中引入合作因素，能够取得“1 + 1 > 2”的效应。

1. 竞争

经济学家对竞争的研究由来已久，他们的共识是竞争能有效地提高市场经济活动的效率。在“资源稀缺”的现实背景下，相互竞争的企业必须更加努力地获取经营优势，以求在资源和能力上能够始终占据优势地位。竞争推动企业实现更高的效率，并且通过推动产品、市场、流程和组织的其他领域创新来产生企业家租金。简单地说，竞争从三个基本途径提高了经济效率：促进稀缺资源的最优分配；为创新和企业家精神的发展提供了动力；降低了交易成本。竞争是市场经济的根本法则，它源于市场经济运行机制本身。市场机制正是通过优胜劣汰的竞争，迫使企业降低成本、提高质量、改善管理、积极创新，从而达到提高效率，优化资源配置的目的。

竞争战略对企业经营管理行为的影响具体来说表现在以下四个方面：

一是推动企业提高产品的市场竞争力。产品的市场竞争力是由产品的价格、质量规格、设计等因素决定的，企业要在市场上提高竞争力，就必须狠下工夫，生产出物美价廉的产品。一个企业的产品质量好，外观美，价格低，升级换代快，就能够不断提高市场占有率。相反，质次价高、外形陈旧，则难以满足消费者的偏好，会被市场所抛弃。质优价廉是消费者购买商品的要求，也是决定产品竞争力的基本要素。市场竞争迫使企业千方百计地提高产品的市场竞争能力。

二是推动企业加快技术进步。"科学技术是第一生产力"，特别是在知识经济时代，生产技术的更新速度不断加快，谁不重视技术进步，谁就必然在市场竞争中落后，失去竞争力，甚至被淘汰。要想在竞争中取得优势，就必须不断更新技术装备，采用新的生产工艺。这样，竞争就使得企业十分关心设备更新、技术进步，推动了企业加快技术进步的步伐。

三是推动企业改善服务，更好地满足消费者需求。从消费者偏好理论可知，不同国家、不同收入阶层等具有不同的消费偏好，消费需求多种多样。企业为消费者提供服务，就要从消费者的要求出发，急顾客之所急，想顾客之所想，使顾客感到满意。周到细致的服务对于扩大销售、改善企业经营状况至关重要。因此，竞争为企业改善服务态度、提高服务质量提供了强大动力。

四是促使企业提高经营管理水平。从表面上看，企业的优胜劣汰主要取决于产品的价格与质量，价廉物美的商品才能够得到消费者的认可。而实现这一切的关键则在于企业的管理水平，取决于企业是否能够根据成本最小化的原则，系统地安排企业的计划、组织、指挥、监督和调节等一系列管理环节。因此，竞争压力会迫使企业不断优化生产流程，提高管理水平，提高经营效率。

2. 合作

经济学范畴中的合作，是指由于市场竞争的需要，两个以上市场主体在平等互利的基础上联合起来，为实现某一确定利益，彼此自愿地约束各自独立的经济行为，并通过协调作用而形成的联合行为，目的是实现所有合作成员的共同利益。

现代经济学的奠基人亚当·斯密在1776年3月出版的《国家财富的性质和原因的研究》一书中，以大头针的生产为例，系统地阐明了分工与合作的重要性。近代以来，合作在市场经济中的重要性日益凸显，人们从不同角度对此展开了系统研究。Niclsen 1988 年发表的《合作战略》一文，认为合作战略和竞争战略一样，能够提升企业经营优势，而且是提升企业竞争能力的一条重要途径。Bleeke 和 Emst 在他们的著作《协作型竞争》中指出，单纯依靠企业与同行业的其他企业、经销商和供应商进行竞争，已经难以确保企业持续获得持久性的高利润。在当前形势下，企业必须认识到，为了更好地竞争，必须学会有效地合作。Ring 和 Van de Van 认为，技术的快速变革、竞争性的环境、企业战略需要以及其他压力，是驱动企业寻求与其他企业建立持久性合作关系的主要原因。而合作往往发生在具有不同目标追求的企业之间，因为它们之间可以产生互惠性的依赖关系。

竞争并非唯一、最好的选择，我国的先哲们也早就认识到了这一点。老子在《道德经》中说道："天之道，利而不害；圣人之道，为而不争"，"夫唯不争，故天下莫能与之争"。合作或许是最好的竞争方式，若一味追求竞争制胜，则可能会丧失合作带来的更多、更长远的收益。

企业之间展开合作的好处主要表现为降低成本和风险，缩短开发和占领市场的时间周期。在信息经济时代，在新产品开发和进入新市场时，企业往往要承担巨额的成本支出以及难以估量的风险，因此，合作就成为降低成本和风险的理性选择。在产品开发环节上，单个企业的人力、财力有限，因此，现代重大科研项目往往采取联合攻关的方式进行，这就缩短了研发时间。从产品进入市场的环节来看，研究机构、生产厂商、销售商等协同合作，能够更快、更好地满足消费者需求，占领市场。

此外，企业之间展开合作与交流有助于增强企业的力量。合作企业之间互相帮助、彼此交流，可以获得更多的信息，弥补单个企业的不足，提高共同解决问题的能力。企业间的合作基础，并不在于市场的垄断利益，而主要在于集合企业的个别有限资源，进而提高整体竞争力和抗击风险的能力。合作可以减少企业间因过度竞争而给国民经济和社会带来的不良影响。

3. 竞合

企业竞合战略的深层含义，就是以彼此间的资源共享、整合配置、价值链接的合作来共同参与更大规模的竞争。21 世纪是竞合的时代，在竞合战略指导下，企业将实现资源的全面共享、风险的共同承担、成本的削减以及效益的提升。

20世纪80年代之前，在实际经营中，企业往往将竞争者视为一种威胁，企业之间更多地表现出一种你死我活的对抗性竞争关系。而伴随着经济全球化、新技术革命等一系列重大变革，企业的经营环境发生了深刻变革，企业之间这种对抗性关系越来越不适应形势的发展，负面效应日益显现。越来越多的企业意识到竞争是永存的，要消除竞争者而独占市场，不仅是不可能，也是不经济的。于是企业开始以一种宽容的态度来看待竞争对手，以更加友好的方式来安排市场竞争，并通过一些策略和手段形成与竞争者共存的差异化局面。为了实现自身的经营目标和成长，企业逐渐开始与供应商、用户建立良好的合作关系，甚至选择具有战略价值的竞争对手开展某一方面的合作，以获得多赢的结果。

无论是竞争驱动，还是合作驱动，都只是强调企业战略的一个方面，而企业之间的竞争与合作行为常常是同时发生的，企业的利益来自于同时进行竞争和合作。企业可以依据不同的需要，综合协调竞争、合作两方面来指导企业经营、获取市场优势。一方面，为了增强自身的经营优势，企业需要促进彼此间的合作和信任；另一方面，为了有效地进行合作，企业之间也必须通过战略联盟、产业集群等手段进行能力的竞争。

在信息经济时代，信息搜寻、处理、传播的成本大大降低，这从根本上改变了传统的企业经营管理模式。过去由于市场交换中的信息搜寻、协作分工的成本比较高昂，所以企业必须把研究与开发、生产、销售等一系列活动集中在自己的内部进行。与之相对应的是，企业在研发、业务扩张、市场营销等方面的投入大幅增加，最终导致生产成本增加。如今，以互联网为代表的信息技术的发展使企业交易的费用大大降低，因此，企业可以就某一生产环节与其他企业展开合作，把本企业的非核心业务交由对方来完成，把节省的精力和资源集中在自己最擅长的生产环节上。而合作企业基于专业化分工，能够以更低的成本，更优的质量来提供商品和服务，从而帮助本企业降低运营成本、增强竞争能力，最终使整个社会受益。

知识经济时代，竞争与合作日益成为企业经营战略的发展方向，一些国际知名企业已经为我们做出了表率。

2006年1月10日，苹果电脑公司和英特尔公司联合举行新闻发布会，宣布MacOSX操作系统将搭配上英特尔公司最新的双核处理器。“新Mac电脑的性能将会让我们的顾客感到惊讶！”，苹果公司的CEO乔布斯以他惯有的煽情语气大声宣布，他旁边站着一个打扮成兔子的人，那是上任仅半年多的英特尔 CEO 欧德宁。

多年以来，苹果公司和英特尔公司老死不相往来。欧德宁之前的两任 CEO 葛鲁夫和贝瑞特对苹果公司不屑一顾，鄙其如粪土，认为苹果公司的产品徒有光鲜的外表，在性能上根本无法与使用英特尔芯片和微软操作系统的电脑相匹敌。苹果公司也毫不退让。20 世纪 90 年代末，该公司甚至还公然在电视上播出这样一则广告：一只蜗牛身上背着一块“奔 H”芯片，以此讥讽英特尔芯片速度之慢。

但是欧德宁上任后，两家公司的关系迅速解冻。2005 年 6 月，就在欧德宁上任后仅一个月，双方宣布：苹果公司将从 2006 年年中开始，推出使用英特尔芯片的 Macs 电脑及其他产品。欧德宁和乔布斯甚至还成了一对好朋友，经常在一起聊天。2008 年 11 月，英国查尔斯王子夫妇访问硅谷时，有人就看到欧德宁和乔布斯并肩坐在一起，和王室成员觥筹交错。

欧德宁希望利用与苹果公司的关系促使个人电脑生产商加速创新，因为苹果公司在设计方面一直走在前面，而且与苹果公司联盟也能在个人电脑公司中形成一种心理上的震撼。对于苹果公司而言，采用英特尔芯片，不仅有助于进一步提高电脑性能，而且有助于走出以往的故步自封。①

今天的商战可以说是战争与和平的交替运用。它的高明之处就在于设法将蛋糕做大，而不是和竞争对手争夺大小不变的蛋糕。在做蛋糕的时候，是合作，是和平；在分蛋糕的时候，则是竞争，是战争。市场中的竞争主体都是理性的人，他们的目的都是为了要让自己的境况变得更好，然而“让自己好”不一定要牺牲别人。在既合作又竞争的理念下，有些情况采取“赢输”模式最有效；而有些情况采取“双赢”模式才明智。

（三）竞合效应分析

竞合战略之所以在新世纪大行其道，关键在于其在市场竞争中表现出了强大的生命力，给企业和社会带来了巨大的效益。

1. 分工交换效应

在传统的竞争模式中，企业之间缺少合作，尤其是经营范围相近的企业，宁肯自己以较高的成本来完成某一生产环节，也不愿交由相关企业来生产。这就构成了资源使用的效率损失。在竞合条件下，两个企业之间同

① 桂港：《与敌同眠：经济全球化中的竞合新格局》，《中外管理》2006 年第 3 期。

一种产品的相对成本差异构成了合作的基础。以外包为例，发包企业要将内部生产与外包的总成本进行比较，当外包的总成本比内部生产的总成本低时，就将该项业务活动外包出去。发包企业在自己的核心产品生产中具有优势，或者说是在高端产品上具有生产优势，它通过外包能扩大核心产品的生产，并将其出售来购买外包生产的中间产品或者是初级产品，从而提高企业的整体盈利水平。从这个角度来说，竞合战略深化了分工，发展了生产力。

2. 资源共享效应

知识经济时代的到来，使科学技术的发展与更新速度大大加快，同时其复杂程度也大为提高，这在客观上要求企业将有限的资源专注于特定的领域，以获取专业化带来的利益。此外，消费者需求的扩大和水平的提高，使得产品生命周期不断缩短，新产品不断向高度化、复杂化方向发展，单个企业的经营资源已不足以保证企业在技术飞速发展时代继续生存和发展，必须寻求与其他企业之间的合作，这样可以分担减少投资资本、灵活配置资源、获得技术资源和使用许可的便利性，以及减少投资风险等，从而有利于提高资源的使用效率以及减少重复建设。企业网络作为为了共同目标而紧密联系在一起的企业群，已经成为一种无法独占的资源体系。合作企业不仅可以共享网络资源，而且可以利用其特有的价值整合功能，使企业网络所提供的产品和服务实现的价值大于各个企业独立创造的价值之和。

3. 规模经济效应

所谓规模经济效应，是指在特定时期内，企业产品产量增加时，其单位成本下降，即企业单位产出数量和平均成本呈反相关，产量越大平均成本越低，所以扩大经营规模可以降低平均成本，从而提高利润水平。随着分工的发展，生产过程中的环节越来越多，不同工序的生产特点不同，因此，它们之间的最佳规模可能存在差异。在企业采取内部化生产方式中，如果外部市场需求确定，则只能依据某个关键生产环节的最佳规模来确定整个生产流程的规模，这样其他的生产环节就不能充分达到规模经济。如果企业采取外包策略，把达不到规模经济的生产环节分离给专门的企业去生产，就可以节省成本和提高资源配置效率。

4. 价值链升级效应

波特 1985 年提出了价值链理论。他认为，企业是一个综合开发、设计、生产、运送、销售和管理等活动的集合体。这些相互关联的活动都可以创造价值，连接在一起就构成了一个创造价值的动态过程，构成了一条由诸多增值环节构成的价值链。

第二次世界大战以来，贸易自由化取得了巨大进步，限制商品、服务和资本流动的贸易壁垒逐渐被拆除，无论是水平分工还是垂直分工都得到了长足发展。一个国家内部的产业分工，越来越多地超出国界限制，按照价值环节的差异分布在不同国家，于是就形成了全球价值产业链。世界各国不可避免地被卷进这一分工体系，在日益细分的价值链上寻找自己的定位。以跨国公司为代表的企业组织，其经营区域也不断扩大，逐渐在全球范围内配置自己的生产活动。一个企业、一个国家能否快速发展，很大程度上取决于能否充分利用自己的比较优势积极参与全球分工；一个企业、一个国家发展水平的高低，也往往取决于其在国际产业链上的定位。

竞合战略可以帮助企业实现价值链的升级。这主要表现在两个方面：一是增强核心业务优势，提高利润率。随着世界市场的不断深化，竞争不断加剧，企业只有不断创新，保持核心技术、核心生产转化的优势，才能在激烈的市场竞争中生存下来。竞合战略能加强核心业务的竞争力。以耐克公司为例，作为全球最大的运动鞋销售商，耐克公司本身并不生产鞋，而是将生产流程外包给很多发展中国家的专业制造商，耐克紧紧抓住的是产品设计和广告营销环节。二是完善全球价值链，提高市场供应能力。全球化将市场扩展到了全世界，面对如此广阔的地域，面对偏好迥异的消费者，面对快速变化的市场热点，一个企业仅仅依靠自己的力量很难满足市场需求。在竞合战略指导下，与合作企业共享信息、共担风险、共享收益，整合价值链各参与方的资源，就能够提高竞争能力，改善市场供给能力。

三、新光集团经营管理模式的竞合分析

改革开放30年来，中国经济以年均9.8%的增速快速增长，制造业也得到快速发展，如今的中国已经成为“世界工厂”。随着买方市场的形成，市场竞争空前激烈。今天，当竞合理念已经成为世界企业界的共识时，相

当一部分中国企业还陷在盲目竞争的泥潭中，不能自拔。在这种氛围下，新光集团的董事长周晓光却一直保持着清醒的头脑和远瞻的眼光。或许是受中国传统思想“和为贵”的影响，又或许是多年艰难创业得来的经验，她认为，商场上不仅仅是竞争，更多的时候需要合作，需要和赢共进。无论是合作者，还是对手，都需要通力合作，和谐共进，首先把市场做大，把蛋糕做大，其次才是考虑如何分这块蛋糕。如果非要把商场比作战场的话，那么战争与和平也是同时存在的。无可讳言，追逐利润是企业生存和发展的根本，但是竞争并不是唯一的手段，如果合作、谐和能取得更好的收益，能获得双赢的结果，那又何乐而不为呢？尽管在商战中取得了一个又一个的胜利，但这个被成功光环所笼罩的女强人，骨子里还是有一种“和为贵”的传统思想。在中国的社会结构中，一个企业往往被领导者打上强烈的性格烙印。正是在这个时代的大背景下，正是周晓光内在具有的“合和”理念和思想，正是在新光集团不断实践与探索的过程中，新光集团逐渐形成一种特有的经营管理模式——“竞合—竞和”模式。而这种模式，起初是以经营管理上“竞合”战略出场的。

（一）产业集群竞合

1990 年，美国哈佛商学院迈克尔·波特教授首次提出了产业集群的概念。它是指在某一特定领域内，相互联系且地理位置集中的企业与机构的集合。产业集群是促进行业经济发展的有效策略，在新光集团的引领和大力扶持下，饰品生产的产业集群在义乌迅猛发展。

义乌号称小商品的海洋，其中流行饰品占有重要的地位，是当地的五大主要产业集群之一。在义乌国际商贸城中，饰品市场往往是最热闹的区域。饰品店铺密密麻麻地一家紧挨着一家，从这家进去，到那家出来，只见成排陈列展示着的几万件造型各异、琳琅满目的饰品扑面而来，直奔眼底，灯光和饰品交相辉映，眩得人眼睛都快睁不开了。我们在调研过程中心里暗自惊叹：小商品，居然可以有这样的大规模。然而在 1995 年以前，义乌还没有一家自己的饰品生产企业。

在义乌饰品产业的形成过程中，新光集团发挥了重要的作用。目前义乌饰品产业 3000 多家生产经营的企业中，至少有 600 家是由新光集团出去的人创业开办的，如果再加上流动出去的管理人员、技术人员乃至普通技术工人，行业内带着“新光”印记的人数就更多了。因此，义乌饰品业人士说，新光集团是中国流行饰品行业名副其实的“黄埔军校”，“新光”这所“黄埔军校”是义乌饰品产业甚至是中国流行饰品产业快速发展的“催化剂”。

为了促进义乌形成饰品生产的产业集群，为了把中国的饰品行业做大，新光集团董事长周晓光常常不遗余力地帮助同行、竞争对手，甚至鼓励自己的员工出去创业。她的种种做法常令许多同行匪夷所思，不得其解。

新光集团曾经有四个部门经理，包括开发部、外销部经理在内，都是周晓光一手培养起来的业务骨干。周晓光居然鼓励他们出去创业，还借资金给他们，现在这四个人均已“自立门户”，但每年新光集团举办的高管培训课程，都会邀请他们回来“充电”。第一次在香港参加国际性大型珠宝饰品展时，周晓光有意识地收集了大量重要的国际饰品行业相关信息，买下许多有价值的资料。回到义乌，她毫无保留地拿出来和同行分享。在第二届中国饰品节举行期间，周晓光率先打破“饰品企业谢绝业内人士参观”的行规，敞开大门邀请与会同行参观新光集团的生产总部。自从新千年新光饰品公司成功参加香港时尚首饰与配件展，拿到上百个国际订单后，往后几年，周晓光就带着义乌的十几家饰品企业一起到香港参展，让义乌的其他饰品生产商开阔眼界、学习先进理念、近距离地感受世界流行趋势，低成本甚至免费为其他饰品生产企业提供资讯、技术和人才等方面的资源。如今的新光集团已经成为义乌整个饰品行业的“资源共享平台”。

经过多年的努力，义乌饰品行业得到了长足发展，先后培育出了浙江新光集团饰品有限公司及庆琳、琳琅、太阳花、贝尔和卓雅尼等一大批上规模、上档次的饰品企业。如今的义乌已经和青岛、广东并列为国内饰品生产的三大基地，形成了“三足鼎立”的局面，并且后来居上，在整个中国的流行饰品产业里“三分天下有其二”，占据了70%以上的市场份额。目前，义乌饰品行业生产经营企业已达到3000多家，主要生产合金、铜金、爪链、水钻四大系列、十二个大类、一万多个品种，年产值约120亿元，产量和产值占到全国饰品业的70%以上。到目前为止，义乌已成为中国最大的珠宝饰品产销中心，世界最大的饰品生产基地。义乌饰品行业已形成从产品开发、材料供应、物流配送到产品销售的一条完整的产业链，一个创造了巨大经济和就业效益的世界级饰品产业集群已经在义乌大地上成型。义乌饰品，正以其新颖的款式、精美的质量、低廉的价格，走向全国、走向世界。只经过短短10多年的发展，义乌饰品企业就有了这样的规模和地位，这是当初任何人都始料未及的。义乌饰品行业从“一无所有”到“三分天下有其二”，作为龙头企业的新光集团可谓功不可没。

义乌饰品产业的发展也为新光集团的腾飞打下了坚实的基础。新光集团自 1995 年创办至今，经过三期的扩建，目前已经发展成为一家占地面积 9 万平方米、建筑面积 16.8 万平方米、员工 4000 多人、集饰品研发、生产、销售于一体，兼以国际贸易、房地产、资本运作、农业科技等多种行业并行发展的大型民营企业集团。现在，“新光饰品”已在全国 11 个省的中心城市设立了直营门市，形成了立足广州、义乌、沈阳、哈尔滨、上海、西安、武汉、成都、北京、郑州、昆明，辐射周边的销售网络；同时，在天津、温州、潍坊等重要商业流通城市还设立了联营门市。产品远销 70 多个国家和地区，包括美国、英国、法国、德国、荷兰、意大利、俄罗斯、土耳其、沙特、伊朗、阿联酋、马来西亚、泰国、新加坡、澳大利亚、日本、加拿大、中国香港等，公司还在迪拜、俄罗斯、西班牙设立了海外公司或销售门店。新光集团曾经连续多年名列义乌市的纳税大户榜首。新光集团不仅是中国国内饰品生产的龙头企业，甚至是目前世界范围内规模最大的饰品生产企业！

回顾义乌饰品产业和新光集团的发展历程，周晓光说道：“整个行业兴旺了，我们新光才能兴旺。我培养了一个大产业，这个产业也成就了我”，“表面上我扶持了竞争对手，实际上我为自己的产业打下了更为坚实的基础”。从带动义乌整个饰品行业的快速发展，到通过培训同时带动该行业从业人员的素质，到带动整个义乌小商品产业的国际级市场的提升，新光集团的竞合战略不仅促进了产业集聚，行业发展，而且带动了整个地区的经济发展。

（二）国际化竞合

改革开放以来，中国通过实施“引进来”战略，积极参与经济全球化竞争，在新一轮全球产业分工中赢得了一席之地，成为经济全球化的受益者。30 年来，中国经济高速增长，被世人誉为“中国奇迹”。随着中国经济技术发展水平的提高，“引进来”这种单向、被动式的国际化和外向型已经不能适应新的形势。中国经济正在由“引进来”逐步转向“引进来”与“走出去”相结合，即在继续引进国外资本、先进技术和管理经验的同时，中国企业也要大踏步地“走出去”，在全世界范围内组织、安排生产。

在国内饰品行业占据领先地位的新光集团已不满足在小池塘里做一条大鱼，羽翼已丰的“新光人”开始把目光投向世界市场。在国际化之初，“新光人”就敏锐地意识到，这是一个以“竞合”为基调的时代，“竞则胜，合则通”，新光集团的国际化探索，与供应商、运营商的密切合作，顺市而变，无不体现了这样的思路。

1. 竞争开拓市场

新千年伊始，新光集团饰品公司首次参加在香港举办的“亚洲时尚首饰及配饰展”,“不鸣则已，一鸣惊人”，取得了令世界饰品行业吃惊的巨大成功！新光集团凭借自身产品的强大竞争力打开了广阔的国际市场。

香港“亚洲时尚首饰及配饰展”，是整个亚洲唯一的以时尚首饰及配饰为主题的商贸展会，也是整个亚洲地区最专业、最集中的国际性时尚首饰及配饰展。该展会每年都云集了世界上各个国家和地区最重要的饰品生产企业，是世界范围内影响最广、规模最大、等级最高的展会。由于中国内地饰品生产行业起步晚、水平低，还因为参展费用昂贵等原因，从1998年开始，之前两届展览均没有一家中国内地的企业参展。2000年参展的新光集团是第一个参加“亚洲时尚首饰及配饰展”的中国内地企业。2000年的展会吸引了来自57个国家和地区的220多家参展商，在众多的同行中，新光集团饰品凭借新颖的设计、精细的做工以及低廉的价格，脱颖而出，吸引了众人的目光。展会期间，新光集团展位前人头攒动，人气旺盛，咨询的、洽谈的、要货的、下单的人群络绎不绝。这次参展收获巨大，新光集团一共签下上百份订单，交易金额达100多万美元。新光集团饰品公司最终成为这届香港首饰展览会上一匹出人意料的“黑马”和带着清新泥土气息的“明星”。正是凭借自己商品的强大竞争力，新光集团这个依靠市场起家的企业引发了国际饰品市场的热捧。

多年以后，回忆起那次空前成功的香港展会，周晓光感慨颇多地说：“我们第一次带着自己的产品参加国际展会，就获得了空前的成功，这大大增加了我们的信心，相信新光完全有创新能力将自己的产品打入到国际市场，我们不但要做中国的第一品牌，而且要做成世界级的品牌。”

2. 合作发展市场

如果说竞争使“新光人”在世界舞台上崭露头角，那么，随后的合作，则使“新光人”和他们的国际伙伴在市场竞争中各取所需，共同发展。

2006年7月8日，捷克某机场，一架飞机降落下来。这是奥地利享誉全球的著名企业——施华洛世奇公司派出的专机，专程来接周晓光、虞云新率领的新光集团饰品公司访问团，到其奥地利公司总部去进行考察访问。正是因为双方成功的合作，这个访问团才享受到了施华洛世奇公司给予客户的最高待遇。新光集团和施华洛世奇的合作从2002年开始，从采购施华洛世奇水晶原材料和其他材料，到部分OEM加工，到合作举办饰品时尚发布会，再到合作开设水晶工业品专卖店，合作的领域和方式越来越灵活和广泛，作为施华洛世奇全球最大用户的新光集团饰品公司已经成为施华洛世奇最重要的战略合作伙伴。

被新光集团的璀璨所吸引的，还有世界饰品业巨头捷克的宝仕奥莎。宝仕奥莎公司是全球规模最大的仿水晶石制造商，闻名于世的宝仕奥莎水晶产自中欧捷克共和国的波希米亚地区，已经有500年的历史。几百年来，波希米亚人靠他们独有的聪明才智和丰富的玻璃和水晶原料，在水晶和玻璃制造技术领域，达到了登峰造极的地步。他们生产的每一件产品，无论是水晶还是玻璃酒具，都堪称是一件艺术品，今天的宝仕奥莎，与奥地利的施华洛世奇享有同等的知名度，是世界上仅有的两家能制作高品质人工水晶的制造商。经过谈判交流，新光集团成为宝仕奥莎产品合成水晶珠、水钻产品及配件的中国内地代理商，并进一步展开全面合作。

通过与奥地利施华洛世奇、捷克宝仕奥莎等国际著名饰品企业的合作，新光集团接风扬帆，走出了一条联合发展的国际化之路，一方面有效弥补了原料生产劣势；另一方面在国际市场成功实现了扩张。实践表明，通过合作，新光集团提升了竞争力，延伸了产品线，拓展了国际化之路。可以说，新光集团与海外企业的合作，是中国企业在国际化进程中成功应用竞合战略的典范。新光集团的实践也表明，“竞合”是本土企业国际化战略的最优选择。

（三）管理竞合

30年来，中国的民营经济从无到有，迅速发展起来，今天已经在整个国民经济中占有重要的地位。在改革开放的时代大潮中蓬勃发展起来的民营企业，差不多都是从家族企业发展起来的。中国人的家庭及家族观念比较强，在创业伊始的起步阶段，没有充裕的资金，没有优秀的人才，唯一能够依靠的就是血缘关系。大家齐心协力拧成一股绳，互相之间信赖度高、决策成本低、对市场变化反应快，且对经营特别负责，从而使企业有了快速的积累和发展。在最初的原始积累阶段，以家族企业为特征的民营企业，对浙江乃至全国的经济发展都做出过不可磨灭的重大贡献。特别是作为草根经济代表的义乌企业，从早期的鸡毛换糖，到摆摊叫卖，到家庭作坊，到前店后厂，到租店经营，到创办企业，大部分时间都是依靠家族的力量。家族式管理在企业发展的早期阶段发挥了很大作用。但随着企业规模越来越大，人员越来越多，传统的家族管理暴露出越来越多的弊端，难以适应企业进一步发展的需要。

面对制约新光集团发展的管理“瓶颈”，周晓光没有完全抛弃家族管理模式，简单地照搬现代企业管理制度，而是根据企业发展的实际，根据管理的需要，把传统家族式管理和现代企业管理制度有机地结合在一起。一方面，保留了家族企业的固有优势，比如集权决策效率高、亲情内聚力强、反应速度快、执行力强、心理契约成本低、恩威并用效果好、家长示范效应强、经营文化传承性好等；另一方面，吸收了现代企业管理制度的优点，比如制度规范、权责明确、公司治理结构明确等。在新光集团饰品公司的管理过程中，传统管理与现代管理，家族制管理与公司制管理，制度化管理与人性化管理……这些因素既相互冲突又有机融合，形成了新光集团独具特色的经营管理模式。

1. 制度化管理与人性化管理

制度化管理以制度为标准，如果把企业比作一个国家的话，那么制度就是企业的法律。作为企业的职工，应充分了解并接受企业的各项规章制度，并严格执行。在日常管理中，处处以制度为准绳，从这个意义上来说，企业管理人员相当于国家的执法人员，自始至终以制度来衡量员工的行为。当员工的行为损害了企业利益，企业要按照制度的约定对其进行处罚。相反，当员工为企业创造了价值，作出了贡献，企业也要依据制度规定，对其予以奖励。

或许下面这个小故事可以更形象地让你理解制度化管理。

美国哈佛大学的创始人去世时留下一笔遗产——250 本书，学校将它们一直珍藏在图书馆内，并规定学生只能在馆内阅读，不能带出馆外。1764 年的一场大火烧毁了图书馆。在火灾发生前，一个学生恰巧将其中一本《基督教针对魔鬼世俗与肉欲的战争》的书带到馆外阅读，而幸免烧毁。第二天，他得知火灾的消息，意识到自己这本书已是那 250 本珍品中唯一存世的孤本。经过一番思想斗争，他找到校长，把书还给学校。校长收下书感谢他，然后下令把他开除，理由是他违反了校规。有人提出异议，毕竟是他使哈佛留下了这“唯一的遗产”。校长则不这么认为：他感谢那个学生，是因为他诚实；开除他，是因为校规不可违反。哈佛的理念是：让校规看守哈佛的一切，比让道德看守哈佛更有效。法理第一，坚持制度化管理，这便是哈佛大学的行事态度。①

现代公司管理的效率建立在对人和制度控制的合理化基础上。制度是为了实现公司利益最大化，用来约束人日常行为的规范。制度执行的严格、全面、细致与否，直接关系到市场经济中企业的生存与发展，关系到企业在激烈的市场竞争中的优胜劣汰。制度化管理要求公司、企业的每一个经营环节都应有细致、完备、清晰的规定与说明，对每一个岗位的职责都有明确的界定，权责明晰，对生产中的每一个流程都有详尽的说明，尽可能地把企业管理量化，减少不确定性。

企业的成长要经过创建期、成长期、成熟期等阶段，在发展的不同阶段都有各自的要求，不以人的意志为转移，制度化管理是企业成长必须经历的一个阶段，企业发展到一定的程度，就一定会经历一个制度化建设的阶段。

同改革开放大潮中涌现出来的众多乡镇企业一样，新光集团创建之初，也是主要依靠家族成员，依赖创业者的“人治”来运转企业。

创业之初，周晓光在义乌租了两间陈旧昏暗的平房，既当工场又当仓库，同时还是生活、睡觉、吃喝拉撒的地方。当时很多义乌人都采用这种“前店后厂”的作业方式：一天 24 小时都在这里，后面加工完的饰品，就直接拿到前面去卖。那时周晓光带着四妹周玉霞、年幼的儿子还有另外一个农村女孩子，一起在这里生活劳动。虞云新负责采购原材料，经常往广州跑，周家姐妹就负责加工生产和销售，这样就形成了一个商品采购、加工、生产、销售一条龙的家庭作坊，一个家庭企业的雏形就这样渐渐成型了。

新光集团成立之初，依然是靠“人治”来维持企业运行。那个时候的周晓光董事长和虞云新总经理，都没有办企业的经验，以前的流动摆摊也好、家庭作坊也好、摊位销售也好、店铺经营也好，几乎全部都是在一两个平方米、最多也就 10 来个平方米的狭小空间之内运转，只要眼睛轻轻

① 穆峰：《制度化管理，应对“管理回潮”》，http：//www.cnbm.net.cn/article/nx113017589.html。

一扫，所有状况可谓尽收眼底，比较容易了解和掌控。况且那时候的参与者几乎全部是家族里的人，彼此之间的信任度很高，不会牵涉到什么复杂的管理问题。

而真正想办好一家优质、优秀的企业，就完全不是这么回事了。渐渐地，管理上的许多问题开始冒了出来：没有通水只能自己打井取水，打了4口井，刚解决了生产用水，生活用水又出现了问题；一下子招进来这么多生手，今天刚刚教会这个，昨天才学的那个又做错程序浪费了材料；好不容易招到一定的人数，好几个熟练工又嚷着要走，因为其他厂给的工资更高；整天车间里乱哄哄的像个菜市场，这个没拿到工具了，那个没领到材料了；这个珠子少了，那个粘贴错了；这个发料数字不对了，那个做完后验收不合格了；这个客户催着要货，那个客户非得砍价；今天这个部门来查安全生产了，明天那个机构来验环保卫生了；这个发货数量有误了，那个账单对不上号了……每天都有没完没了的事情出现。周晓光一下子觉得自己好像进入到太空的“失重”状态一样，这里也要扑火，那里也要抢救；这里也要对付，那里也要解决，整天吵吵嚷嚷、风风火火、慌慌张张、磕磕绊绊的，仍然会有什么都把握不住、总是缺乏应对招数的失重感。

“那个时候我哭都不知道哭过多少次了！”她说。

当然，周晓光心里十分明白，哭是没有任何用处的，哭是解决不了任何问题的。怎么办？只有面对现实，对于出现的问题一个一个地去加以研究、不断地拿出有效的解决措施来才是。那时候虞云新倒还很能沉得住气，他觉得所有问题的出现都是正常的、合理的，任何企业的发展都会经历这样的一个从无序到有序、从混乱到规范的过程。

擦干眼泪，周晓光和虞云新一起，每天夜以继日地扑在厂里，经常整夜整夜地加班、熬夜，晚上他们甚至自己亲自到车间拿起工具干活。

虽然周晓光顶着董事长的头衔，但其实她并不知道真正的董事长是怎样当的，在那个时候，她仍然什么事情都要亲力亲为地去管，她戏言自己更像一个“救火队大队长”。

传统的家族制管理在企业创业初期是比较有效和实用的管理方式。但在企业具备一定规模后，在向国际化、集团化、规范化方向发展的过程中，就暴露出诸多局限和不足。引进职业经理人，推行制度化管理就势在必行。

聘请职业经理人，赋予经理人一定的经营权，将所有权与经营权适度分离，是家族企业管理转型的重要手段。新光集团，这个千辛万苦发展起来的家族企业，是义乌民营企业中最早采用职业经理人管理的企业。1999年，周晓光就花费巨额年薪聘请职业经理人管理新光集团，全面推进制度改革。这一举动不仅是在义乌，就是在浙江，在整个中国的民营企业当中，也是相当超前的一个行为。

对于聘请职业经理人，当时很多人不以为然，甚至反对，觉得花一笔高薪请外人来管理，得不偿失。当时浙江民企中大多是家族式管理，把这样一个关键职位交给外人是不可想象的。周晓光顶住了来自方方面面的压力，她这样做是经过深思熟虑的。办企业，不能光看眼前利益，必须要着眼于更远的将来，必须要能够承受改革的阵痛，必须要用与国际接轨的管理理念来规范管理，必须要把一系列的管理规章制度科学、有序、系统、完善地建立起来。

1999 年 10 月 27 日，来自中国台湾的职业经理人蒋兴中正式走马上任，担任了义乌新光集团饰品公司总经理。他上任后做的第一件事，就是建立起一套标准化的管理规章制度。把以前松散的、模糊的、随意的、人为的一些做法全部用规章条例加以规范起来。

制度刚一出台，果然就遭到许多老员工的抗拒和抵触。新光集团最早的一批管理者大都是技术出身，学历不高，管理经验不足，往往怕被别人取代管理位置而把着技术关口不愿与人分享。新的规章制度出台后直接触犯到了这一部分人的利益，所以一上来就顶得很厉害，新旧人员之间的矛盾很大。在会议上，一些干部表态说愿意合作、愿意支持改革，但在背地里公开说："不要理、不用管，他们说他们的，我们做我们的！"有的和底下的员工一起合谋抵制，有的直接想办法去找周家的人说情。

要建立起一套现代企业管理方面的文字上的管理规章制度其实并不难，难的是真正在企业运营和实践中的实施和推行；难的是在中国人历史久远、八面夹击的人情攻势中毫不动摇。

在周晓光的支持下，各项制度逐渐在新光集团建立起来。新光集团的各个部门、各个流程、各个环节逐一得到了规范和理顺，从团队，到技术，到生产，到销售，企业管理逐渐走向了正轨。销售额非但没有下跌，反而又一次大幅度增长，在一年之内又翻了一倍，跨过亿元的门槛。

周晓光的超前眼光和博大胸怀，使得新光集团比较顺利地从家族企业的模型中脱胎换骨，各项制度不断健全，逐渐向着现代企业转型。

在加强制度建设，注重制度化管理的同时，新光集团坚持以人为本，以员工为本，实行人性化管理。人性化的管理就要有人性化的观念，就要有人性化的表现，最为简单和最为根本的就是尊重员工的私人身份。周晓光对于新光集团的员工，更多的是把他们当做一个社会人来看待和管理，管理就是要从尊重人的权利开始。新光集团在整个企业管理过程中逐渐形成了充分注意人性要素，以充分开掘人的潜能为己任的管理模式，如对人的尊重，充分注重物质激励和精神激励，给人提供各种成长与发展机会，注重企业与个人的“双赢”，制订员工的职业生涯规划，等等。

(1) 改善员工生活条件。周晓光说：“员工往往都比较朴实，给他们安定、安心的环境很重要，在生活、环境、福利等方面做到位。然后更重要的不仅仅是设备投资，而是发展的空间，成长的空间，这是更大的关怀，真正的以人为本。生意人和企业家不同的地方就在于这一点，不仅仅给工资就是责任，让员工开心、快乐，培养业务的能力，成长的能力，家庭的快乐也寄托在这个企业，这个责任远远大于赚钱。他们成长了，公司才能发展。”

2005 年，新光集团投资 88 万元对大、小食堂的基础设施进行改造，形成了可一次容纳 3800 余人同时就餐的标准规模；大食堂配有电扇，小食堂配有空调，就餐环境舒适、卫生；食堂内部各项硬件设施先进，日常管理规范，严格按《食品卫生法》标准作业。同时，丰富菜肴品种，开设民族风味窗口，提高服务质量。经调查问卷显示，员工对食堂的满意率达到 88.2%。

员工宿舍在原有 1177 间的基础上，2006 年新增职工夫妻住房 119 间，共计 1428 平方米，员工住宿条件得到了较大改善。住宿环境良好，窗明几净、整洁卫生，并且，公司还投资 40 余万元，安装了太阳能热水器，对浴室进行改造，延长了浴室的开放时间，较好地解决了职工洗澡难问题。

此外，新光集团投资 480 余万元对绿化及配套基础设施进行改造完善，新增绿化面积 24800 平方米，为员工创造了良好舒适的工作、生活环境。新光集团对有毒有害岗位职工实行岗位轮岗，并每年定时安排体检，同时建立健康档案，发放营养补贴、实行报酬倾斜，把国家有关规定落实到实处。凡在新光集团工作的职工一律实行包吃包住及免费用水制度，并对新进员工免费提供床上六件套。逢年过节，新光集团为职工提供节日礼品、加餐等。春节在公司过年的职工，公司董事长、总裁和工会主席等领导一起与职工吃年夜饭，发放红包。对生产淡季，公司实行淡季工资标准，从而解除了员工的后顾之忧，增强员工的凝聚力和向心力。

（2）通过培训提高员工技能。新光集团紧紧围绕技能培训和素质培训两条主线，扎实开展“创建学习型组织，争做知识型职工”活动。据统计，仅2006年1年就组织各类培训教育1280期，其中技能培训679期，素质培训601期，受训职工40743人次。职工教育培训经费有保障，培训网络健全，层次分明，软、硬件教育设施配套完善。2000年以来，新光集团平均每年投入教育培训的费用高达800多万元。2005年，新光集团投资100多万元率先在同行业中引进专业机构，在企业内开办EMBA班。2006年5月，挂牌成立“新光集团职业技术学院”，下设8所学校，初步构建了公司两级教育培训体系。目前，公司拥有专职教育人员5人，兼职教师15人；设有教育培训教室7个，其中多媒体教室2个，普通教室5个，面积400平方米；已建好多媒体多功能厅1个，面积500多平方米；用于教育培训的投影仪5台，VCD音响功放7台（套）。

（3）积极开展文体活动，丰富员工精神生活。新光集团建有图书阅览室、电视室、棋牌室、篮球场、排球场、羽毛球场、网球场、乒乓球室等文体活动场所。建有黑板报、宣传橱窗、广播站、企业网站及企业报刊等企业文化宣传阵地。2006年1年，公司下属各厂、车间共举办各种节假日员工文艺联欢晚会80多场，各类文化比赛90多场，组织参加上级举办的文体活动16场，计2860余人次，举办公司大型文化体育活动5场。2007年5月20日，在青口小学举办了新光集团首届职工运动会，参加本次职工运动会职工达4500多人，运动员1700多人，设置竞赛集体项目9项，个人项目6项，充分体现了“健康·梦想·奋进·和谐”的核心理念，达到了凝聚职工、团结力量、振奋精神、推动工作的目的。

（4）给员工提供学习成长，实现自我价值的机会。在物质、文化待遇提升的同时，新光集团也非常注重员工的成长性培育，为员工提供充分的发展平台。邓丽君和何秀芬就是企业里最好的女性员工的成长典范。没有大学文凭、年龄不到30岁，就能够在新光集团这家著名的公司走上总监、厂长的重要管理岗位。这两位女性，以她们的亲身体验，验证着新光集团公司“为每位员工提供学习成长机会”的优秀企业文化，书写了一段亮丽的篇章。

不仅学历低、起点低的员工获得了很好的发展，高素质人才也在新光集团实现了个人价值的提升。现任新光集团饰品公司总经理的陆晓忠应该算得上是企业自己培养的“本土化”干部。他毕业于东北大学机械系，1997 年进入新光集团后，直接参与和见证了新光集团的发展历程，他自己也在这个过程中逐步成长起来。陆晓忠说，“公司给我提供了优厚的学习机会，读了两个 MBA，从浙大毕业后，现在公司又拿出 30 万元，送我去读中欧国际工商学院，我在能力上不断得到提升”。

新光集团在发展过程中，坚持人性化管理，正确处理了管理层和员工之间的关系：一方面，企业积极激励员工奉献才智，为企业发展出力；另一方面，企业努力为员工创造一个良好的发展环境，它给予员工的不仅仅是薪金，还有个人技能、个人价值的提升。在新光集团，企业和员工一起成长，员工在为企业做出贡献的同时实现了个人价值，企业在快速发展的同时也给员工提供了更多的机会，两者构成了一个利益共同体，形成了良性互动的和谐局面。

竞合理念不仅仅表现在外部市场竞争中，新光集团在内部管理中，同样既有刚性的制度化管理，也有柔性的人性化管理，两种不同的管理方式既竞争又合作，相互补充，相得益彰。

良好规范的制度是企业发展的基础，但是企业管理的有效性还是要依赖人对制度的合理控制。人要建立制度并督促制度的执行，制度要约束人的日常行为规范，教导人遵章行动。因此，新光集团坚持以人为本，给员工提供一个发挥才能、实现价值的平台，让员工和企业一起成长，打造“双赢”模式。最大限度地调动和发挥员工的积极性和创造性，为企业创造价值和财富。在企业中，业主和员工都有自己的利益追求。对企业的所有者来说，追求的是利润的提高，企业价值的最大化；而对于员工来说，工资、奖金、福利以及个人的成长空间才是他们所关注的。两种追求显然存在着冲突，如果一味追求企业利益，忽视职工的合理要求，必然会打击员工的生产积极性，不利于企业的健康发展。因此，企业在逐利的同时，要以一种合作的态度来对待员工，协调彼此的利益，以最终形成促进企业发展的合力。

2. 家庭秩序和公司秩序各司其职，各负其责

家族管理主要依赖感情、亲情的维系达到平衡，企业管理则主要靠制度、规则和协调竞争等进行理性治理。两者之间差别甚大，但在实际管理中往往混淆不清，由此导致公司治理、重大决策、重要人事任免等原则和

导向不明。儒家强调，“诚心、正义、修身、齐家、治国、平天下”，即以自我管理为起点，以社会管理为过程，最终实现“平天下”的目标。从管理学的角度看，这种思想将家、业、国、天下的管理只看做是人口和范围的不同，而管理的模式和方法没有本质的差异，对家族的管理方法同样适用于企业和国家，这样就形成了以家族管理为出发点的中国传统管理思想。与西方强调理性准则的制度化管理不同，中国家族式管理是由己及人来看待社会，把治家的伦理道德准则及管理方法运用于企业及国家管理中，要求企业成员要像父子、兄弟一样相处，结果导致了在管理中讲人情、讲关系和平均主义大锅饭的后果。这种管理方法使企业内部人际关系比较融洽，但内部交易成本太高，企业对员工饮食起居、生老病死考虑较多，领导要花大量的时间和精力去做人的思想工作，结果员工的积极性、创造性还是不高，企业经济效益较差，企业目标变成了社会福利目标。因此，家族企业要在坚持现代公司法人治理结构的前提下，结合家族企业的实际情况，引进现代企业管理制度，正确处理家族和企业两种规则和秩序。

从经济学的角度来看，每个人都是理性人，都要追求自身利益的最大化。精神激励或其他的与利益无关的激励在短期内或许能够调动起员工的积极性和主动性，但从长期来看，从根本上来说，只有把利益的相关性、利益共同体牢牢建立起来，这个企业才能真正建立成成本、效率和社会责任统一的有机体。一个成功的企业如果要实现可持续发展，就必须建立起这样一种利益激励机制。企业的内部管理秩序就是这样一种追求利益最大化的具体制度设计，为了避免家族秩序影响企业内部管理秩序，新光集团重点解决了以下几个问题：

一是加强制度创新，以制度来规范家族成员参与公司经营管理的行为。应该说，在相当程度上，家族制与现代企业制度并不对立，家族制中合理成分可以在现代企业制度内吸收、兼容。关键在于要用制度设计来限制家族制的弊端。新光集团在这方面进行了积极的探索。《关于家族成员及其股东参与公司经营管理的若干规定》，就是一个行之有效的制度创新，它有效地规范了家族成员在企业经营中的行为。例如，

“**第一条**　为完善公司治理结构，明细责权，规范企业经营管理，特制定本规定。

第二条　家族成员及其股东指公司主要股东及其主要股东的直系或旁系亲属。

第三条 家族成员及其股东具有关心企业经营管理、维护公司经营管理秩序正常运行的责任与义务。

第四条 家族成员及其股东参与公司经营管理的基本原则为‘公平、公正、规范’。当个人利益与企业利益相冲突时，要以企业利益为重。

第五条 当家族成员及其股东与董事会关于企业经营管理持不同意见时，要以董事会意见为准，并维护董事会决议。

第六条 家族成员及其股东进入公司任职，须经董事会同意，并严格按照公司招聘程序进行。公司应根据其能力及专业水平予以聘任，其晋升严格按照公司有关制度进行。所有担任具体职务的家族成员及其股东，按照公司有关薪酬制度获得相应薪资。

第七条 对于在公司内担任具体职务的家族成员及其股东，要严格遵照公司各项管理制度，率先垂范，不得有任何特权。

第八条 在公司内担任具体职务的家族成员及其股东，在各自的岗位上要认真履行职责，不得越权、越级指挥、操作或干预。在企业经营管理中遇到问题时，不能越过其直接领导汇报工作（紧急情况除外）。

第九条 在公司内没有担任任何具体职务的家族成员，对发现企业经营管理中的任何问题，可向董事会提出建议，经核实后由董事会向公司管理层提出建议与要求，而不得直接干预企业经营管理活动。

第十条 凡家族成员及其股东在面对企业内部员工反映的一些投诉意见时，要求来反映意见者提供书面材料。对于所有意见，必须认真调研。

第十一条 企业员工是企业财富，任何员工都是企业大家庭中的一员，家族成员及其股东要尊重员工，不得在任何场所随意批评、点评各级各类员工。”

二是积极吸收社会优秀人才，避免“内部人控制”。在20世纪末的那几年，当时浙江的民营企业里绝大部分仍是家族企业。一般最常见的状况是：丈夫担任董事长，兄弟任总经理，妻子管财务，小姨子管销售，小舅子管采购，诸如此类的模式比比皆是。虽然渐渐地也有不少企业招聘了一些能干的人进企业，但是在关键的、重要的岗位上，往往还是由家族里的自己人把守，轻易不让外人沾。但新光集团却不然，1999年引入中国台湾职业经理人蒋兴中，在管理粗糙的新光集团建立起一套标准化的管理规章制度，使公司的各个部门、各个流程、各个环节逐一得到了规范和理顺，从团队，到技术，到生产，到销售，企业管理渐渐走向正轨。2002

年，又引入毕业于清华大学的职业经理人刘清坤，公司的管理、激励机制进一步得到完善，公司转型获得初步进展。2008年，公司又特别聘请中国社会科学院金融研究所栗玉仕博士后担任公司高级战略顾问。在栗玉仕的牵头组织下，新光集团根据自身业务布局和发展特点，因地制宜地创造了一整套控股公司的管理体制和运行模式，使新光集团从“紧密控制型”管理向“财务管控型”、“服务管理型”管理成功过渡。通过更多的放权给各业务单元和子公司的负责人，充分调动起他们的生产积极性，相当于“给每个职业经理人都安装上了一个‘发动机’”。

三是加强学习，家族成员与企业一起成长。随着新光集团的快速发展，企业面临的内外部形式也发生了巨大的变化。受知识结构与阅历所限，越来越多的家族成员难以跟上企业发展的步伐。这个问题解决不好，不但企业的发展会受到影响，家人间的感情也会受到伤害。怎么来解决这个矛盾？周晓光清醒地认识到，自己现在所创下的新光集团，是依靠着家族人员的付出和努力而打下的坚实基础，没有家族成员兄弟姐妹们的奋斗和拼搏，就没有今天的一切。所以对任何事情都要用辩证的态度来对待，不能过于简单、绝对，也不能够偏废，伤了自家人的感情。周晓光从自己的学习成长经历得到启发，她深刻地体会到：只有不断学习，才能跟上企业发展、时代发展的前进步伐，我不仅要自己学，还要鼓动丈夫学，鼓动家里的妹妹、妹夫们学，大家不离不弃，一起学习，一起成长。

虞云新成了第一个被关注的目标对象。那时他工作非常忙，整天埋头苦干，有连续一个多月的时间每天平均才睡觉两三个小时。经常熬夜忙通宵，早上六七点钟稍微睡一下，9点多钟又来上班了。周晓光对丈夫说，再这样下去钱是赚到了，命却快没有了。于是要求他引进人才，自己去学习。还威胁说，“如果再不学习再不进步，就不是你淘汰我，而是我淘汰你了！”

不仅要求自己丈夫去学习，周晓光还趁热打铁，鼓动自己家里人跟上来，也参与到学习中去。她说：“光我们两人学习还不行，要全家人一起学才行。并不是对家人期望高，而是希望让他们通过学习能够更好地理解我们。”

妹妹周晓芳、周玉霞、周惠萍等都不同程度地开始读起各种课程，有的读浙大MBA，有的后来去读中欧CEO班。最小的妹妹周丽萍读书成绩一向很好，就鼓励她多读，送她去香港念书。弟弟周义盛被送到清华大学读一段时间，后来又送他出国去新西兰读 MBA。几个妹夫也先后一起加入到学习的行列中来。

“只要家族人员乐于学习，善于学习，在学习中不断成长提高，增强才干，公司当然也会乐意用好他们的能力。”

“那时我们家里人经常聚在一起，今天这里、明天那里，一会儿上海，一会儿宁波，一会儿杭州，疯子一样地到处去学习、去听课。”周晓光说。

许多年来，每到周末时间，人们常常看到，周家几位姐妹伴着周家的几位女婿，浩浩荡荡地一起出发坐车去上海读书。三、四个小时的路程，加上住酒店的费用，花钱又费时的学习，却渐渐地越来越赢得周家人的喜欢和认同。听课、记笔记、讨论、消化，成为一件有意义的事情，结识同学，开阔视野，提高层次，获得进步，则是学习直接带来的益处。

在对待不断学习和培训这件事情上，周晓光和虞云新一直保持有一份清醒的认识和积极的姿态。他们认识到：前几年公司发展得不错，除了自身的刻苦努力，确实也有机遇的幸运成分在里边。一个企业要想保持“基业常青”，一个家族要想与时俱进，必须要不断地加强学习，不断地跟上时代，否则，终将被时代所淘汰。

新光集团的股东层是一个成员近 30 人的大家庭，一方面是温情脉脉的亲情；另一方面是市场经济中的利益关系。新光集团很好地处理了这个矛盾：在家庭里，亲情秩序大于利益秩序；在企业里，利益秩序大于亲情秩序。正是把中国传统和现代市场经济的精髓结合到一起，新光集团才得以保持股东层的稳定和股权结构的稳定，为企业的可持续发展打下了坚实的基础。

（四）区域竞合

资源是稀缺的，这就决定了同一地区的企业之间更多的是一种竞争关系，它们要争夺的资源包括：

（1）土地争夺。从国内环境来看，经过 20 多年的发展，推动地区发展特别是重点经济地区发展的土地资源日益稀缺。

（2）原料争夺。比如 20 世纪 80 年代和 90 年代各地区之间曾一度十分激化的“棉花大战”、“生丝大战”等。

（3）资金争夺。我国作为发展中国家，资金是不足的，而企业要扩大再生产，就离不开资金的投入。

（4）人才争夺。现代经济竞争越来越多地体现为对凝聚着一定知识、技术和资本资源的人才的争夺，尤其是当其成为发展某一产业链环节的关键人才资源时，企业之间对该人才的争夺尤为激烈。对不少企业而言，某一个人才或某一批人才的流失在一定程度上意味着某一产业环节或者某一产品生产的停滞。

（5）政策争夺。为了促进区域经济发展，或者是实现产业布局目标，当地政府往往会制定一些优惠政策，而享受政策优惠的指标是有限的，围绕这些优惠政策，本地企业往往展开激烈争夺。

但是，单个企业的发展又离不开整个区域的经济发展，“大河有水小河满”、“水涨船高”就是这个道理。因此，区域内企业也应该联起手来为本地经济发展出力。当义乌企业宝娜斯因扩张过快而遭遇危机时，新光集团倾情相助，以资产重组等多种手段化解了险情，成功完成了一个“企业与企业自救互助”的典型范例，避免了社会不稳定现象的发生。同时，也给当下仍处于困境中的诸多义乌企业解释了什么叫“同舟共济”，什么叫“竞合共赢”。

新光集团的跨越式发展，离不开中国经济的腾飞，离不开义乌区域经济的飞速发展。义乌是全国乃至全世界都闻名的小商品市场。中国经济发展、义乌区域经济发展为新光集团的快速发展提供了丰沃的土壤。反过来，新光集团在谋求自身发展、追求企业利益最大化的过程中，奉行“竞合”战略，一方面与本地企业展开竞争；另一方面，也积极开展合作，又为义乌的区域经济发展贡献了自己的力量。

（五）资本竞合

这是一个资本的时代。与单纯的产品竞争时代相比，资本时代最主要的特征是企业竞争能力的要素发生了转移，即从技术、产品、渠道等普通营销因素转变为资本的获取和利用能力。这意味着，通过有效的资本运作，可以在短时期内迅速提高企业的市场竞争能力。

经过多年的发展，新光集团在饰品行业已经达到了一个极致。要想突破“瓶颈”，就必须独辟蹊径。而义乌的民营资本发展到今天，已经到了需要在跨区域的要素整合中获取新优势、实现新扩张、寻找新出路、拓展新空间的时候。于是，一向在义乌狭小地域内互相竞争的资本开始联起手来，扬帆出海，到更广阔的天地去迎接挑战。

2005 年 5 月 26 日，由多家义乌民营企业联合组建的义乌资本联盟富越控股集团，在和上海高盛集团、上海中房集团、上海恒源祥集团等强劲的竞争对手的同台竞争中脱颖而出，最终胜出，以 3 亿元人民币的总代价成功摘牌，占据了新“美丽华”90%的股份，取得入驻并重组“美丽华”的资格。拥有“美丽华”，掌握了它的深厚商业资源和无形资产，就等于在上海的核心商业圈为义乌的小商品筑起了“桥头堡”，也使得义乌辐射全球的小商品产业和上海这个国际性商业大都市实现了有效的战略对接。

“义乌资本联盟”的胜出凭借的是明晰的经营定位和系统、长远的发展规划以及义乌商人特有的实干精神和经营能力，更是凭借了雄厚的资金实力。“义乌资本联盟”由四家民营企业组成，其主干和核心是浙江富越控股集团。构成“富越控股”的分别是新光集团饰品、真爱毛纺、宝娜斯袜业、万厦房地产四家赫赫有名的义乌工业企业 50 强中名列前茅的行业巨头！

“我们在各自的行业里，可能是条‘大船’，有的夸张一点还可以吹吹牛说是‘航母’、‘巨头’。可就算你再大，也还是一条船。如果大家能联起手来，发挥各自的优势，再加上有效的组织和管理，那不就是一支‘联合舰队’吗？比起单个一条船，哪个威力更大？”“联盟”成员之一、浙江真爱毛纺集团公司董事长郑其中用一个形象的比喻，来阐述他对“资本联盟”的理解。正是联合的力量使得富越控股集团成功入驻“美丽华”。

“义乌资本联盟”的形成及其一系列的动作，对于义乌商人来说有着重要的启示意义。以开辟市场、经营小商品著称的义乌商人往往有着“宁为鸡头，不做凤尾”的心理定势，以及单打独斗、各自为政的传统作风。随着义乌经济的迅速发展，当资本积累到一定程度，“溢出效应”就不可避免。资本输出，进入跨区域的资本市场，正是义乌民间资本跳出义乌、发展义乌的战略选择。“义乌资本联盟”的运作为义乌企业转变经营思路，为探索科学的资本运营模式提供了成功范例。

（六）文化竞合

中国加入世界贸易组织之初，面对来自发达国家企业的竞争威胁，国内一片惊呼：“狼来了。”对此，海尔集团总裁张瑞敏说道，“要与狼共舞，首先要变成狼”。一时间，在企业文化建设中，狼性崇拜甚嚣尘上。但是，在新光集团的企业文化中，我们更多看到的是“合”的一面。尽管新光集团在饰品行业中具有绝对优势，但从来就没有想到过要把对手赶尽杀绝。

在市场竞争中遇到恶意竞争，新光集团不会以牙还牙，采取激烈的手段予以反击。在整个饰品行业遭遇市场“寒流”之时，周晓光不但不趁机挤压竞争对手、进行行业“洗牌”，反而主动大幅提价，为众多小企业留出生存、喘息的空间，避免这个新兴行业也发生别的行业多次演绎过的伤己伤人的价格“血拼”惨剧。

2007 年 11 月，由新光集团和国家首饰质量监督检验中心共同起草的《贵金属覆盖层饰品的规定》通过专家组审定。这是国内流行饰品行业的第一个国家级标准。作为行业龙头的新光饰品，也并没有借制定标准之机打压同行业竞争对手。

新光集团饰品公司目前拥有一支 300 多人、平均每天推出 150 余款新产品设计、业内规模最为庞大、最具专业水准的设计开发团队。新光集团是整个行业潮流的引领者，也是这一行业公共的研发中心，它所推出的每一款产品都引来了许多企业的关注和跟随。对此，周晓光不仅没有为别人的抄袭和模仿而生气恼怒；相反，她时常会主动邀请一些行业内经营出色的业主交流信息。

在企业内部，经过反复酝酿，反复讨论，形成了具有新光集团内在精神的企业文化。新光集团企业文化的定位为：

为每位员工提供学习成长的机会；

尊重人格，善待人性；

以慈母般的关爱去感召人、凝聚人；

营造美丽的家园；

赢得社会的喝彩；

惜福惜缘，爱心永远……；

其企业愿景是：“让生活更美丽”；

核心价值观是：“惜福惜缘，同舟共济”。

从这些表述里面，我们不难看出一个“合”字。在新光集团的企业文化里，员工被看做家人、合作伙伴。和谐，已经成为新光集团渗透进企业文化的核心价值观。新光集团十多年的发展经验，也在客观上为推动社会进步、为形成更趋合理的社会化分工体系、为社会主义和谐社会的建设，做出了一个企业应有的卓越贡献。

四、新光集团的竞合战略给中国和谐企业建设带来的启示

近几年来，随着我国社会主义市场经济体制的不断完善，企业间的竞争日益激烈；但由于市场机制还不是很成熟，部分产业出现了过度竞争的情况，而企业间的合作却很少。企业之间的这种恶性竞争，不利于我国企业的成长和创新，尤其不利于我国企业与世界跨国公司的竞争。随着中国经济日益融入世界经济，企业必须面对世界范围内的挑战。在这种情况下，我国企业必须调整已有的一味强调竞争的企业战略，构建起适应经济发展潮流的企业组织模式，从而增强企业竞争力。

竞合战略是21世纪企业发展的最优选择。竞争与合作是不可分割的整体，通过合作中的竞争、竞争中的合作，实现共存共荣、共同发展，这是企业所追求的最高境界。新光集团的竞合战略实践，为提高我国企业的竞争力提供了重要启示。

（一）“竞合”是当今企业发展战略的最新趋势

在经济全球化的背景下，市场范围空前扩大，任何一家企业都难以长期地垄断某一市场，更不可能独自享用市场“蛋糕”。既然如此，企业明智的选择，就是与竞争对手或者商业伙伴一起把市场“蛋糕”做大做好，以期得到更多的收获。在现代经济条件下，竞争空前激烈，也只有倡导竞争合作精神，企业才能求生存、谋发展。当今世界市场瞬息万变，技术革新层出不穷，产品更新换代速度不断加快。任何一个企业，不论是参与国内市场竞争，还是参与国际市场竞争，单枪匹马打天下是不行的，只有在自力更生的基础上，有选择地借助外界的力量，形成合力，才能显著提高市场竞争力。一方面，同类企业之间要通过合作，获取团体竞争优势；另一方面，在企业、供应商、客户、互补者和竞争者构成的网络中，要进行纵向合作和横向合作，从而共享资源，降低交易成本，提高竞争力。

合作并不是回避竞争，而是更有效地打造核心竞争力。在产业发展层面上，通力合作总比单打独斗效果好。一个成熟的企业必然有着广阔的视

野和长远的策略谋划，以什么样的策略和方式来应对市场挑战，确实是一个值得深思熟虑的问题。彼得·德鲁克曾说过，竞合策略是企业从不协调中创造出协调的最灵活的手段。“新光竞合模式”就是这样一种“最灵活的手段”。

竞合策略既竞争又合作，可以实现优势互补，资源共享，能够实现共赢，开拓出更大的市场空间。随着中国市场经济体制的不断完善、经济全球化的加速，竞合策略是市场竞争趋势发展的必然。

（二）树立“双赢”理念

“竞合”战略关键在于实现“双赢”，甚至是“多赢”。企业之间不但有竞争，而且还有合作；企业之间不是简单的你死我活的零和博弈，而是一种可以实现“双赢”的非零正向博弈。随着市场经济的纵深发展，企业的利益要求是在满足各方的利益之后获得的，因而“双赢”战略逐步为众多企业所认同。“双赢”策略要求企业间在传统竞争战略中的非输即赢、针锋相对的关系，变为更具利他性、合作性的关系。“双赢”理念本质上是一种利他哲学，其核心价值在于人们的平等互利意识，而确立“双赢策略”，就是要求实现这种观念的转变。“双赢策略”与中国传统的和商理念即“争中有和、和中有争”、义利共生论也不谋而合。从企业开拓市场来说，不仅其与客户之间可以建立伙伴协作关系，而且可以改变竞争对手间传统的你死我活的竞争观念。在“双赢”观念的支配下，可以共同开发广大的市场，实现“利益共享”。比如，微软公司推出的功能强大的软件为英特尔公司芯片销量的提高创造了机会；而只有英特尔推出运行速度更快的芯片，微软公司的软件才能实现其功能。总的来说，“双赢策略”对于企业发展战略的设计具有重要的理论价值和实践意义。

（三）政府应积极推动企业实施竞合战略

第一，政府要大力倡导竞合战略，加强对实施竞合战略必要性的宣传。

第二，政府要积极为企业搭建合作平台，鼓励有较高要素整合和产业带动能力的“龙头企业”将业务外包给中小企业，以形成产业内的分工协作，并对参与协作的中小企业给予如资金、土地、税收等政策方面的鼓励和支持。

第三，应建设信用评价体系，以综合反映企业依法经营、履约情况、履约能力、法人信用等情况。

第四，政府应当为大学、科研机构与企业间的合作创造条件，使企业能够获得技术、管理知识等支持。

第五，通过鼓励建立各种专业性的行会、商会，进一步促进企业间的协作与交流。

总之，作为政府来说，要积极营造适合企业竞合战略实施的外部环境，从而进一步完善产业链的分工合作，改变我国企业在产业布局中散、乱、差的无序竞争局面，以获得更高层次的竞争能力。

（四）竞合战略是推动我国企业国际化的有效手段

科学技术的日益发展，信息技术和通信技术的普及化，缩短了各个国家企业在空间和时间上的距离，它一方面加剧了竞争；另一方面也为世界各国企业的合作提供了充分的技术条件。在当今世界上，要想在市场竞争中获得成功，不可能只依靠自己内部的积累，必须依靠外部优势资源扩张。一是要收购兼并国内外具有互补性的其他企业，二是与国内外有资源优势的企业进行合作。因此，我们的企业不仅要“引进来”，更要主动择机“走出去”，寻找有利于自己发展的合作企业。

在国际化的进程中，竞争与合作是企业成长的一把“双刃剑”，是相互矛盾的统一体。只有合作，没有竞争，企业就缺乏革新技术、提高产品质量的压力；只有竞争，没有合作，也可能使企业两败俱伤，谁也难以成长壮大。要清楚地意识到，企业之间展开的国际合作，都是为了提高自身的竞争力，争夺世界市场上的竞争优势，其核心目的都是寻求自身利益的最大化。当今经济全球化进程日益加快，国际企业合作日益蓬勃发展，如果我国企业背离这一趋势，就必然会影响我国参与国际分工的深度和广度，脱离世界经济发展的主流趋势，最终与世界经济脱轨。因此，在国际化进程中，我国企业要积极推行竞合战略，按照国际惯例，与国外企业建立各种形式的合作关系，充分利用合作伙伴的资金、技术、管理、市场营销能力等资源，来提高自己的竞争力。

五、新光集团的竞合战略对于构建和谐社会的重要意义

建设社会主义市场经济，建设社会主义和谐社会，企业的作用非常重要，没有企业的发展，就没有整个社会的发展；没有企业的和谐，也就没有整个社会的和谐。改革开放之初，我们首先要解决的是温饱问题。因此30年来，中国的企业致力于创造财富，提高经济效益。30年后，中国的改革开放已经进入了一个新阶段，以人为本，构建和谐社会是当前经济社会发展的新目标，这是中央做出的重大战略决策，也是广大人民群众的共同心愿。企业作为现代经济社会中的一个重要角色，如何在构建社会主义和谐社会中承担更重的责任，发挥更大的作用，是时代赋予我们的崭新课题。新光集团在企业经营管理和发展方式中奉行“竞合”战略，进而达到“竞和”的境界，实现了从自发的“求生存，谋发展”到自觉回报社会的飞跃，从传统的“和为贵”到现代“和谐社会”的理念升华，以自身的实践和探索为构建社会主义和谐社会做出了表率。

（一）自发与自觉：从“求生存，谋发展”到“取之于社会，回报于社会”的飞跃

王国维先生在《人间词话》中谈到，作词有三种境界。如果用这三种境界来形容周晓光做企业的话，那么，第一种境界是为了个人和家庭；第二种境界是为了事业，为了公司员工；第三种境界是为了社会。马斯洛把人的需求分成生理需求、安全需求、社交需求、尊重需求和自我实现需求五类，依次由较低层次到较高层次排列。显然周晓光的三种境界也符合人性发展的要求。

1. 第一种境界

对于经商、创办企业，周晓光最初似乎并没有什么崇高的动机和远大的理想，如果非要给出一个原因的话，那就是一个非常朴素的想法：让家人过上有吃有喝的幸福日子。在那个物资匮乏的年代里，这或许是当时大多数人心中的共同愿望。

周晓光从未见过面的外公和爷爷，都是于三年自然灾害时期离世。因此，要生存、要活命的朴素生活理念在这个家族里极为强烈。10 口之家的一个大家庭，却只有周晓光父亲一个壮劳力。在生存压力的逼迫之下，周晓光母亲黄仙兰的经商能力被开发出来，她利用当地传统的“鸡毛换糖”的方式，通过走村串户销售绣花针、绣花匾等小商品挣钱来补贴家用。

1978 年，刚刚 16 岁的周晓光就挑着百十来斤的担子和母亲一起出去闯世界。上火车、下火车、坐汽车、跑江西，去福建；摆摊、叫卖、找旅馆……每天早出晚归，辛苦异常。周晓光凭借着一本画得密密麻麻的中国地图，沿着公路、铁路一站一站地往前走，打一枪换一个地方，夕发朝至，走南闯北。7 年间，竟然脚印密集地跑遍了大半个中国。那本几乎快要被翻烂掉落下来的地图，这地图哪里是画出来的，完全是用脚给走出来的！年纪轻轻的周晓光早早地就体会到了生活的压力和艰辛。

与虞云新结婚及有了孩子之后，再出去闯荡显然不太现实。坐吃山空是不行的，为了维持生计，周晓光在义乌租了两间门市，前店后厂，卖起了饰品。与从前奔波在外、有家不能归的状况相比，生活显然安稳了不少。周晓光和虞云新在义乌第二代市场的稠城路、新马路、篁园路小商品市场买下摊位，不仅仅是在家庭作坊里进行简单加工后卖出，还批发销售，率先实行了贸、工、商三位一体的互补和联动，这样的经营方式又进一步加快了她财富积累的速度。

尝到“市场”、“商铺”甜头的周晓光、虞云新，继续一鼓作气，乘胜追击，又在义乌最好的住宅小区买下了新房，在市中心朝阳门买下了店铺。这个超前举措，日后升值颇大，帮助他们加速了财富积累的步伐。这个时候的周晓光，几乎实现了她“行商”时代所有的梦想：丈夫善解人意，稚子活泼可爱，家庭安定和睦，存款令人羡慕……如果仅从全家衣食无忧的标准来衡量，周晓光似乎是该满足、该停下来歇歇了。

2. 第二种境界

不知从什么时候开始，有一种叫做“事业”的东西开始在周晓光的头脑里萌生了。1995 年 7 月，骄阳似火的一天，浙江，义乌，青口，一个注册资本 288 万元、占地 10 余亩地的工厂——浙江义乌新光饰品有限公司悄然成立。随着企业规模越来越大，生意场上的风云变幻不断激发出周晓光的企业家才能。当她在新兴的饰品行业做到销售额全国数一数二的时候，当她的员工人数达到几百、上千人的时候，当她的财富达到几百万元、上千万元的时候，周晓光早就把“赚5万元就回家”的想法置之脑后了。很多企业家开始办企业的时候都是为了改善自己和家人的生活。但是，当他们的财富积累到一定程度，或者几百万元，或者几千万元，总之不再为生活发愁的时候，就开始精神方面的追求。这个时候，周晓光更多的是考虑企业的长期发展问题。企业要长治久安、兴旺发达，就要考虑员工的利益和相关部门的利益，如用户和供应商、销售商等，就要考虑产品品牌建设、企业形象建设，这个时候就达到了做企业的第二种境界。

不遗余力地推行制度化管理，花大价钱聘请职业经理人，建立健全企业规章制度，努力推动企业走上正规化轨道；改善劳动环境，为企业员工创造一个温暖舒适的家；开办信息化管理网络，建立自己的网站，使新光产品融入全球化国际化竞争平台的企业；打造国际品牌；等等，这些都是周晓光在这个境界的追求。

3. 第三种境界

当企业发展到一定规模后，就更应该注重回报社会，承担社会责任，这就是做企业的第三种境界。周晓光深深地感到，新光集团今天的成绩，除了个人的努力、家人的支持、企业全体员工的努力以外，还在于自己赶上了改革开放的好时代，在于市场经济蓬勃发展的大环境，在于迅速崛起的义乌提供了难得的发展良机。总的来说，新光集团的发展离不开社会的发展，只有社会环境好，企业的持续稳定发展才有保证。作为一个有影响力的企业家，眼光绝不能局限于自家企业，应当站在社会的角度来看问题，对与企业不直接相关的事情也要关心，在力所能及的范围内为社会的稳定、和谐和发展做一些贡献，为社会的弱势群体做一些贡献。

从世界范围来看，从发达市场经济的情况来看，很多国际著名大企业都成立了企业社会责任部门。如德国有一个最大的由23家企业成立的企业社会责任联盟，大众汽车公司、西门子公司、德意志银行等都是它的成员，每家公司内部都有企业社会责任部。

“穷则独善其身，达则兼济天下”，今天的新光集团坚持科学发展观，以构建和谐社会为己任，主动承担社会责任，回报国家，回报社会。

新光集团自1995年创建以来，已吸纳安置了来自23个省（市）、14个民族的人就业，就业人数累计达6万余人次，为构建和谐劳动关系，解决政府就业压力做出了积极贡献。在义乌，新光集团的纳税总额连年在民营企业中名列前茅，仅2007年1年，就向国家缴纳税款1.2亿多元。面向“老、少、边、穷”地区投资光彩事业项目，是国家“八七扶贫攻坚计划”中的一项重要内容。2004 年 8 月，周晓光一举投资 958 万元，在广西灵山县与当地政府合作，兴建建材批发市场，搞开发扶贫。该项目作为当地农村非农产业建设工程，至今已累计解决农民工就业 966 人，并成为当地市场中的纳税大户，为推动该县地方经济发展，帮助当地农民脱贫，发挥了积极作用。

周晓光在扩大企业生产规模，打响企业品牌，做大做强自身的同时，积极为行业的发展出谋划策，奔走呼号，努力为本行业企业提供研发、管理、营销渠道、市场信息、人才培训等诸多方面的帮扶服务。在她的带动引领帮扶下，义乌的饰品行业蓬勃崛起，成为义乌市的一大新兴支柱产业。如今，义乌有 3000 多家饰品生产企业，年产值达 125 亿元，占全国市场份额的 70%以上，解决了 15 万人的就业问题。

周晓光积极参与社会公益事业，出资援建农村敬老院，捐资农村修桥铺路，逢年过节带上物品和现金走访慰问部队官兵及学校教师和农村老年人。她还积极出资赞助“同一首歌”走进义乌，出资赞助全国女足联赛、CBA 万马义乌主场全国体育舞蹈大赛，出资资助大元村、倪仁吉（个人）等公益活动，并捐助五台山国家风景名胜区、义乌市基督教堂建设；等等。据统计，以上的公益事业捐赠累计达数百万元。

周晓光扶贫济困，赈灾救危，不计名利，不图回报，乐善好施，一次次伸出援助之手帮助那些需要帮助的人。在这些人中，有鳏寡孤独者，有罹难危机之人，有的素昧平生，有的萍水相逢。据不完全统计，这种类别的善款捐助已累计达 300 多万元。特别是在 2008 年的四川地震赈灾中，周晓光及其企业一举捐款 720 多万元，成为义乌市捐款最多的企业，在整个浙商团队中也名列前茅。

周晓光尊师重教，支持国家教育事业发展。几年来，相继捐资几百万元，分别为母校岭北镇中学、诸暨市岭北水带学校、云南昆明希望小学、山东夏津精华聋儿语训希望学校等修建教学楼，改善教学设施，设立奖学基金会等。

周晓光关心慈善事业发展，并积极投身其中。她先后向“中国妇女发展基金会”、“中国残疾人联合会”、“义乌市残联”、“义乌市慈善总会”等社会慈善机构捐赠上千万元。

截至 2009 年 7 月，新光集团投入公益慈善事业的金额累计已达到

3600 万元。

（二）传统与现代：从“和为贵”到“和谐社会”的升华

对于和谐，周晓光最初的理解是“和为贵”，这种中国传统思想更多的是来自于家庭的教育。“和为贵”的文化传统，哺育了中华民族宽广博大的胸怀。我们的民族，既能像大地承载万物一样，宽厚包容；又能像苍天刚健运行一样，彰显正义。从小，周晓光的母亲就教导她要与人为善，宽厚包容。一次，周晓光为保护妹妹而和男孩子打架，却因此而挨了自己母亲的打。母亲告诉她：“不管是人家先动手也好，欺负妹妹也好，不管什么样的情况，就是人家再不对再不好，你都不能动手打还人家！”母亲的想法是：被人打了就打了，骂了就骂了，吃亏就吃亏一点算了，只要你不去打不去骂，事情终究不会一直这样下去的。而一旦你去骂了，打了，人家心里有气，就还会找时机再来和你纠缠的。这些朴素的话语充分体现了宽厚包容、“和为贵”的民间道德和中国式智慧。

随着中国经济的发展，新光集团不断发展壮大，特别是周晓光本人知识、阅历和能力的提高，她逐渐认识到，“和”具有更丰富的内涵。古人认为“一屋不扫，何以扫天下”、“修身，齐家，治国，平天下”，这讲的是从个人、家庭到国家，由小及大的逻辑。按照这个逻辑，周晓光的“和”有五重境界：和谐家庭、和谐企业、和谐行业、和谐社区和和谐社会。和谐社会理念之于周晓光，绝不是一个空洞的口号，周晓光以她的实干精神具体诠释了和谐社会的理念。关于现代企业如何参与和推动和谐社会建设，新光集团也以自己的行动给出了答案。

1. 和谐家庭

在周晓光的价值观中，一个核心的理念是家庭和谐。这个大家庭，无论是贫穷，还是富贵，总是那么的相亲相爱。

在那个物质匮乏的年代，这个在常人眼里看来很不幸、很值得同情的农村之家，却经常会飘出一阵阵快乐的歌声。有时爸爸会唱上几句，有时妈妈会哼上几首，在冬天农闲或者放假的时候，清晨的太阳刚刚探出脸蛋，就能够听见在中国浙江一个美丽而偏僻的山村中，从一处老房子里传出的清脆的女声大合唱。她们一道唱着歌，用她们独有的方式表达着她们对这个贫穷却温暖的家的热爱。长辈们为了维持生计日夜操劳，女儿们也都十分懂事、勤劳、孝顺长辈，她们会主动帮奶奶干活、打扫、端饭、洗刷，主动陪奶奶说说话，有好吃的，会想到先给奶奶吃。

发达之后，他们仍不离不弃，共同凝聚成当前中国社会罕见的有29名家庭成员的特殊大家庭。尽管大家都有自己的小家庭，但是他们还是觉得跟大家庭一起生活更快乐些。这个大家庭中，每个人都受到尊重，每个人都得到关爱，每个人都能为他人着想，每个人又都可以自由地表达。

作为这个家庭的核心，周晓光和虞云新是这个家庭和谐关系的最佳典范，他们的责任、付出、忍耐、关爱、克己、包容，严于律己，宽以待人……为这个大家庭的和谐打下了牢固基础。

2. 和谐企业

企业是社会的细胞，和谐社会的构建离不开和谐企业，可以说，和谐企业是构建和谐社会的前提和基础。和谐企业，首先，要处理好劳资关系。新光集团与员工依法签订劳动合同，签订率达100%。劳动合同遵照义乌市政府部门制定劳动用工合同的范本执行，内容规范合法；劳动合同的签订、续订、解除、终止等各个环节均按规范程序办理，无违约现象。新光集团的管理者以员工为本，善待员工，妥善处理企业利益与员工利益之间的矛盾，使他们成为相互依存、利益共享的真诚伙伴。其次，要处理好集团管理层的和谐、全体员工的和谐。新光集团的管理层是引领集团快速发展的核心力量，正是在不断的磨合中，新光集团逐渐建立起完善的法人治理结构，管理层合理分工，精诚合作，默契配合，共同为办好企业而努力。而集团的员工之间也形成了团结友爱，和睦相处，爱岗敬业，同舟共济的浓厚氛围。最后，要构建有特色的企业文化，增强员工的团队精神。构建一个健康而和谐的企业文化，必须以价值观为核心，以活动为载体，以全面提高职工素质为根本。经过长期的实践，新光集团已形成独具特色的企业文化。企业的愿景为：让生活更美丽；企业的使命为：引领时尚，创造价值；企业的价值观为：诚信负责，创新共赢；企业的核心理念为：同舟共济，惜福惜缘等。

3. 和谐行业

中国的流行饰品行业作为一个仅有20多年发展史的新兴行业，起步晚、发展快，但缺乏技术质量规范，竞争无序，产业形态比较混乱，产业模式比较落后。而无论在义乌、在中国，还是在全球，新光集团饰品的产销量及市场占有率都高居行业榜首，拥有当前国内乃至世界规模最大的流行饰品生产基地。作为无可争议的行业龙头，新光集团为规范行业秩序、构建和谐行业做了大量工作。

（1）为饰品行业培训了大量人才。周晓光的浙江新光集团饰品公司是义乌乃至全国饰品生产、研发的龙头企业，也是义乌饰品行业的人才培养基地，每年都有一批研发、管理人员掌握了本事以后自己办厂。此外，新光集团还定期召开培训班，免费培训专业人士。

（2）以科技创新为行业设立标准。2007 年 11 月，由新光集团饰品公司和国家首饰质量监督检验中心联合“执笔”的中国饰品行业首个行业标准《贵金属覆盖层饰品的规定》，通过了全国首饰标准化技术委员会组织的标准评审，流行饰品从此告别了“无标”生产的时代。制定、贯彻质量技术标准，打击损害环保、损害消费者健康的劣质饰品，对流行饰品这个行业规范、健康、有序发展有着重要意义。

（3）大力推动饰品行业的设计研发。新光集团拥有的 380 多名设计开发人员，每天设计开发新品 150 余款，在饰品行业设计力量比较薄弱的义乌，新光集团的这一开发团队几乎成了行业的“公共平台”。

4. 和谐社区

社区和谐是社会和谐的基础，如果我们每一个基层社区都是和谐的，都按和谐社会的要求做到了，我们整个国家的和谐就可以达到。如果我们基层的社区不和谐，出现各种各样的矛盾和问题，国家就不可能和谐。新光集团把改善员工生活环境、构建和谐企业、营造家文化，一直作为构建和谐社区的重要切入点。

漫步在新光集团的生活区，到处呈现出一派宁静祥和、安居乐业的家园氛围。远处一片绿色环绕的绿化地带里，有不少老人带着两三岁的孩子在嬉耍，其中还有几位年轻的妈妈怀里抱着几个月大的孩子，在互相切磋育儿经验。生活区建有篮球场、排球场、羽毛球场和乒乓球室，供员工锻炼身体。每周六、日，员工活动中心开放，提供卡拉 OK，舞会，VCD、DVD 影片播放。周晓光一家也住在公司里。在她眼里，公司固然是一个生产企业，但又何尝不是一个生活的社区，一个所有员工快乐生活的家呢？为了给所有员工创造一个良好的生活环境、一个美丽的社区，作为总经理的虞云新亲自出手搞规划设计，花费将近 500 万搞绿化建设，使绿化面积达到 1 万多平方米，也使新光集团成了义乌地区有口皆碑的环境优美的花园企业。

新光集团现有员工 4000 多人，来自安徽、湖北、海南、广西、山东等 14 个省、市、自治区，最多的是来自河南商丘，有近千人，其次是山东菏泽和安徽阜阳，有近 500 人。这样一个大社区，却如此和谐，如此祥和，不能不令人赞叹。

5. 和谐社会

在构建和谐社会以及履行企业家社会责任方面，周晓光做了大量工作，形成了自己的特色。她为义乌区域经济发展不遗余力，建言献策。为了进一步提升义乌小商品产业的发展层次，在 1999 年义乌市第十一届人大二次会议上，周晓光领衔提交了《关于要求建立饰品专业市场的议案》。经过反复论证，市委、市政府采纳并发展了这个议案的构想。2002 年 9 月，中国义乌国际商贸城一期工程建成并投入使用。到目前为止，中国义乌国际商贸城建成总面积已达 140 万平方米，是全球单体规模最大的小商品市场。这之后，周晓光进一步深入地观察研究义乌经济社会发展，有意识地就一些群众关心的热点、重点问题展开调研。任职一届代表，她共领衔提交了 24 个议案、6 份建议，大多数被采纳。

周晓光对于和谐社会的关切也不仅仅局限于义乌。在当选全国人大代表之后，她创造性的履职表现，成为在全国具有一定影响的“议案大王”。她的两项“原创性”履职举措，成为了全国人大历史上的两个第一：第一个设立“人大代表联络点”；第一个通过广告向公众征集议案。担任各级人大代表 10 多年来，周晓光提交的议案、建议被各级人大采纳的达 300 多件。

第二章　中华传统家族伦理与“竞和”式管理

——新光集团经营管理模式的文化背景与价值

新光集团在实行“竞合”战略及其经营管理的进程中，又进一步提升并形成一种“竞和”的理念，于是逐渐由“竞合”走向“竞和”，实行“竞和”经营管理模式。这其中有着深厚的中国传统文化基因在影响。

在《展望21世纪——汤因比与池田大作对话录》中，汤因比先生说：能够真正解决21世纪社会问题的，只有中国的传统文化。池田大作先生也说：“一般人认为是落后象征的东西和这样的国家，实际上秘藏了时代最先进的东西”。这样的观点虽只属于他们的个人见解，但这两位20世纪东西方最著名的思想巨人，不约而同地对中华文化表示了特有的关注和信心。人们不禁会怀疑，在传统农耕文化下孕育出来的家族伦理文化，在当今市场经济的社会还有用武之地吗？中华文化中有哪些思想，还可以为今天的企业管理提供借鉴？新光集团的成功，从一个侧面为这些问题提供了答案。

一、修身为本：起家之道

周晓光说：“事业的成功并非意味着一切。人生的价值，除了自我的实现，还有圆满。什么是圆满？没有缺憾的人生才是圆满！事业，是人生重要的一个内容，但却并非全部。在我们的生活中，还有亲情、友情和爱情，还有责任和义务……我有一个幸福的家，有一个少见的、由29个成员组成的大家庭。这里面有我的父亲和母亲、我的丈夫、五个妹妹和五个妹夫、一个弟弟、九个孩子等。每天的晚饭时间，是我们一家人最集中、最快乐的时候，大家一起交流一天的见闻和感受，一起陪老人聊聊家常，一起和孩子玩耍游戏……这是一个温暖的氛围，充满着爱和关怀。这些，对于我的创业生涯，是最为坚实的后盾。”

任何事情的成败，都不是没有原因的。当我们面对一个 29 位家庭成员组成的一个和睦相处的大家族时，我们禁不住要问：究竟是什么力量让一家经商之人在今天这个近乎唯利是图的社会中仍然其乐融融地生活在一起？

（一）家和万事兴：东阳家族的文化传统

新光集团，是在有着“小邹鲁”美誉的浙中金华地区传统家族文化熏陶下成长起来的企业之“家”，一个继承了家的精神与功能的典型家族企业。“新光”就是取自其创始人虞云新之“新”和周晓光之“光”。新光家族的形成，源于家族事业创始人虞、周两姓的联姻，并伴随因联姻逐步而起的家族事业的壮大而扩展，它是以虞、周两姓为主干，多个姓氏融入，由多个小家庭单元、数十名家族成员组合而成的大家族结构。

虞云新出生于浙江金华东阳江北农家，在家中六子中排行第五；周晓光出生于浙江诸暨岭北周村，家中有六女一子，周晓光为长女。20 世纪 60 年代，中国正处在“文革”时期，世道艰难，民间困苦。虞云新的父亲虞土木为维持一家人的生计，除参加生产队的劳动外，抓住农闲季节走南闯北，凭自己的一手好手艺挣钱。周晓光的母亲黄仙兰娘家在义乌廿三里，机缘巧合与虞土木相识，并拜为师傅，学习制作绣花针、篾圈、绣花样，以及远赴外地摆地摊做生意的技能。由于黄仙兰勤奋好学、刻苦用心，很快就学会了手艺，加上心灵手巧，办事勤快，深得师傅认同，彼此家庭也增加了来往沟通。因虞土木膝下无女，遂认黄仙兰为干女，两家交往日渐亲密。

1978 年，黄仙兰的大女儿周晓光高中毕业后，为生计跟随母亲开始走上行商道路，其间与虞土木之子虞云新相识，直至恋爱成婚组建家庭。

1985 年，虞云新、周晓光夫妇结束流动行商的颠沛生活，定居义乌从事饰品等小商品经营。因为他们诚信敦厚，经营创新图变，生意日渐兴隆。期间，父母、姐妹、兄弟等家人不断融入其中，合力经营生意，规模不断扩大。至 1995 年，创办新光公司，后又组建新光集团。十余年刻苦耕耘，成为当地行业龙头及全国知名企业。

期间，虞云新之弟虞方定与周晓光之妹周晓芳又结成婚姻，虞、周两姓亲上加亲。此外，双方弟妹渐次分别组建家庭，生育子女。至21世纪初，已繁衍为数十余人的大家族。这个由三代同堂及多姓氏小家庭组成的大家族，同锅吃饭、同心创业、休戚与共，形成了一个源于传统而又区别于传统的新型家族体系。这种家族体系的形成，与浙江金华地区历史传承的浓厚儒学氛围和悠久的家族文化传统有着密不可分的联系。

在离东阳不远的浦江县城东10多公里的郑宅镇，有一个饮誉中外的"郑氏义门"。居住于此的郑氏家族，以孝义治家名冠天下。自南宋建炎年间始，历宋、元、明三朝，十五世同居共食达360余年，鼎盛时有三千多人同吃一锅饭。其孝义家风多次受到朝廷旌表，洪武十八年（1385年），明太祖朱元璋亲赐"江南第一家"。

"江南第一家"中的"第一"，在现代人的眼中一般情况下指的是财富或者政治地位。然而从郑氏宗谱所载的资料看，郑家是名家望族当无歧义可言，但就财富、官位来看，似乎与"第一"没有必然联系。那么，是什么使郑氏家族得到"江南第一家"的荣誉呢？翻阅郑氏义门同居共食的发展简史后，才明白是郑氏家族"忠、信、孝、悌、礼、义、廉、耻、耕、读"的家风使得郑家无愧于"江南第一家"的称号。

从郑氏宗祠的建筑设计就可以看出，郑氏家族具有重视道德的家风。郑氏宗祠占地5000多平方米，主要分5个部分，前为师俭厅，次为和义厅，三为有序堂，四为孝友堂，五为寝室，内设会膳钟等。郑氏祠堂宏敞的内部结构，古朴的风格，令人肃然起敬。中央的大堂连接整个建筑，里面有个水池称"洁牲池"，加上大堂两侧的两个小池，形成一个"品"字，时刻警示着郑氏子孙要以"品德"为先。

一般宗祠大堂的第一幅画像多是家族的祖先，可郑氏祠堂里摆放在第一、第二位的分别是吴莱和宋濂这两位老师的画像。把老师摆放在首要位置，可以看出郑氏家族尊师重教的礼仪之风。老师之所以在传统社会备受尊敬，是因为他教导学生首重孝道。孩子在家里，父母家长教他尊敬老师，而到上学的时候，老师教导他孝敬父母，只有亲师之间紧密配合才能把孩子教导好。所以，师道和孝道使中华文明得以传承五千年而经久不衰。这一点也在郑氏祠堂得到了充分展现。师俭厅有联曰：孝友出张陈之上，文章接吴宋以来。另一联曰：孝且忠，政事无非德行；义且节，巾帼亦是丈夫。还有一联曰：宋元明三朝赐第，忠孝义百世流芳。可见，孝始终处于突出位置。在有序堂，则鲜明生动地记载了郑绮的孝行。郑绮为同居第一世祖，郑绮的母亲张氏四肢瘫痪，生活不能自理，他“抱持就厕便溲三十年如一日”。母亲喜欢喝白麟溪的泉水，有一年大旱，泉水枯竭，郑绮用手挖地数十尺，仍不见有泉水，他急得大哭起来。他哭了三天三夜，一边哭一边继续用手向下挖，指甲脱落了，鲜血染红了山石，泉水终于奔涌了出来。

有序堂也是当年郑氏家族子孙们背诵家训家规的地方，男孩主要背诵“德”训，女孩背诵“贤”训，最后大家一起合背其他的家规家训，子孙们犯了错误也是在这里接受惩罚。郑氏对子孙后代管教极严，有一整套的制度和家规。《郑氏规范》第168条家规对江南第一家的文化精髓“忠、信、孝、悌、礼、义、廉、耻、耕、读”10字要义进行了具体阐述。家规族训，条条都在教人修身、处世、教子、治家。家规中还规定男女平等，婚事从简，并禁止子弟娶妾。

郑氏的祖先把理想追求放在家仪中，把有序、师俭列为治家两大支柱。因为有序，就能解决人与人之间的关系，“有序则不乱，不乱则安”。在有序堂上，《郑氏规范》第11条载“听、听、听，凡为子者，必须孝敬父母，为妻的必须相敬丈夫，为兄者必爱其弟，为弟者必敬其兄……”这些规范是在每月的初一、十五击鼓24下，参谒祠堂祖先后，立于堂下听训时唱出的，目的是要郑氏子孙经常回忆祖训，警策自己，奉事孝悌。

在第12条中有，男训曰：人家盛衰，皆与积善或积恶有关，在家则孝悌为先，处世要仁爱宽恕，遇事能接济他人等都是善事。女训曰：一个家庭的和睦与否，与女人的是否贤惠有关，何谓贤？事公婆以孝顺，奉丈夫以恭敬，待妯娌以温和，对子孙以慈爱。

在郑氏家族中，对“悌”更是身体力行，在宗祠“仕官厅”挂有郑德珪兄弟的像。郑德珪，郑宅5世祖（1238年至1278年），年少时即有才辩，长大后，慷慨豁达，恪守信义，乡邻有争论，由他出面调停，能将事理剖析得体，不须多费口舌，就能将纠纷解决。其弟郑德璋，秉性刚直，得罪乡绅卢氏，被诬告后押解扬州问罪，德珪以己身揽“罪责”，毅然代弟去扬州，表现了兄对弟的爱。同时，当德璋发觉兄代受罪后，一路追随至扬州，要求“问罪自己”，可惜的是这时德珪已死于狱中，同样表现出弟对兄的“悌”行。宋元交替时，社会动荡，盗贼四起，民不聊生，德珪命其弟德璋以计诱之，捕获贼首，押送官府治罪，后又建立联防，垒大石为城，抗御贼盗，使乡民得以安生。当时由于离乱加上灾荒，粮食极缺，百姓饥饿待毙，郑德珪让饥民来家同食，救活了许多村民。

俭能解决人与欲的关系，“师俭则无欲，无欲则廉”。《郑氏规范》第五章《仕规》规定：“子孙倘有出仕者，当早夜切切以报国为务。又不可一毫妄取于民，若在任衣食不能给者，公堂资而勉之。子孙出仕有以赃墨闻者，生则于《谱图》上削去其名，死则不许入祠堂。”“常修为政之德，常思贪欲之害，常怀律己之心”——这就是郑家的家训。在这样严格的家规教导下，郑家出了很多廉洁有守的官员。例如，生于明洪武年间的郑氏义居八曾祖郑沂，被明太祖委以重任，官至礼部尚书，他上任后，夙夜勤政、恪尽职守、公正廉明。曾有一人以重金贿赂他，他说：“我连朝廷给我的俸禄都不曾领取，全由我家族祠堂出资养我全家，我还会要你的贿银吗?”来者愧而退之。又如九世祖郑机在任知县期间，从不收受下属及百姓的礼物，被当地百姓誉为清官。郑机 50 岁生日那天，按照当地的风俗，应该祝贺一番。早上，夫人征求他的意见，他吩咐去买一斤鱼、两斤肉、一斤豆腐和一斤黄酒，作为生日晚餐。晚饭的时候郑机却看到桌上摆满了名贵佳肴，他责问夫人，才知道是一个名叫章玉的手下送来的。这个叫章玉的人，平时工作很卖力，很受郑机的器重。郑机听后，让夫人退回了同等价钱的银两。郑机知道，由于前几任知县的腐败，县吏的思想上仍沿袭着旧风陋习，阳奉阴违，送礼的多，受贿的也多，治贿还必须花大力气。于是，他在城门口贴出一张告示，内容是严禁馈送受贿，有受贿行为的官吏主动退赃的可从轻处理。并欢迎乡民直接告状，查实有贿情又不主动退还者，视情节轻重给予惩办。布告一出，有自首的，有告状的，一时间在社会上引起了不小的震动。一批贪官得到了应有的惩处，一批廉洁奉公的官吏得到表扬，人心大快，社会风气随之转好。

进和义厅，就是教导人要讲义，以义为规范，将义记于心，以义统率行为。郑氏的家人始终实践着这个义字，义举不断。

郑淮是郑氏的始迁祖，宋靖康年间，社会动乱，饥民遍野，郑淮除倾其家的“游资”赈济外，又卖掉良田 1000 多亩，用义赈济乡邻饥民。可贵的是，自郑淮后，家道一度中落，陷入衣食不济的困顿之境。及至其孙郑绮主持家政时，家道还没有恢复过来，仍是辛勤持家，耕读不倦。有黄姓人，慕其高义，携百金相赠，欲解其困，但郑绮坚辞不受。他要靠自家的努力重振家业，德义可嘉。

《郑氏规范》的制订、修订和增订，均来源于实践，为维持郑氏大家族的运行，经济的拓展当属必然。一切经济活动必然有其经济目的，在《郑氏规范》第 35 条规定，在增加产业时，要看对方是否出于不得已而变卖，如果因为不得已而自愿泛价出卖，则郑氏不得以低价收受，必须给予产业的实际价值。又如第 44 条规定，“田租要有一定定额，不得另设名目增收，以免加重乡邻负担，对于有拖欠的，除勤讨以保免亏外，不得收利息”。关于不收息的问题，第 97 条还规定，“邻里亲属有缺食者，应拨出稻谷借给他们，秋后收还，勿收利息”。所有这类经济活动，均超越经济的性质，可称之为“商义”。

总之,《郑氏规范》内容繁多，要求严格，是我国古代一部罕见的相当完备的家庭法典，其精华有三个方面：一是厚人伦，崇尚孝顺父母、兄弟恭让、勤劳俭朴的持家原则；二是美教化，开办东明精舍，注重教育，且教子有方；三是讲廉政，从家庭角度制约为官者“奉公勤政，毋蹈贪黩”。郑氏义门还曾根据儒家伦理哲学提出过一些具有普遍意义的“公共生活原则”，像“和为贵”、“善施与”、“己所不欲，勿施于人”、“子孙当以和待乡曲，宁我容人，毋使人容我，切不可先操忿人之心；若累相凌逼，进退不已者，当理直之……”的人际关系原则等。

当把昔日的历史碎片复原成真实的全景时，追寻着郑氏家族的身影，人们惊讶地发现：由于自幼受到严格的儒学伦理教育和孝义家风的长期熏陶，更受到家规的严厉制约，“郑义门”在宋元明清出仕的 173 位官吏中，大至礼部尚书，小至普通税令，竟无一贪官污吏，他们人人勤政廉政，忠君爱民。

郑义门九世同居、一门尚义的事实让我们想到释净空老教授在一次题为《中华传统的家与家道》的演讲中所讲到的：

20 世纪初，欧洲有一些著名的学者曾经研究世界四大文明古国，三个已经消失，为什么中华文明还能存在，总结原因后认为可能是中国人重视“家庭教育”。“家”由家道、家学、家风和家业四事组成，中国古人有说“不孝有三，无后为大”，这个无后不是单指生儿育女，而是这一家有没有继承家道、家学、家风和家业的人。如果没有这样的人，这个“家”迟早还是要衰败的。

现在很多人已经不知道什么是“家”了，读到“家齐而后国治”，总不免生起疑惑。过去的“家”是一个大家族，有五代同堂、六代同堂的，人口少的也有七八十人，人丁兴旺的更有三四百人组成一个“家”，历史上最大的一个家是明朝的郑濂，他的家族有1000多口人，七代同堂。这才是中国传统的“家”。要想管理好这样一个大家族，必须要有家教，而《弟子规》是中国许多家庭教育的集大成之作，首先教育后代要明了“孝道”，孩童不仅要懂得孝敬自己的父母，还要懂得孝敬父母的兄弟，还有自己的祖父母、曾祖父母甚至还有高祖父母的兄弟。孩童犯过错，每一个长辈都有管教的义务。同时还要教育孩童懂得“仁爱”，从小就教育小孩不能自私自利，正如《弟子规》中所讲“物虽小，勿私藏”。家族中每一个成员做事都要为家族全体着想，不能为自己着想，心量要大。如果人人有私心，这个家就不能继续维系。大家族每个人一生都是以“荣宗耀祖，光大门楣”为理想，这就是中国传统的家与家道，“家”是自己一生的依靠、保障、支持者，也是一个人奋斗进取的后盾。

在儒家中讲到的齐家、治国、平天下，其根本就是如何“齐家”，齐家就要有家道、家风和家学，能够使几百人的家族和睦相处、互敬互爱、互助合作、平等对待，扩大到国家就能治国。如是国君自然可以垂拱而治，这就是中国传统的“家”。而家道就要遵循五伦的关系，家风就是五常八德，家学就是孔孟之道，家业（事业）就要通过教育后代来传承，这才是中国能够绵延五千年长治久安盛而不衰的原因。

过去家的组合是由血缘关系，现在要想恢复传统的家，已经很难了。但可以使企业也成为“家”，用企业团体来继承“家”的精神与功能，一个企业可以组成一个家，一个社团也是一个家，过去的家是血缘关系，而现代的家就要用“道义”维系，如果一个企业能够用道义来运作，使每一个人在这个企业中都能找到“家”的温馨感觉与功能，那就要解决一切员工的养老和育幼问题，企业团体有自己的老人乐园、医疗中心和子弟学校，这样企业职工就没有后顾之忧，视企业为自己的家。企业中的领导就像家族中的长者，将敬爱、关怀、照顾、互助和谦卑落实到每一个人，使企业的员工都有一种归属感，人人和睦相处，平等相待，把他人都当成自己的亲人，从内心真正化解对立，做到相亲相爱如一家人。

的确，“家和万事兴”。新光集团的成功，在很大程度上就是把家族内部的和谐扩展到了企业这个大家族的和谐。

（二）身教者从：新光家族的良好家风

周晓光1962年出生于岭北周村。父周郁文，母黄仙兰。丈夫虞云新，东阳吴宁东埠头村人，现任新光控股集团总裁。下面就以考察周晓光的家庭教育和成长经历为例，来说明新光家族的良好家风。

周晓光1969年上学，1978年高中毕业，同年先去东阳打工，后随母出门经商。晓光父母是普通农民，虽勤劳苦干，但仅靠在生产队干活挣工分，兼家中子女众多，生活过得非常艰难。周晓光成功后乐善好施、知恩报恩的品格，得益于她早年所受的家庭教育。教在《说文解字》上解释为“上所施，下所效”，一语道破了良好的教育方式是“上行下效”、身教胜于言教。正是父母特别是母亲黄仙兰的言传身教、潜移默化影响并塑造了周晓光和弟弟妹妹们的品格。

（1）勤俭持家。周晓光的祖父辈家境极为困难。1960年年底，周晓光的母亲黄仙兰嫁到浙江省诸暨县岭北镇，开始过起中国普通农村劳动妇女“日出而作，日落而息”的典型农村生活来。黄仙兰的丈夫周郁文是个孝顺、忠厚、能干的人。一个有关周晓光成长经历的文字材料上记载了这段经历：

“1962年深秋时节，他们的第一个孩子周晓光出生了。此后，接二连三地，黄仙兰竟一连生了七个女儿（后来第五个女儿夭折了）！为了养活这些孩子，每天清晨天空刚刚露出第一抹晨曦，黄仙兰就在尚未退净夜色的黝暗中起身了，烧火、洗菜、喂奶、做饭，等丈夫和孩子吃饱了，她总是最后一个才捧起碗筷，捞尽锅里所剩无几且已经凉了的残羹剩饭，搅动几下筷子稀里哗啦地迅速下肚，就用背带裹好孩子背在身后，带上几个煮番薯当午饭，拿起锄头或铁铲上山干活去了。

家里越增越多的人口，使得这位操劳的母亲似乎有永远也纺不完的线团，永远也织不完的布匹，永远也纳不完的鞋底，永远也补不完的衣裳……

白天黑夜，春夏秋冬，一年四季，周而复始。黄仙兰过的就是这样的好像上了自动发条的‘永动机’一般的劳碌日子。

这个坚强的母亲，用她的毅力和韧劲支撑着这个大家庭，同时，也用她的聪明和巧慧改变着这个大家庭。

她先是把附近山上开垦出的边边角角、零零碎碎的土地全部利用起来，这里一点那里一点地种上番薯，收起来刨成番薯丝去义乌换回点面粉、大米。

下雨天不能下地干活，她就到其他村子里去帮人家补袜子，补一个洞5分钱，大一点的1毛钱，有时一天补下来能赚一元多，那一家人一个月的盐巴钱就赚出来了。

义乌人历史上就有‘鸡毛换糖’的传统。每年临近过春节时，不少人家把自家做的糖挑出去卖，拨浪鼓一摇起来，就有人家开门，把刚杀的鸡毛、鸭毛拿出来换几块糖。收来的鸡毛、鸭毛有的拿去卖给收购的人，有的做成鸡毛掸子等拿去卖，换几个钱补贴家用，或者给孩子们做开学的学费。

也许本身是义乌人嫁到岭北农村来的，‘鸡毛换糖’的传统和以前的生活经历，多少算得上是有一点见识的缘故吧，黄仙兰比当地一般的农家人更具有一点‘超前意识’和‘市场意识’。

早在1968年政府解禁，推出允许义乌人外出‘鸡毛换糖’的政策后，敏锐的黄仙兰立即就去办理了执照，成为岭北地区第一个拿到合法证件的经营户。

不仅做生意嘴巴行，她的一双手还特别巧，不管是粗活还是细活都是又快又好。后来去服装厂做工，做一套衣服要开11个纽扣锁眼、钉11颗纽扣，人家一天最多做20套，她干一天竟然可以做完38套！

但是开1个纽扣锁眼、钉1颗纽扣，才2分钱！她一天像牛一样地拼命干，38套也只有可怜的7毛6分钱！

给下摆很大的裙子撬边，人家一天撬20多条，她最多一天能撬60条！

她自己纺纱织布，纳底做鞋，每逢过年，家里那么多人口还是能够有新衣服穿。

她有一句口头语：‘会做的，不如会算的。’

她有把一分钱掰成两半用的精神和能力，她能自己腌咸菜、磨豆腐、做豆瓣酱、做米花糖……由于精打细算，省吃俭用，在物质极度短缺和匮乏的年代，庞大的周家大家庭生活还算是过得去。”

周晓光的妹妹周玉霞还记得母亲很能吃苦，就连年二十九、年三十都不曾休息一下，为了供孩子上学，她常常到外面把破凉鞋收回来再卖出去，给孩子准备学费。她说：“只要孩子能上学，自己苦一点儿、累一点儿都没关系。”

“穷人的孩子早当家”，周晓光作为家中的长女，懂得父母艰辛。上学之余，努力帮助父母干活、照顾诸多弟妹。童年的周晓光尝到了生活的艰辛，也磨炼出吃苦耐劳、坚韧不拔的性格。在以后从商的日子里，支撑周晓光的唯有一个念头，那就是："宁愿自己辛苦，也要换来家里生活条件的不断改善。"

（2）孝悌传家。周玉霞回忆说：她们家小的时候，住在传统四合院的房子里，家庭成员之间相处得十分和乐。在她的记忆里，从没有见父母吵过一次架，生活在这样的氛围中，做儿女的感受不到任何压力。相反，到了过年的时候，尽管家庭条件不好，父母还是"穷作乐"，尽心为子女们营造出节日的氛围。父亲农闲的时候从不外出，整个家庭充满了快乐的气氛。所以，小的时候，尽管一家人物质上贫乏，但精神上却很富有。在父母潜移默化的影响下，姐妹之间的吵架也很少很少。因为家境贫寒，又有六个女儿，所以衣服都是一个传一个地穿。父母对子女的管教非常严格，要求她们每个人要把自己的事情管理好，谁犯了过错，母亲也绝不会偏袒。女儿在学校或者外面受到了欺侮，她批评的永远是自己的孩子。按照农村长期以来的风俗习惯，一个没有儿子的大家庭，往往会遭人歧视或者受人欺负，但是，邻居们却在不知不觉之中，反而尊敬和羡慕起这个有着一大群女儿的大家庭来。在周家，孩子们都很自觉，功课做完就去打猪草。帮助父母分担家务，而且做得很尽心，几乎从来就听不到任何吵架声、抱怨声、相骂声；相反，倒是经常能够看到她们姐妹围聚一起拣菜、喂鸡、刨丝、打扫等互相帮助、共同劳动的场景，听到从老宅里不时传出青春少女们特有的清脆悦耳的说笑声，甚至歌唱声。

周家人在如此艰苦的生存环境里，还能快乐、阳光、和谐地生活在一起，这与周晓光的母亲黄仙兰那种积极的人生态度密不可分。她用中国女性的自尊、能干、毅力和德行，为孩子们树立起一个活生生的孝悌传家的样板和典范。自从她嫁到岭北以后，婆婆就和他们住在一起，自儿媳妇进门之后就不干什么活了。黄仙兰挑起了所有的生活担子。婆婆提出分开吃，她不仅没有意见，反而让女儿们把挑来的柴给奶奶留出足够的份额。只要她做了什么好吃的，一定会让女儿先盛出一碗来给奶奶端过去。在有关材料上，有这样一段文字描述：

1977 年 5 月，黄仙兰生下了第七个女儿。此时，周晓光的奶奶已经 70 多岁了。晚年她和小儿子周郁文一家生活在一起，唯一的心愿就是希望能够抱上孙子。她心里对吃得起苦的媳妇还是很满意的，唯一的不满就是盼了那么多年，仍然没能抱上孙子。黄仙兰夹在繁重的生活负担和婆婆的强烈盼望之中，忍辱负重。到后来，每一次临盆生产，黄仙兰竟然还会下意识地生出一丝对婆婆的愧疚来。就住在隔壁、近在咫尺、同一个屋檐下的婆婆，在儿媳妇生前七胎时，从来不曾过来看上刚生产的产妇和新生的孙女一眼。这些接二连三出生的孙女，婆婆一个都没抱过，也不曾搭一把手，帮着带上一带。

但是黄仙兰一点也不为此埋怨婆婆，反而对婆婆一向恭敬有礼，谦和孝顺。生活中难免会有磕磕碰碰的事情，黄仙兰的法宝是“忍”，不会意气用事。在家庭中，她也是一直这样去教导孩子们：“在家敬父母，强胜远烧香。”别人家里往往婆婆媳妇争吵之事不断，但是这个大家庭的婆媳关系却很和睦。她上孝婆婆，下爱子女，和丈夫从不争吵拌嘴，成为这个和睦安详大家庭的顶梁支柱。

古人云：“闺阃乃圣贤所出之地，母教为天下太平之源”，任何圣贤人和伟大的人物都是母亲生育出来的，而良好的母教是天下太平的源头。的确，一个人只有在家里学会与家人和睦相处，团结互助，当他走上社会的时候，才会与人为善，助人为乐。

（3）助人为乐。周玉霞回忆说：虽然当时家境贫寒，但是母亲仍然会把不多的粮食拿给别人吃，自己的孩子都经常吃不饱饭，如果碰到上门要饭的，母亲总会装上点吃的东西给人家。农村里有鳏寡老人，父母都会去看望。她还依稀记得母亲去照料村里的孤寡老人和一位赤脚老医生的细节。当时农村人看到这样的善行，也有人说风凉话，说：“不知她图的是什么？”但是母亲仍然大度无私地去做自己认为应当做的事情。后来家里生活条件改善了，她经常会给邻居孩子塞点糖果饼干什么的，更是经常捐钱捐物给需要帮助的人。村里造桥修路，她总是最早出钱且数额最多的人。

现在，虽然家庭富裕了，但是黄仙兰仍然很节俭，冬至回家乡扫墓的时候，看到有贫苦的老人，她还经常偷偷塞给人家钱。她即使帮助别人，也能够设身处地地替人着想，顾虑到人家的面子，让人家接受起来也很欢喜。

母亲乐善好施、为人着想的品德，给女儿们带来了潜移默化、言传身教的深刻影响。周玉霞回忆说，当时自己开始做生意的时候，连报价都不会报，但是因为有一颗真正替客户考虑的心，为人又讲信誉，坚守着“该给人家的一定要给”的原则，所以和很多客户的关系处理得特别好。有的客户说："我今天不去拿货都要去看看您。"

(4) 吃亏是福。与人为善，吃亏是福，是中国人自古以来奉行的处世原则。在现代人看来，这条原则代表了一种消极的处世态度。但是，周晓光的母亲黄仙兰一直是按照这句话来为人处世、待人接物的。周晓光的家里有六个姐妹。在学校里，她自己受到些委屈也就罢了，令她不能忍受的是自己的妹妹们受到欺负。

古人云：各自责，天清地宁；各相责，天翻地覆。虽然母亲读书很少，可能连这句古训都不曾听说过，但是她却用自己的实际行动演绎着圣贤的教诲。

在有关文字材料上，有这样一段描写：

在母亲身边的耳濡目染，使周晓光亲眼看到母亲为这个家经受了太多的委屈和不公：每时每分都不停歇地辛勤劳作，却挣不到几个工分，仍然不够养家糊口；平时劳动、家务、怀孕、生意样样要做付出最多，却总是家里最后一个上桌吃饭而且吃得最少的人；一直没能生个儿子，却坦然地承受着农村人最难熬的这个无形压力；虽然农村传统习俗不生儿子被人看不起，却对所有的女儿一视同仁且爱护备至；尽管有时难免遭到婆婆的唠叨和不满，却从不和她顶嘴吵架；如此艰苦至极的生活，却从不抱怨且一直和爸爸和睦相处……她经常教导女儿们一句话：吃亏是福。

周晓光从心底里钦佩自己的母亲。妈妈的言传身教，使得她在岁月的熏陶中渐渐明白了一个道理：对于生活中发生的许多事情，不公也好，委屈也罢，艰难也好，无理也罢，有时，你最好的方式不是去抗争，不是去抱怨，而是去忍受！去包容！这种忍耐力的培养，这种包容心的养成，其实不是软弱的表现，而是内心真正坚强的体现。

《金刚经》上说："一切法得成于忍。"这其中，隐藏着对世间规律的洞察和非常深厚的人生智慧。母亲在周晓光人生最初阶段所进行的这个"忍耐教育"，对她后来所走的人生道路、对她忍耐力和包容心等人格特征的完善，产生了巨大的影响。不和人抗争，就意味着把注意力转向自己：行有不得，反求诸己，这是中国古圣先贤教导我们的处世原则。而周晓光的成功，正无意中验证了这些原则的合理性。

吃亏是福，和气生财，凡事都用积极的、正面的态度去判断和思维，宁愿自己吃亏也不要撕破脸皮，不去和人家脸红脖子粗地去争，更不必任何事情都斤斤计较地和人争个没完、扯个不清，这是带有周晓光特色的一种经商风格。她相信“退一步海阔天空”，有时候吃点亏也就吃点亏，能让利也就让一点利这一风格和理念，后来就成为周晓光以及新光集团经营管理的内在理念，使他们终身受益。

（5）知恩报恩。周晓光的母亲黄仙兰是一个“受人滴水之恩，常思涌泉相报”的人。她经常这样教导孩子们：在苦的时候曾经帮助过我们的人，有能力的时候一定要报答。周玉霞回忆说，当时家里很贫穷，舅公在过年时经常来看望奶奶，送来一些生活的必需品，并且从经济上帮助奶奶。因为当时黄仙兰和婆婆在一起住，所以她教导孩子们说：帮助奶奶就是帮助我们一家。所以舅公来做客的时候，她一定是把家里最好的东西拿给客人（舅公）。这些生活中的点点滴滴，深深看在孩子们的眼里，记在孩子们的心中，印在孩子们的脑海里，也潜移默化形成了他们“知恩报恩”的意识。

孔子说：“君子务本，本立而道生。孝悌也者，其为仁之本与？”在这个世界上，父母的恩情是最重的。一个连父母养育之恩都不能报答的人，一个连兄弟姐妹都不能照顾的人，何谈去报效祖国与人民？因此，报恩要从孝敬父母、友爱兄弟做起。周晓光初到上海做生意的时候，尽管手头拮据，在热闹的城隍庙仍然为家人买了很多东西：给妈妈买了一条黑色涤卡裤子，给爸爸买了一条大前门香烟，给奶奶买了一件的确良衬衫和保健品，给妹妹弟弟每人都买了小零食、小玩意儿等礼物。

周晓光事业成功之后，却不忘追根溯源，这与母亲从小潜移默化的身教是分不开的。她说：“在成功之后，还得学会保持平和谦逊的心态，要学会感恩。感恩，是中国人一种古老而朴素的传统情怀。不论是一个人的成就还是一个企业的辉煌，都有众多的因素在或多或少地起着作用，比如社会环境，比如机遇，比如政策，比如朋友的帮助，等等。无论怎样的成就和辉煌，都不是无源之水、无因之果。所以，人要懂得敬畏，要懂得感恩，不能自以为是、忘乎所以。这样，才会得道多助，才会走得更长远。”周晓光在母校岭北中学出资设立“周晓光奖学金”，在母校新建校舍时一次性捐资 10 万元，并且故乡诸多贫困家庭都受到周晓光的无私资助。后来重修宗谱，周晓光虽是出嫁女，仍慷慨解囊，出资 5 万元支持修谱盛事，可谓泽被乡里、惠及宗族。这些都是她知恩报恩的实际表现。

（三）善必善报：积善之家，必有余庆

《易经》曰：积善之家，必有余庆；积不善之家，必有余殃。司马光先生说：遗金于子孙，子孙未必能守；遗书于子孙，子孙未必能读；不如积阴德于冥冥之中，以为子孙长久之计。童年的周晓光初尝了生活的艰辛，但是在母亲的德行和言传身教中培养了悲天悯人的性格、乐观向上的人生态度、坚韧不拔的品质和勇于承担的责任意识，使她具备了成功人士所应具备的基本素质，为她日后的成功奠定了坚实的品格基础。

1978 年，中国改革开放的春风吹到了岭北周村，也吹暖了周晓光的心。不甘贫穷的周晓光，怀着致富的梦想，随母出门卖起了绣花针、绣花图样。此后，她流动经商八年，足迹遍及大半个中国，一分一角地开始原始资本的积累。其间晓光饱受世间炎凉，遍尝酸甜苦辣，但同时，也积累了丰富的商业经验，具备了敏锐的市场眼光，磨炼了自强不息、不畏艰难、勇往直前的意志和毅力。

1986 年，义乌小商品市场已初具规模，而此时的周晓光已育有长子虞江波，不宜再颠沛流离、流动经商。周晓光夫妇毅然倾其所有，在义乌小商品市场买下一个摊位。从此，周晓光由“行商”转为“坐商”。周晓光、虞云新夫妇同心协力，诚信经营，薄利多销，生意日渐红火，经营的货物也逐渐从多样化转向了流行饰品专项。而后，周晓光夫妇又率先在义乌市稠州北路开设店面。此后，义乌大批饰品商人竞相仿效，开设店面，市场周边形成了多条饰品专业街。

周晓光凭借多年行商生涯炼就的市场敏感，预感到流行饰品行业前景广阔。但仅替别人做代理，受人制约，缺乏经营的主动权，唯有开发、生产、销售一条龙，自己把握经营的主动权，生意才能做大。于是，周晓光夫妇下决心自己办公司。此时恰逢义乌市实施“引商转工、工商联动”的发展战略，周晓光夫妇敏捷地抓住机遇，筹资 600 万元，于 1995 年 7 月注册成立新光饰品公司，并取夫妇两姓名的最后一个字注册“新光”商标。

新光饰品公司的成立，标志着周晓光的人生之路踏上一个新的台阶，开始了从商人向企业家的重大转变。

经过十余年创业，新光集团已发展成为在全国以及全球同行业内有一定影响的大型民营企业集团。周晓光本人也因其优秀的经营业绩、倾力社会公益事业，以及当选全国人大代表并创造性履行职能的卓越表现，成为

全国知名的企业家、杰出女性、浙商群体的代表人物之一。

由周晓光夫妇创建的新光集团，以流行饰品为主业，集投资、贸易、地产于一体，稳居全球流行饰品行业龙头地位，产销量及市场占有率高居行业榜首，拥有当前国内乃至世界规模最大的流行饰品生产基地，市场网络遍及全球，相继摘取“中国名牌”、“中国驰名商标”、“中国出口商品免检企业”等称号。

致富以后，周晓光夫妇不忘回报社会，勇于承担社会责任，为解决就业、推动地方经济发展作出了自己的贡献。

二、道之以德：中国式管理的精髓

“三鹿奶粉”事件的爆发，引起来自社会各界人士的强烈不满。除了一番口诛笔伐，我们更应当反思导致这一恶性事件的深层原因，以避免类似悲剧的重演。

在一篇题为《中国人剽悍的一日》的文章中，这样写道：

“早上醒来，先用二甘醇超标的牙膏刷牙，再用发臭的蓝藻水洗脸，给儿子冲一杯碘超标的奶粉，自己喝杯黑作坊的豆浆，吃几个硫磺熏白了的馒头，夹点废油漆桶腌制的榨菜，包里放个2005年的粽子。吃饱喝足，出门深吸一口重度污染的空气。中午跟同事一起吃顿苏丹红的烤鸡，喝杯苯超标的可乐。晚上约朋友出来吃了顿地沟油炒的菜，来一盘避孕药催大的鱼，再来一盘臭水沟捞来的麻辣龙虾，还有个农药高残留的清炒菠菜。最后，老板上了一杯重金属超标100倍的绿茶，再喝点含甲醛的啤酒……算账的时候，找回一张假币。

晚上睡觉的时候，被刚装修完的赠品甲醛呛得眼泪直流，只好把脑袋蒙到黑芯儿棉被里面。想起房子还有40万元贷款加利息，辗转反侧到天半亮都睡不着。找安眠药吃了半瓶也没用，含在嘴里，哦，原来是糯米片。”

这种描述虽然有夸大的成分，但也从一个侧面说明，“没良心”是目前诸多社会问题出现的根源。例如，为了牟取暴利不顾矿工死活的矿难事件，以及为了个人私利导致的国有企业破产和国有资产流失等。而某些政府监管不力的根本，在很大程度上也是由于某些监管者“没良心”导致的。如今全球性的金融危机，也是因为一些人见利忘义的结果。正如温总理 2009 年 2 月 2 日在英国剑桥大学演讲时指出的："道德缺失是导致这次金融危机深层次的原因，一些人见利忘义，损害公众利益，丧失了道德底线。我们应该倡导：企业要承担社会责任，企业家身上要流淌着道德的血液。"① 面对当今世界出现的这些问题，让人不禁想起了孟老夫子 2000 多年前的提醒："上下交征利，而国危矣。"意思是说，从上面的领导者到下面的老百姓都交相争夺利益，甚至见利忘义的话，那么这个国家就危险了！

中国有着五千年重视道德管理的经验和方法，并收到了良好的社会效果。这些经验和方法尽管具有历史的局限性，但经过现代转换并赋予时代性内涵，也是具有积极意义的。如今，一些富有远见的企业把中国传统优秀文化引入到企业管理中，开创了"中国式管理"的最佳案例，而新光集团的成功就是其中的一个典型。当我们面对一些企业见利忘义的行为导致的社会问题而丧失信心的时候，正是这些通过运用中国式管理获得成功的案例，使我们对未来充满了希望。而这种希望正是来自于我们对中国自己优秀传统文化的信心与尊重。那么，中国式管理的精髓何在？

（一）德本财末的经营原则

《大学》上说："有德此有人，有人此有土，有土此有财，有财此有用，德者，本也；财者，末也。"这句话告诉我们，良好的德行是发财致富的一个根本，而财富只是德行的枝叶花果而已。这正如一棵大树，要想长得枝繁叶茂，就必须根深蒂固。一棵树的树荫覆盖到哪里，它的根也就必须能够延伸到哪里。同样，一个人想创造大量的财富，也必须有相应深厚的德行。但是因为树根被埋在地下，不被人看到，所以也经常为人所忽视。一个人成功之后，人们也往往更多关注的是他的财富，而不是导致今天发财致富的那种德行。忘了根本，就会导致舍本逐末的结果。人生真正重要的，并不在枝叶花果。仅仅在枝叶花果上下工夫，往往会导致追求表面的浮华，也会使一个企业甚至一个民族处于非常危险的境地。因此，要使家业、企业乃至一个民族长久立于不败之地，经营管理才能至关重要，同时也必须从德行慢慢抓起。

---

① 温家宝：《用发展的眼光看中国——在剑桥大学的演讲》，《人民日报》2009 年 2 月 4 日。

“有德此有人”，要有德行才能感召来优秀同人一起为这个事业努力。若企业家一开始就重视德行，那么他所带动形成的企业气氛、企业文化就不一样，很多优秀人才就会被吸引进来。当企业家有了吸引人才的力量，他的企业才能继续不断地发展。新光集团董事长周晓光在创业的过程中，之所以得到那么多人的支持和拥护，正是为她的德行所感召。例如，在一篇题为《大火无情人有情》的报道中，就描写了周晓光以实际行动捐赠帮助甘肃经销商的真实事迹：

2006年3月10日凌晨四点左右，甘肃兰州华邦女子广场突遭大火，整个广场全被烧毁，新光甘肃经销商周小清店铺就在其内，这场大火给周小清光货物方面就造成直接经济损失180多万元，周小清多年心血毁于一旦，心理上受到巨大打击，面临崩溃的危险，在此紧急关头，公司周董得知消息后，第一时间安排正在西安参加推广会的洪董和吕总监于3月11日飞赴兰州代表公司表示慰问，随即批准大量增加其信用额度，以保证其正常货物周转，维持住正常客户合作。

为更好帮助客户朋友渡过难关，周董和虞董带头发动全国新光经销商和零售商为周小清捐款，周董和虞董首先捐款5万元，各地新光客户纷纷响应，捐款金额达47300元；公司虽未发动员工捐款，但从总公司各领导开始，直至各门市员工纷纷主动捐款，捐款金额5235.5元，总计捐款金额达到102535.5元。

经过周小清和新光公司的共同努力，周小清新店拟定4月7日正式开业，为支持其新店更好运作，公司免费为其提供大量宣传物品和管理软件，并协助其制作戒指柜和购买电脑设备；另外，为使其开业典礼更有影响力，使周小清客户对新光公司更有信心，周董委托董事长助理江泽林先生代表公司带去新光的特别祝贺，并转交募集的捐款，并邀请了甘肃电视台主持人王昕（甘肃文艺界四大名旦之一，2006年中央电视台春节晚会代表甘肃电视台表演节目）主持周小清开业典礼及新光捐赠答谢酒会。

4月7日周小清开业典礼及新光捐赠答谢酒会按计划顺利进行，参加酒会的共有省内外新光零售客户、新光经销商代表、店内员工、开宸集团所有高级管理人员、媒体记者、开宸市场一些同行朋友等共160多人，全场气氛非常热烈，尤其在江总热情洋溢的讲话中，“大火无情人有情”的主题深深打动了全场的嘉宾，随即各媒体进行了有关“大火无情人有情”为主题的专题采访。周小清也进行了非常激动的发言，对新光公司各位朋友的无私支持和鼎力援助表示真挚的谢意!

在周小清开业典礼及新光捐赠答谢会过程中，甘肃、青海等客户及与会同志被现场的气氛所感染，被这种精神所感动，更加深了与新光公司建立战略性合作伙伴的信心和决心，而这种牢不可破的关系是“相互尊重、诚信友谊、互惠互利、真诚合作、共筑双赢”的结晶；各位新闻媒体记者也对新光公司的浓厚企业文化底蕴表现出了极大兴趣，并对这种厂商之间的真诚合作精神深表赞叹。

“有人此有土”,“土”在古代是赖以生产和生活的疆土。用在现在商业社会，这个“土”可以当作市场，即发展的空间。假如一个人没有德，又没有足够的人才，来了一个好的机会，马上就去发展，结果必然是险象环生。所以，一个人没有德、没有才，千万不要去创造商机。否则，不仅不能创造财富，达到预期的目标，还会使自己在社会上的信用荡然无存，最终必然以失败告终。

例如，三株口服液的失败就是一个典型例子。三株口服液 1994 年以 30 万元起家，非常有行销手法，所以使它的营业额飞速增长：它曾经在中央电视台的黄金时段买了很多广告，并且打出一个口号：三株企业要在 20 世纪以内，让人类的寿命延长 10 年；还利用周六、周日等节假日，找医生到人流多的地方进行所谓的“义诊”。当然医生并非真心义诊，义诊的目的是建议顾客买三株口服液的产品；此外，还找大学生到人流多的地方散发传单。这些行销手法果然非常有效。到 1996 年，三株口服液一年的营业额就增长到 80 亿元。这个时候，很多人来捧场说：你成功了。还有一些人把他成功的经验放在营销学的课本里，认为找到了好的营销方法。但是，当掌声还没有结束的时候，这个企业就垮了。

这是因为，1997 年很多人喝了三株口服液的饮品导致了死亡。起初公司当然不承认这些人的死因与饮用了自己的口服液有关。但是后来这样的案件越来越多，全国出现了 10 多宗案件在诉讼中。到了 1998 年，它的营业额从一个月上亿元下降到数千万元，再下降到每月数百万元，到后来没有人再买它的产品。最后它的仓库里有总共 2400 万瓶的产品卖不出去，总损失共 7 亿元。在短短的四年之间，三株口服液就把它赚来的钱全部又赔回去了。这就是企业经营者缺乏德行、没有感召好的人才而仅靠行销手段经营企业所导致的必然结果。这一结果也正验证了《大学》上的那句重要的教诲：“货悖而入者，亦悖而出。”意思是说，通过不正当的方式赚取的财货，也一定会以不好的方式败散掉。

“有土此有财”，有了德行，又有了人才，这些人才在一起众志成城把握好商机，就自然会有所发展，赚取金钱。

“有财此有用”，创造了财富之后，如何使用才能保持企业的永续发展？首先要用在回报员工上。《大学》上讲，“财散则民聚，财聚则民散”，如果企业的老板能把赚取的钱财用在与自己一起创业的所有员工身上，让他们的家庭没有后顾之忧，他们工作精神就很愉快，就能尽心尽力地为企业付出。在亚洲金融风暴的过程中，有一则报道说，韩国的企业在遭到金融风暴冲击时，许多企业的员工都把自己家里的存款拿出来交给自己的老板，并且说：“老板，你千万不能倒，你一倒，我们几百个家庭都会受到影响，这些存款你先拿去用，等渡过了这个困难再说。”韩国企业的员工之所以会做出这样的行为，正是因为他们的老板在赚取钱财之后首先想到的是提高员工的工资和福利待遇。而这一点，也正是新光集团的成功之处。在《以人为本构建和谐是企业发展之本》的报告中，周晓光就曾这样讲道：

“十多年来办厂的经验，使我们深深感悟到：企业做大了就是社会的，就是大家的；只有让员工都有家的感觉，企业才有凝聚力，才能得到长足的发展。因此，我十分尊重职工首创精神，自觉做到发展为了职工，发展依靠职工，发展成果由职工共享，尽最大的责任维护好、照顾好职工的各方面利益……在发展生产，提高效益的前提下，我们尽心尽责为职工办好事、办实事。2006 年，职工工资收入比 2005 年提高了 10.85%。员工有困难，我们会带头尽力帮助并捐款，帮助员工渡过难关。投资 80 万元对食堂进行设施改造，使各项硬件得到提高；投资 40 多万元，安装太阳能热水器，解决了职工洗浴的后顾之忧；新增员工宿舍 489 间、夫妻住房 119 间，总计员工宿舍 1177 间，进一步改善职工住房条件；在职职工实行免费包吃包住，并免费提供床上六件套和自来水供应等。投资 480 多万元进行绿化及配套设施改造，新增绿化面积达 24860 平方米，为员工创造良好的环境。由于很多员工离家路途较远，因此，每年近有 55%的员工留在公司过年，我要求食堂为员工安排好丰盛的年夜饭，以及节日的各项文化娱乐活动，并带领总裁、工会主席等领导一起与员工吃年夜饭，从而解除了员工的后顾之忧，真正使员工感到家的温暖。”

创造许多物质财富后，在保证企业进一步发展的前提下，还要适当地把创造的财富用于回报客户、回报社会。用钱要靠智慧、靠德行，不能只用在自己的员工身上，还要造福社会，要取之于民，用之于民。当一个企业家用这样的心去经营自己的事业，广大群众都会说："这家公司具有社会责任感，非常懂得回报社会，它的员工也会为在这样的企业工作而备感光荣。"

相反，假如一个老板把钱都握在自己手上，不愿意回报社会，那就面临着"积财伤道"的危险，慢慢就会失去人心，并出现"一家饱暖千家怨"的情况。在民国初年，上海有一个开钱庄的商人，可谓富可敌国，家中有几百万的银两。有一个地方发生旱灾，很多人吃不到东西。他的钱庄的一个分公司的"经理"因为当地的灾害实在太严重，就捐出了五百两银子赈灾。这个老板知道以后非常生气，严厉斥责这个"经理"。他告诉别人，他留住财富的方法只有一条，就是"聚而不散"，钱只要到他的口袋里面就很难再拿出去。他去世的时候已经是民国初年，所有的财产是三千万银元。他把这些钱分给十个子孙，每个人分到三百万银元。但是他所有的子孙在短短一二十年内无一例外地将遗产统统败掉，甚至有的子孙还沦为乞丐。从这件事中，确实可以印证《易经》上的那句话："积善之家，必有余庆；积不善之家，必有余殃。"

新光集团自 1995 年创业以来，保持了良好的发展势头，这与以周晓光为董事长的新光集团成功之后坚持"致富思源，感恩社会"的理念，以及积极承担社会责任、回报社会的努力是密不可分的。

《大学》上的"有德此有人，有人此有土，有土此有财，有财此有用，德者，本也；财者，末也"这句话，指出了创造财富并能长久保持财富、使企业保持永续发展的关键在于"德"、"行"这个根本。这句话当然要作限定理解，因为一个企业的永续发展取决于诸多因素，不仅仅在于"德"、"行"。在中国古人看来，钱财并非赚到手就是自己的了，相反，财富为五家所共有：水、火、盗贼、官府、不肖子孙。例如，假如官员的钱财是通过贪污受贿而来的，一旦东窗事发，自己被关进了监狱，自己锒铛入狱，而他所聚敛的钱财也会被官府没收。一个人为了聚敛钱财而不惜丧失品格，那他的恶德也会潜移默化地影响他的子孙后代，沦落为纨绔子弟的后代也会因骄奢淫逸而把祖辈聚敛的家财败掉。很多家族和家族企业之所以"富不过三代"，就是因为祖辈、父辈创立事业的时候兢兢业业、克勤克俭，但是发达之后，忽视了对后代子孙"成由勤俭败由奢"的教育，使后代子孙开始过起了“衣来伸手，饭来张口”的生活，直至骄奢淫逸、玩物丧志，败掉家财。郑义门的子孙后代之所以能够历经三百多年而不衰，仍然能够和睦地生活在一起，并且历经三代没有出过一个贪污受贿的官员，与郑义门严格的家规家训，也就是重视对子孙后代的德行教育是分不开的。“德者，本也；财者，末也”，这就是跳出“富不过三代”循环的关键。

新光家族也认识到了这一点，所以周晓光的长子虞江波正在负责起草《虞周氏家范》。从这个彬彬有礼、谦虚谨慎的年轻人身上，我们看到了新光家族未来一代的希望。在调研的过程中，当他被问到：“你认为人生的价值是什么？”的时候，他回答说：“人生的价值是为社会创造更多的价值。”从这一简短有力的回答中，让我们看到了与上辈浙商成长经历不同、接受了高等教育和现代意识的新一代浙商的志向和气度。

《虞周氏家范》的制订原则，是在充分吸收历代家规、家范的基础上，更加针对新光家族和时代的特点。《虞周氏家范》拟包括序章、家族史及家族结构、家族宪章三部分。第一部分《序章》，简单介绍以虞、周两个主要姓氏为核心的虞周氏家族的来源、成因，以及编制这样一部家族规范、家法的原因。第二部分《家族史及家族结构》，主要概述虞周氏家族的家族形成历史、家族事业简况、家族主要成员及组成结构。第三部分《家族宪章》，主要包括：（一）总则（制订家族宪章的目的和意义；恒久的家族价值观；家族长久维系的基本原则）；（二）家族治理结构、家族理事会组成（确立家族治理的核心、原则、方法，以及以什么为组成单元参与家族事务）；（三）家族议事规则；（四）家族伦理规范；（五）家族行为准则；（六）家法（对违背家族伦理规范和行为准则者的惩戒和处理办法）等。

像新光集团一样，把传统文化的精髓纳入到企业管理、家族治理之中，已经成为不少有文化自觉意识的企业和企业家的一种共识。有伦理专家指出，可以适当采用《弟子规》作为企业共同学习、遵守的价值观典范，因为《弟子规》是中国传统家规、家教、家训、家范的集大成者，仅仅用了1080个字，360个句子，就把一个人在家庭、社会中为人处世、待人接物的方方面面概括得淋漓尽致。如今中国一些富有远见卓识的企业就把《弟子规》和中国优秀传统文化引入到企业管理之中，收到了意想不到的效果。例如，北京汇通汇利公司的董事长胡小林先生在学习传统文化之后，把传统文化的理念落实在企业管理中，结果在短短的时间内就改变了整个企业的风气，这不仅坚定了他用传统文化建设和谐企业的决心，而且还使他积极投入到义务传播传统文化教学的事业中去。青岛大洲运动用品有限公司的总裁刘克成女士在自己的企业里率先身体力行《弟子规》，把“正己化人，诚敬谦和”作为自己的座右铭，上行而下效，员工们因此都变得彬彬有礼，整个公司上下变得和乐融融，各级员工都懂得相互关心和体恤家属。落户南京的菲尼克斯（中国）投资公司在成立之初，总裁李慕松先生就把人才的本地化工作当成公司人力资源开发的重中之重，努力实现了“100%本土管理、100%本土员工”。在学习传统文化之后，他更加主动地将中国传统文化融合到企业文化核心价值中去，形成了有中国特色的菲尼克斯企业文化。在公司厂房内的墙壁上，挂着“建国君民，教学为先”、“凡是人，皆须爱，天同覆，地同载”等书法作品，公司大厅的液晶屏里显示的是《弟子规》的经句。在承接德国菲尼克斯电气集团先进管理经验和企业理念过程中，菲尼克斯电气（中国）公司不仅“汉化”了德国菲尼克斯集团企业文化，而且立足中国本土，传承中国传统文化，做到了“中西合璧”。

实践证明，如新光集团等这样一批推崇和谐发展理念的企业的涌现，是中华优秀文化传统基因的传承、熏陶和潜移默化发挥了核心的作用。这些运用中国传统优秀文化进行中国式管理的成功案例，不仅加强了我们对中华优秀文化的信心，而且也为当代企业应对全球性的金融危机、信用危机、道德危机等找到了一条可供借鉴的出路。

（二）“君仁臣忠”的管理理念

孟子曾经总结了人类社会中人伦关系的发展规律，得出了要实现社会和谐的人伦关系所必须遵循的规律和道理，提出了著名的“五伦”学说，即“父子有亲，君臣有义，夫妇有别，长幼有序，朋友有信”的人伦大道。也就是说，父子之道是应当循着自然的亲情的方向发展，并且使这种自然亲情保持一生，因此儒家提出了“父慈子孝”的道德要求；君臣之间（领导者与被领导者）之间以“义”相处，因而提出了“君仁臣忠”的道德要求，意思是说只有领导者对被领导者有仁爱之心，被领导者才会尽心尽力地完成领导者交代的任务；“夫妇有别”是指夫妻对于家庭的职责有区别，即丈夫一般负责家庭的经济收入，而妻子一般承担着教育子女的职责，因而提出了“夫义妇德”的道德要求；“长幼有序”是指一家兄弟姐妹的出生有一个自然的次序，这个次序也是不能颠倒的，根据这种次序而提出了“兄友弟恭”的道德要求；“朋友有信”讲的是人在社会上与平等的主体相交往时，应当以诚信相交。在这五种伦理关系中，儒家没有抽象地谈论所谓的平等，而是根据客观实存的伦理关系的实际特征，明确了处于不同关系中不同地位上人的责任特征。只有这些人都主动承担了相应的责任，这些人伦关系才可能和谐。这五种人伦关系，在任何一个社会、任何一个国家、任何一个时代都是最基本的五种伦理关系，只有这五种基本的伦理关系处理好了，这个社会的人伦关系才可能是井然有序的。

所以，五伦关系的第二伦“君臣有义”，更广义的是指领导者与被领导者之间的关系，它要求领导者要仁慈，处处为属下的生活着想。在这方面，孔子说：“君使臣以礼，臣事君以忠。”（《论语·八佾》）孟子继承并发挥了这一思想，他说：“君之视臣如手足，则臣视君如腹心；君之视臣如犬马，则臣视君如国人；君之视臣如土芥，则臣视君如寇仇”（《孟子·离娄下》）。这些精神经过现代转换，用在企业管理之中，它要求企业主要为员工谋福利。当企业主不尊重、不照顾员工时，就会导致员工的离心离德。孟夫子这段话讲得很有味道：领导者假如把部属当做手足一样疼爱，部属会把他当做心腹，定会加倍回馈领导者的仁爱；假如领导者只是把部属当犬马来使用，即反正我就使用你，然后付你钱，只是把员工当工具而已，那么部属看到领导者就好像见到一般人一样，没什么特别，没什么感情；假如企业主把员工当做工具、当做像物一样的东西，使员工的生命如同土芥一样不值钱，甚至还在心里面想说，反正我有钱，到处都可以请到人，那么，部属对企业主可能就会恨得咬牙切齿。

所以，在中国的传统文化来看，虽然人与人之间能力有大小、地位有高低、职业有不同，但都是社会正常运转必不可少的组成部分，在人格上都应当给予尊重。领导者与被领导者之间应当是相互依存、相互感恩的关系，而不是相互对立、相互冲突的关系。这一点，在新光集团的管理中，得到了充分显现。

在一篇题为《飞来横祸，员工意外殒命迪拜；优厚抚恤，新光彰显人性关怀》的报道中，就记载了新光集团妥善处理赴境外员工意外突发事件的感人事迹：

2008 年 10 月 16 日上午，在新光集团董事长周晓光的办公室里上演了感人的一幕——周晓光将一张价值 8 万元的中国人寿保险公司保险单，以及 25 万元抚恤金，交到来自河南禹州农村妇女汤卫莲手中。53 岁的汤卫莲老泪纵横、声音哽咽："虽然女儿走了，我们全家都很伤心。但公司给了我们优厚的补偿和额外的关怀，还特地买保险保障我今后的生活，让我心里很宽慰。"汤卫莲的另一个女儿，在新光集团福州门市工作的何雪霞说："公司对于我们家属的关怀是全方位的。物质上的补助让我们安心，精神上的抚慰让我们感动。"看到汤卫莲等家属们脸上的眼泪和悲伤，周晓光也不禁潸然泪下："何小改这孩子19岁就来到新光，到今年已经整整8年了，我是看着她从普通员工一路成长为在海外市场能独当一面的优秀干部的。我们都是做父母的，我们的企业也就像一个大家庭。小改出了意外，我们都感到非常地痛心。"

事情要从阿联酋迪拜时间2008年9月14日，也是中国传统的中秋佳节那天说起。

这年27岁的河南禹州姑娘何小改，2001年9月进入新光集团饰品公司，曾先后在成都门市部、武汉门市部工作。因工作积极、学习努力，新光2006年1月成立迪拜分公司后，任命她为物流经理；2008年3月，又提升她为新光集团迪拜分公司总经理助理。2008年以来，因迪拜分公司总经理赴墨西哥拓展业务，何小改担负起在迪拜的整个销售业务重任，是新光集团饰品公司着力培养的国际化人才。

迪拜当地时间晚上7时许，何小改与在公司帮助做饭的毛阿姨，结伴来到当地一家健身中心11楼的游泳池游泳。因为正值阿拉伯国家的斋月，整个健身中心没几个人，游泳池里更是空空荡荡的。毛阿姨去了一趟洗手间回来，赫然发现何小改的身体一动不动地趴在泳池的底部……一场意外的悲剧发生了！经迪拜警察署及当地法院法医解剖鉴定：何小改因游泳呛水造成瞬间窒息死亡。

意外的发生让何小改的家人悲痛欲绝，也让新光集团上下沉浸在悲伤之中。为了让这起意外事件得到妥善处理，周晓光责成副董事长周玉霞带队，会同何小改家属一道，赴迪拜处理相关事宜。在义乌市外事办、浙江省公安厅等相关部门的大力协助下，一行人在最短的时间内，克服了重重困难，办好了复杂的手续，于2008年9月17日赶到迪拜。在迪拜，新光团队一方面克服伊斯兰斋月的种种困难，在中国领事馆和当地热心群众的帮助下，紧锣密鼓地办理警察署的死亡证明、当地法院的鉴定证明、移民局的证明、劳工局的证明、市政府的证明等复杂的善后手续；另一方面着力抚慰同行家属，以及迪拜公司员工的情绪。远在国内的周晓光也密切关注事态进展，并调集各种社会资源，为事件的妥善处理提供各种支持帮助。

办理好相关事宜之后，迪拜时间9月22日上午，一场按中国风俗进行的追悼会在迪拜举行，悼念一位中国姑娘在异国他乡遭遇的不幸。周晓光特地从国内发来悼词，参加追悼会的33个人，全都哭了。

除了公司为员工办理的各类保险，以及特地为在境外工作员工办理的商业险种争取最高额度的赔付，并赠送给何小改家属外，新光集团还特地拨付了专项抚恤款，并负担了整个国内、国外善后处理的全部费用。为让何小改母亲今后的生活有一定保障，周晓光还决定购买一份商业寿险赠送给她。新光集团妥善周到的处理，赢得了家属的理解和信任，也得到了广大员工和社会各界的好评。

正是受到中国传统家文化潜移默化的影响，使得新光集团主动、自觉地严格执行《劳动法》、《工会法》，建立健全平等协商集体合同，履约率达100%；公司与员工依法签订劳动合同率也达100%。

有人问："新光的企业文化特色是什么？""是'家'的文化。"周晓光说。也许是因为从小就是在一个人口众多的大家庭里长大，家庭的氛围熏陶早已沁入骨髓，因而对家园文化特别看重。在一次汇报讲话中，她深情地谈到："我所领导的新光控股集团中95%以上的员工来自经济欠发达省份，其中女职工占了员工的一半以上，还有数百名员工来自15个少数民族。要管理好这样一个大型的劳动密集型企业，首先必须解决好职工的安居乐业问题。为此，这些年来我把企业税后利润，除了扩大再生产的投资外，大部分用于增加职工工资，建设职工宿舍，加强职工教育，改善集体福利，力图使'新光'成为一个来自五湖四海的兄弟姐妹们共同奋斗、共享成果、和谐相处的'大家庭'；职工们对企业的认同感很强，公司也从未发生过拖欠工资之类的劳资纠纷，尤其是许多女性青年职工，都把我当做一个大姐，有的直接称呼我为'周姐'，而我对她们的生理卫生、婚姻家庭、计划生育都处处关心并尽可能地给予照顾，如为年轻夫妇安排夫妻房，女职工享受产假，在我们这里已经成为一种制度。开始这样做，我主要是从企业的生存、发展考虑的。学习了党的十六届五中全会关于构建和谐社会的《决定》后，我认识到建设和谐企业是和谐社会的基础，做好职工工作、处理好劳资关系，意义十分重大，今后要更加自觉、更加努力地去贯彻。"

她是这样说的，也是这样做的。从新光集团的工会主席黄昌文那里了解到，新光集团创办至今从来没有拖欠过员工一分钱工资，几乎没有发生过劳动合同纠纷。新光集团的食堂达到 A 级标准，也是义乌唯一达到国家 A 级标准的食堂。新光集团获得了全国模范劳动关系和谐企业称号，这个荣誉是金华地区唯一的一家，整个浙江省也仅有十余家。

在一期《新光报》上，刊登着一篇文章，介绍了新光公司的员工待遇、福利：

新工入职，公司免费提供住宿和床上用品 6 件套（价值 150 元左右）；

女职工享有 3 个月带薪产假；

普工试用期工资（工资分为计时、计件两种）：850 元左右（含 150 元生活补贴）；

集团（公司）结合企业实际，为员工提供养老保险、工伤保险、团体意外伤害保险、附加疾病住院费用保险等保险；

在住房待遇上，分经理、科级、一般管理和员工四个层次，免费提供单人（双人）套间、单（双）人间及员工集体宿舍；套间配备彩电、空调、电话、热水器等，员工宿舍一般 6~8 人/间；

为每位员工提供多种形式的培训机会，培训覆盖率达 100%，多层面开发员工潜能，优秀员工将获得外派培训机会；

为员工提供餐费补贴（目前白班 150/月，夜班 225 元/月）；

为保护员工的安全和健康，集团（公司）遵照有关政策和法规，结合企业实际，按岗位需要为员工提供劳动保护用品（含工作服、工作鞋、工作手套、口罩等）和防暑降温费；

年终发放年终奖、评选先进、为员工举办大型春节文艺演出、兴趣抽奖活动；

为员工发放《新光报》、《新光杂志》等集团内部刊物；

端午、中秋、春节等传统节日，为员工发放礼物，加餐；

丰富的业余文化体育生活，免费给员工提供良好的学习、娱乐环境；

集团（公司）图书阅览室、棋牌室、电视室等全部对员工开放；

每周六、日员工活动中心开放，提供卡拉 OK、舞会，VCD、DVD 影片播放，并建有篮球场、排球场、羽毛球场和乒乓球室，供员工锻炼身体。

在新光集团连接工作区和生活区的一个墙面上，挂有除了荣誉长廊之外的另外许多奖状、匾额。这些荣誉的获得，体现了各级党政部门和社会各界对新光集团探索、实践和谐发展道路的充分肯定和高度评价。

周晓光说：“回首10多年的创业历程。我深深地感悟到，建立、保持和谐的劳资关系，是新光这些年得以稳定、快速发展的根本保障。在今后的发展道路上，我们还会一如既往地坚持构筑和谐企业的理念，努力回报社会，为全面构建社会主义和谐社会作出自己的贡献。”作为一个企业的领导者，她确实以自己的行动同时扮演了“君、亲、师”的三重角色，即起到了领导、关怀和以身作则的作用，带领着企业朝着健康的方向发展。而她本人也以自己的聪明才智和深厚德行，受到了社会各界的一致好评和认可。从她身上，再一次印证了《易经》上的那句古老的名言：“天行健，君子以自强不息；地势坤，君子以厚德载物”以及《大学》上的那句教诲：“仁者以财发身，不仁者以身发财。”

三、君子无所争：竞争与竞和

现在大多数的企业家认为：只有竞争才能获得利润。合理的竞争确能带来效率和利润。然而，在现代商场上，竞和也能带来效率和利润。让我们看一看世界华人首富李嘉诚先生在面对竞争的时候，采取了怎样的态度。

（一）义薄云天的李嘉诚

李嘉诚先生是靠做塑料起家的，而塑料的原料是石油。1973年，全世界发生了石油危机。石油危机的到来，必然造成塑料原料的涨价。当塑料原料涨价时，中国香港有一个进口塑料的公司，就垄断了进口的途径，把原料价格提高了8倍。很多小的塑料公司因为没有库存，马上面临停产的危机。一时间，中国香港有几百家小塑料公司面临着倒闭的危险。而这个时候，李嘉诚的库存非常丰富。如果是以竞争的观念，他只要坐视不理，那些小塑料公司就面临倒闭，他自己就少了很多竞争对手。但是，一直受到传统文化仁爱精神熏陶的李嘉诚先生，主动地把数百家工厂的老板团结起来，然后让他们把所需要的原料数量报上来，直接跟国外原料商订货。这样不仅容易订到货，而且价格便宜。这就使得中国香港那家原料公司不得不降价。但是从订货到来货还有一段时间，很多小塑料公司仍然面临着倒闭的危险。这时候，李嘉诚先生就把自己库存的13万吨石油，以市价的一半卖给这些同业小厂商。等订货到的时候，又把自己订的20万吨原料，没有赚一分钱，全部转让给其他厂家。所以李嘉诚先生的成功，靠的不仅仅是竞争，而是仁爱与互助。在这次石油危机过后，所有的厂商都称他为“救世主”。所有聪明的商人当然都愿意和“救世主”做生意。因为，他在如此危机的时候都不会去坑害其他的厂商，在平时，他又怎么可能没有诚信呢？

后来，李嘉诚先生被人称为了“义薄云天的人”，他不仅没有吃亏，反以他的德行，赢得了人心。从这里，我们就不难明白，为什么他的事业可以平步青云，为什么有那么多人愿意来帮助他？因为在最危难的时候，他不仅没有竞争，而且发挥了互助与仁爱的精神。

他曾论述过什么才是强者的有为，他认为“关键在于能否凭借意志坚持正确的理想；凭借毅力实践信念、责任和义务，运用知识创造丰盛的精神财富和富足的家园；能否将生命的智慧和力量，融入文化，使它在瞬息万变的世界中能历久常新；能否贡献于深爱的民族，为它缔造更大的快乐、福祉、繁荣和非凡的未来。”正是怀抱这种慷慨宽容的胸怀、爱国的理念，李嘉诚致力于贡献社会，全力打造“奉献的文化”。[①]

现在很多人最崇拜的就是李嘉诚。但是他们看到的只是李嘉诚作为世界华人首富的一面，而没有想去学习他的义薄云天，没有想去学习他的仁爱诚信、奉献精神和爱国理念。李嘉诚先生一直以孔子的“不义而富且贵，于我如浮云”作为自己的座右铭。他曾多次在公开场合中强调：金钱不是衡量财富的准则，更不能决定生命的价值。他常常说的一句话是，“富贵”这两个字必须分开而看，“富”者不一定“贵”，真正值得珍贵的，还在于你为社会做了什么，在于所做之事能否令世人得益：“只有你做些让世人得益的事，这才是真财富，任何人都拿不走。”[②]

因此，他眼中真正的“富贵”，是必须懂得用金钱去回馈社会，如不能做到这样，即使拥有了金钱，也只不过是“富而不贵”。

① 李嘉诚：《强者的有为》，2005年9月25日于长江商学院首届毕业典礼致词，转引自《李嘉诚：我深爱中华民族，回馈社会才是真富贵》，中国新闻网2009年5月13日。

② 王海京：《李嘉诚与他的“第三个儿子”》，《瞭望新闻周刊》2007年第13期。

（二）君子竞和的周晓光

前面曾经讲过，“德者，本也；财者，末也”。一个人的财富、身份、地位和名声，一定意义上都是他内在德行的显现和结果。这一点，对于新光集团的周晓光董事长来说，当然也不例外。在她对大学生谈到自己创业的体会时，就把树立正确的人生价值观放在了第一位：首先要树立正确的人生价值观。人生价值观是一个人评价人生目的和人的社会行为所持有的基本价值标准和尺度，是对于人怎样生活在这个世界上才有意义的一种根本看法。一个正确、高尚的人生价值观对于人生的征途具有非常重要的指导意义，是战胜一切困难的精神动力；相反，错误、扭曲的人生价值观则是人走向堕落、走向毁灭的根本原因。正是在她高尚的人生价值观的引导下，凭着她那种仁爱互助的精神和广博开阔的胸怀，使她关注的不仅是自己企业的发展，而且主动无私地帮扶带领了浙江整个饰品行业的共同发展。在一次汇报会上，周晓光这样说：

“我作为浙江省饰品行业协会会长，更多的是考虑行业的整体发展。新光在品牌、研发、管理、营销渠道等方面，引领着流行饰品行业。因此，在研发、管理、营销渠道上为小厂提供一些必要的帮助，做一些培训，由此来带动整个行业的一起发展是应该的。经过十几年的精心培育和扶持，如今饰品行业已发展成为义乌市一大支柱产业，使义乌崛起 4000 多家饰品生产企业和经营户，年产值达 125 亿元，占全国市场份额的 70%，解决了 15 万人就业问题，为社会和地方经济发展作出了积极贡献。”

有一篇材料详细地描写了周晓光扶持中小饰品企业发展，并使新光集团成为饰品行业的“黄埔军校”的过程：

1995 年成立的新光饰品公司是第一个在义乌注册生产饰品的企业。可是到 1996 年初，在新光饰品公司成立尚不到半年的时间里，义乌似乎是在一夜之间突然冒出了三四千家饰品公司。后来就以平均每个月诞生几十家的速度增长着。

开始的时候，周晓光觉得有人仿照新光饰品公司的样板自己开公司生产饰品，这是再正常不过的事情。直到新光饰品公司人员流失加剧，不断有人提出辞职，纷纷跳槽离去，而且走掉的不少都是些技术骨干和熟练工人，并且已经多少影响到了新光饰品公司的运营现状时，她才觉得不对劲起来。

这个现象带给周晓光深刻的思考：面对自己公司人员不断流失，行业竞争对手越来越多的现状，应该怎样来处理这个问题？是打压、排挤、争斗、希望我一枝独秀？还是漠然、无视、放任、随其自变顺其自然？或是采取积极的鼓励、支持、合作的态度，达成合力共赢的局面，最大限度地培育起扶植起这个新兴的行业？

作为第一家注册且生产规模第一的龙头企业，当时的新光饰品公司是人们目光聚焦的中心，其他大小饰品企业的眼睛都紧盯着它。往往新光饰品公司产品一经问世，马上就会被人仿冒，而且价格要比新光饰品公司低得多。这一度成为新光饰品公司发展一个很大的难题和困扰。有时好不容易开发出来的新产品，仅仅生产一两批后即被迫停产。

面对这样的考验，周晓光依然坚信：如果跳出新光饰品公司，从整个义乌的经济发展的全局来看，仅靠一两家企业做大是远远不够的。尤其是新兴的饰品这一行业，应该看到，短时间内在义乌地区有这样的快速发展，这完全是好事。只有产业聚集了，人气旺了，才能形成气候，带动起整个行业的共同兴旺发展。

一旦眼光跳出新光饰品公司，立足于义乌市的经济发展和整个行业的发展角度去看待，周晓光原先一颗焦躁的心渐渐安静下来。到新光饰品公司挖人的事不断重演，她接受；员工为高薪频频跳槽，她理解；还有的员工为寻找自己的空间辞职自己去创业，她支持，并且给予自己力所能及的指点和帮助。

有一位从新光饰品公司出去自己创业的人叫卢凤娥，她是湖北威宁人，是在新光饰品公司创办那年最早进入的，当时在公司办公室工作，负责统计、下单、门价、接待等所有和生产有关的工作，一直做到贸易部经理。她是新光饰品公司的一个“重臣”，来新光饰品公司不到半年，她结了婚，不久就把湖北老家的弟弟、妹妹都带出来到新光饰品公司工作。后来她生孩子时碰到脐带绕颈婴儿严重窒息，医生都认为没救了，是周晓光亲自陪着急送医院，因为抢救及时，保住了孩子，现在已经上小学五年级了，是一个健康聪明的孩子。

周晓光对卢凤娥是一个有恩之人。可是，有一天，卢凤娥仍然决定要离开新光饰品公司自己单干。准备找董事长谈的时候，她似乎有点为难，觉得有点难以开口，周晓光得知她的想法后平静地接受了，并笑着鼓励说“这是好事，我支持你”，还传授、叮嘱她开办企业需要注意的一些基本事项。

“我在各个方面都模仿新光，流程一样，只是某些方面稍有改进。我买的是新光的材料，如水钻，如电镀处理。新光一直是龙头企业，新光的电镀材料、水钻，包括销售网络，都在全国排第一，周董一直很支持我们。”卢凤娥感激地说。

1998年，义乌一家企业因为替另一企业担保而受连累，面临破产的危机。百般无奈下该企业向新光饰品公司求助。当时周晓光与他也只是认识，并没有什么深交。而且因为自己公司刚起步不久，新光饰品公司本身的资金并不见得充裕。但是在犹豫之后，周晓光还是决定帮他一把，借出了100万元。

家里人当时不能理解，周晓光就说：“这是德，是企业的社会责任。也许有了这100万元，这个企业就站起来了，而没有这100万元，它可能就从此消失了。最关键的是，企业倒闭受害的不止是企业主一个人，还有他的上下供应链中的客户、企业的员工，赌上这100万元是值得的。如果能救活企业，它生存下来就对社会、对许多人有益了。即使失败了，这些钱也是可以赚回来的。”最后这个企业终于挺过了最艰难的时期，现在还发展得很好。

“每个人、每个企业都是会遇到一些困难的，只要帮一把就能渡过去了。”她说。

一旦遇到恶意竞争，新光饰品公司往往采取的是淡然处之、不予理会的策略。甚至在整个饰品行业遭遇市场“寒流”之时，周晓光不但不趁机挤压竞争对手、进行行业“洗牌”，反而主动大幅提价，为众多小企业留出生存、喘息的空间，避免了这个新兴行业也上演别的行业多次演绎过的伤己伤人的价格“血拼”惨剧。

周晓光曾经把自己创业初期的一些经验精辟地归结为五个“本”：

一是要“本分”。就是要讲职业操守、职业道德。要本分，就是不能投机取巧，不能伤害别人、抬高自己；

二是要有“本钱”。创业不能没有本钱，哪怕一块钱也是本钱，本钱有自筹的，有外力支持的，要量力而行、充分有效地用好我们的本钱；

三是要做“本行”，就是要有专业知识和专业能力。如果没有达到一定的基础，我们不能好高骛远，什么都想做，不能做的也非要去做。我们鼓励创新，但创新要有基本的创业知识和创业能力。我们也要善于利用各种社会资源，这也是一种创业方法，但是要尽量做本行；

四是要有“本领”。要在创业实践中不断学习、不断提高、不断掌握应对世界变化的本领和创业的才能；

五是要有“本人”。就是要亲力亲为，特别是在创业之初，一定要勤奋努力，亲身体验创业的甘苦。

上述五个“本”，可以说，应成为每一个企业和企业家成功的精髓。

从李嘉诚身上、从周晓光身上，以及从诸多成功的企业家的身上，我们都可以看到，他们的成功不仅仅来自于竞争，在其实质上是来自于“竞合”和“竞和”。在“竞合”和“竞和”中，他们培养了仁爱与互助的观念，无形中赢得了人心。正是这种“竞和”精神，也滋养出了新光集团的“竞和”经营模式。正如电视剧《商道》中林尚沃先生还在做伙计的时候，他的老板就对他说的话：“你知道什么叫做生意？做生意难道是把东西卖出去吗？做生意赚取的不是金钱，而是人心。当我们赚取了人心的时候，他们都愿意捧着钱来送给你。”

四、修、齐、治、平的广博胸怀
——和谐社会，从“新光”做起

从周晓光自己对家庭文化与和谐企业、和谐社会关系的论述，从她和谐的家族以及和谐的企业大“家”——新光集团的成功经验中，我们能感受到强调“修、齐、治、平”、强调“德”、强调“以人为本”的中华优秀传统文化的力量：

有些人说我是个“女强人”，但我心里很清楚，如果没有家庭的支持，我不可能获得成功。因此，我一直致力于做到事业、家庭“双丰收”，把“和谐家庭”当做“和谐企业”的“后花园”，尽可能使事业和家庭相互交融、相互促进。

这些年来我通过自己的亲身实践深刻体会到：料理好家庭更有利于女企业家经营好事业。在企业里，我是一个拥有6000余名职工的大型企业的“掌门人”；回到家里，面对老少三代人、六个弟妹组成的29人的大家庭，我又心甘情愿地卸下头顶上“企业家”的光环，当一个孝顺的女儿、贤惠的妻子、可亲的姐姐、开明的母亲。到过我家的人，无不为那其乐融融的气氛所感染。尤其是我的丈夫、新光集团总裁虞云新对我在生活中悉心照顾，在工作中默契配合，对我从事的各种社会工作全力支持。我认为，这是由我们两人的名字组合而成的“新光”集团事业蒸蒸日上的一个重要的原因。

我自己由于历史的原因没有得到系统学习的机会，但我深知知识的重要，因此克服种种困难，把儿子送到英国知名学府深造。由于工作繁忙，我平时很少见到儿子，更很少照料他的生活，感到十分内疚。但我时刻不忘对孩子的教育，要他在生活上向低标准看齐，学习上向高标准靠拢，使自己成为对祖国、对人民有用的栋梁之材，学成后回家乡效力。我和丈夫、孩子虽然很难经常团聚，但大家彼此信任、相互激励，这使我在工作中获得了很大的精神动力。我曾经对媒体坦言，有时我在家庭上的成就感比在事业上的成就感还要强。这是我的真心话。我在事业上的成绩和家庭的和睦充分证明：和谐企业和和谐家庭是我们构建社会主义和谐社会的微观基础，二者在个人身上是完全可以获得统一的。

第三章　当代社会资本与和谐“新光”
——新光集团经营管理模式的社会背景与示范效应

社会与资本之间的张力，构成了现代化的基本问题。在经典名著《巨变》之中，波兰尼入木三分地将现代化刻画为社会与资本之间的双重化运动。而在社会与资本之间，资本又尽处于旋涡的中心：它既是现代生产水平指数化增长的驱动力，同时又是传统社会生活指数化瓦解的策划者——资本所过之处，人们看到牧歌田园的黯然，高楼厂房的兴起。

资本因而也成为现代学者争执的焦点：有的思想家欣喜于资本的胜利，乃是人性自身的胜利；而把社会所付出的代价，看做是愚昧自身所应付出的代价。虽然在18世纪初，荷兰的曼德维尔尚是一种异端，但是在18世纪末，苏格兰的亚当·斯密作为现代经济学的鼻祖，却已经是令人尊敬的伦理学家了。倘若不是来自另一方思想家的抵制，伴随着资本的全球化，这种观点在西方本来更会成为一种常识；可也正是伴随着另一方的抵制，资产的形象才逐渐明晰。虽然早在18世纪，卢梭就最早使用布尔乔亚（Bourgeois）一词来表示新兴的资产者，揭示资本对于社会肌体的侵蚀，只有在19世纪，当马克思以资本（Das Kapital）自身作为著作发表之时，历史才转而成为一场轰轰烈烈的科学社会主义运动。

头脑深邃的思想者显然并不会将20世纪上半叶社会主义革命的胜利看做是最终的胜利，就如同他们也并不将20世纪下半叶社会主义革命的失利看做是最终的失利一样。人们逐渐认识到，资本并没有耗尽自己的生命，问题的关键是，它也并不完全是社会肌体的病毒，尽管人们还并不完全清楚资本会将现代社会带向何处。

资本显然还没有耗尽自己的生命，20世纪90年代初的东欧剧变、苏联解体从某种意义上说，就是资本力量的显现。众多的社会主义国家在资本化的过程中变了颜色，易了旗帜。与这些热衷追求“自由化”，却在经济试验中一败涂地的转轨国家不同，依然高举社会主义旗帜的中国在改革开放中取得了前所未有的成功。十一届三中全会后，中国共产党人重新把注意力集中到经济建设上来，努力把社会主义和市场经济结合起来，正是基本政治制度的优越性与市场机制在资源配置中的基础作用相结合创造了举世瞩目的“中国奇迹”。作为中国改革开放大潮中的一簇浪花，新光集团是在社会主义中国转轨进程中崭露头角的新型企业，作为家族企业，它从“理性人”的利己主义角度出发，却带动一批人实现了共同富裕，实现了利他效果；作为新兴资本，它实现了资本的快速扩张，却避免了血腥的掠夺，实现了物质与精神财富的双丰收；作为一种新的社会现象，它以自己的有益探索，为社会主义和谐社会的建设提供了启示。

几乎在与中国改革开放的同时，在理论层面上，国际社会学界最重要的发现之一，就是社会资本概念的确立。如果概念自身具有某种生命，社会资本概念也许可以被看成资本概念的自我救赎。

在古典理论之中，无论资本在经济学上表现为机器、厂房、原料或者商品，还是在金融和会计领域表现为货币，它都具有某种物质性，而并不涉及精神。当然，资本又并不是普通的物质，而是具有一种抽象的生命，它不仅仅是作为物质的货币、机器、厂房、原料或商品，货币、机器、厂房、原料和商品仅仅是它的表现形式。它一方面从商品生产、流通和积累过程中产生出来；另一方面又被投入到商品、生产、流通和积累中去。资本的本性是某种在商品交换过程中自我生产和增殖的能力，它是循环往复地产生利润的资源投资机制。恰恰是在自我生产和增殖的意义上，资本具有了某种生命的品质，虽然这是一种寄生的、非精神性的品质。

这一概念直到19世纪60年代才开始松动，变化的焦点就是精神内容逐渐闯入到资本的领空。首先是经济学家Johnson、Schultz和Becker逐渐认识到，劳动者所获得的知识和技能其实也具有经济价值，与此相应的是人力资本概念的提出。人力资本理论认为，通过教育、培训和实践，劳动者的知识、技能和经验品质同样能够成为一种价值生产和增殖的能力，它自身就是追加嵌入到劳动者自身的价值产出，因而对于公司和劳动者自身都有利。不过，同样将焦点转向教育，人力资本理论如何大大缓和了资本与劳动的关系，文化资本理论就如何加剧了资本与劳动的对立。社会学家Bourdieu认为，文化资本不过是统治阶级向被统治阶级施加的符号暴力，通过教化活动，统治阶级自身的文化和价值，被误识为社会的“客观”文化和价值，教育其实是统治阶级价值的再生产机制。

当人力资本和文化资本处于胶着状态之时，社会资本进来打破了僵局。如果说人力资本和文化资本概念还仅仅牵涉到个体的精神，社会资本概念则将触角探入到社会精神的深处。虽然早在20世纪初，韦伯就揭示了新教伦理对于资本主义精神的孵化和培育作用，但是只有在20世纪末期，这一命题似乎才找到了自己准确的概念归宿。这自然并不是说古典经济学家和社会学家并不曾使用过社会资本（Social Capital）的字眼，比如说马克思和马歇尔都在与个人资本对立的含义上使用过它，甚至也并不是说社会资本不曾有过精神性的表现形式，比如西季维克和杜威都曾在社会道德和习俗意义上表述过这一概念，但是如此清楚地在"物质再生产的社会网络投资"层面上来界定它，这毕竟还是第一次。因此，虽然在社会学家内部，对社会资本的准确定义仍然存在着分歧，比如有人认为社会资本即社会网络关系，有人认为社会资本是网络社会结构，还有人认为社会资本是一种社会网络资源，或者还有人干脆将三者综合在一起，但是所有这些分歧都并不能掩盖相互之间广泛的共识，以至于倘若有人敢于突破界限，仍然诉诸既往，就不能不令人哂笑为时光错置。

大致说来，社会资本研究主要来自于三个不同的学派，即网络嵌入学派、社会资源学派和社会规范学派。网络嵌入学派承接波兰尼的衣钵，反对经济学帝国主义经济人或者理性人的假设，主张自律自主的市场经济行为是不折不扣的现代神话，经济行为最终嵌入在社会关系之中并受其影响，因而对社会结构关系的投资最终会带来财富的收益；如果说社会网络学派突破了经济资本的界限，那么社会资源学派则在某种意义上是对于两者进行折中，他们认为社会资本是指同某群体成员身份联系在一起的实际或者潜在的资源集合，作为一种体制化的网络关系，它能够为每个成员提供集体共有资本支持。倘若说这两种学派仍然残留着古典资本概念的痕迹，社会规范学派就将这一概念进一步推向了一个更为宽泛和广阔的领域。社会规范学派认为，弥散在一个社会之中共享而非正式的组织机构、关系、态度或者价值观念，如果能够促进社会成员之间的信任和合作，就会有利于社会和经济的发展，因而适合成为投资的对象。明眼人自然会发现，经过了近三个世纪的教训，曾经被斥为无用而被"看不见的手"扫地出门的社会价值，如今似乎重新又要被迎进经济学的府邸。

与直接的经济资本相比，社会资本也许显得曲折而迂回；与经济资本隐含的个人主义信念相比，社会资本所要求的集体主义义务还会触怒很多人。尤其是，与经济资本的立竿见影相比，社会资本还具有两面性——毕竟信任和美德还并不是真实的货币，因而对社会资本的投入，无论对于资本还是对于社会来说都还具有很大的风险和不确定性：一方面，资本在自我增殖的过程中除了侵蚀社会之外仍然包含着自我破坏的可能性；另一方面，社会关系在自我增殖的过程中除了窒息资本之外也有画地为牢、故步自封的可能性，这两者都是我们从现代化的双重化运动所得到的教训。然而，风险从来都是和机遇并存，对于一些人是毒药的东西，对于另外一些人可能正是补品。风险和不确定性毕竟只会让胆怯的人望而却步，具有远见卓识的人却将会如鱼得水。

我们期待，凭借胆识和技巧，企业家会在日益紧张的社会和资本的关系之间发现一条缓和的羊肠小道——它既为自我生产和增殖的物质资本提供可能性，同时也为社会关系和价值观念的自我生产和增殖提供现实的可能性。这样一来，资本在自我增殖的过程中，同时也就在增殖着资本的社会意义；同样，社会关系在自我增殖的过程中，同时也能增殖着资产的价值。这将是一幅资本和社会和谐共生的画面，而资本和社会和谐共生将是现代社会的终极和谐，因为现代社会的可持续发展最终依赖于资本和社会的循环作用。当然，我们也并不忽视社会资本概念所蕴涵的另外一种风险，即资本可能会滋生一种不正当的社会关系，正如社会关系可能会滋生一种不正当的资产一样。我们必须承认，在网络嵌入学派和社会资源学说中，社会资本的概念中仍然隐含着这样一种可能性；只有在社会规范学派中，这一可能性才有可能被排除，因为不正当只会滋生不信任和不道德。

30年来，中国经济的持续、快速、稳定增长可以说是我们这个时代人类社会最显著的变化，它使得世界上最大的发展中国家解决了温饱问题，并且一步步地走向共同富裕。传统的西方经济理论在试图解释这一进程时显得那么苍白无力，而同一时期在其他经济转轨国家以自由放任资本主义做指导的经济变革无一例外地以失败告终。因此，一些敏锐的社会学家意识到中国经济增长奇迹或许能在经济领域之外找到答案，他们尝试着用社会资本理论来解释中国的经济发展，解释中国社会的巨大变革，当前以社会资本理论来解析我国的社会主义和谐社会建设，则是其中的一种最新尝试。

我们应该意识到社会资本理论在当前建设和谐社会中的积极意义，从社会资本理论的角度来诠释，和谐社会的愿景从根本上说是要促使构成社会的各要素形成网络型交互作用构架，进而建立起多渠道、高效的表达、参与机制，使社会管理过程中的工具理性与价值理性更为契合，更相得益彰，最终实现人的自由、全面发展。如果细致地进行梳理，我们不难发现，在我国新型社会关系不断涌现的现代化建设进程中，社会资本理论对我国如何构建和谐社会具有较强的解释力，以之为解释范式，可为我国社会主义和谐社会的构建提供许多有益的启示。从这个意义上来讲，社会资本理论为优化社会环境，构建和谐社会提供了方法、路径及整体框架。

但令人惋惜的是，在社会资本研究之中，社会学家目前仍然只在埋头于研究社会网络及其精神对于经济资本的妙用，而如何正确使用资本以有利于社会和精神环境的自我生产，即如何使得资本净化社会环境，作为社会资本概念的另外一面，其实还并没有得到应有的重视。这一方面固然反映了社会资本概念仍然受到传统资本概念的拘束，社会仍然只是作为工具而为资本所使用；他们还没有认识到，如果没有社会的自我生产，资本的自我增殖最终仍然是不可持续的。另一方面也是因为目前社会学的结构主义方法，仍然没有宽广到充分反映社会复杂性的程度，以至于不能理解资本固然是嵌入社会之中的，但社会其实也是嵌入到资本之中的。即便我们将资本看作是社会的一个部分，社会自身也不能完全决定资本面貌；资本的运营反过来也可能改变社会的结构，这恰恰是马克思主义的正统思想。对于社会资本的研究需要一个更为宽广的平台，而新光集团的实践在某种程度上为此种考察提供了可能性。

之所以选择新光集团作为研究对象，固然是由于新光集团在改革开放的大潮中实现了跨越式发展，在充满传奇的十年征程中创造了资本增殖奇迹，但更重要的还在于新光集团在企业快速发展中对能够体现社会总体价值的社会资本给予的肯定、宣传和推广，在公民的基础上不遗余力地建构中国的社会资本。这些具有社会资本运作性质的成功实践对于和谐社会建设有着重要的示范意义。经过了 30 年的改革开放，在计划经济体制已经被打破，而社会主义市场经济体制还没有完善地建立，由前现代社会向现代社会转型的中国，核心问题就在于社会资本过于分散，规模小，封闭性强，难以向更大范围内扩展。新光集团的成功实践一方面应归功于普遍化的改革开放的时代历史特征；另一方面也有一系列由它自身所开启的具有独特性、难以简单复制的典型实践的原因，不可否认，这些实践给新光集团平添了传奇色彩。比如，新光集团作为典型的民营企业，具有家族性，一方面，这的确是一个真正的传统家族，竟然有29人之多同堂饮食起居；另一方面，与传统男性主义家族相比，这似乎又是一个完全反传统的家族，因为这个家族的主线大部分是来自于女性。新光集团从企业主到雇员，严格来说都不是义乌本地人，然而他们对义乌来说从来不是过客，而是现实或潜在的市民，义乌对于新光集团来说也从来都不仅仅是一个流动的国际小商品市场，而更是一个“同舟共济、惜福惜缘”的家园。新光集团董事长周晓光是由小商品之都义乌走出来的唯一一个全国人大代表，而在担任全国人大代表之前，周晓光也是由义乌市人大代表，进而再成为了金华市人大代表的。这个自称从山沟里走出来的女人，在“饰品女王”的盛名之外，还有“议案大王”的美誉。所有这一切似乎并不跟新光集团的经济运营具有完全直接的关系，可是又不可完全独立于新光集团的经济运营，那么它们是如何发生的呢？我们还并不清楚。也许是仅仅出于某一次偶然的选择，可是如果这次偶然选择竟然变成了一种长期坚持的习惯，我们就相信其中必然隐含着精明企业家成功的秘密。

如果我们接受法国著名社会学家莫兰的看法，即历史并不是一套编辑好的程序，恰恰是那些当前看起来是例外的个别性事件，才能让那些深层的当前看不见的现实从底层浮现出来，那么我们也就应该像他那样，作为调查研究者，通过把感觉经验和理论思考、科学态度和艺术想象结合到一起，参与到事件当中，这样一来，我们作为社会变革的一部分，也会成为一种社会变革的助产士。

我们之所以认为这是一次社会资本的考察旅程，是因为在所有这些例外之中，都或多或少地浮现着新光集团董事长周晓光的身影。而周晓光的多重社会身份和特殊实践，赋予了新光集团所参与的社会网络的复杂性。我们要探讨的，正是不同的社会身份在产生和增殖着资本价值的同时，又如何在资本价值的作用下实现着自我增殖和自我产生。或者说，我们要考察周晓光作为私营企业家的“社会资本”在其发展中的影响。分析中国社会结构的变革，不能离开社会关系网络的作用。其原因在于四个方面：一是社会主义市场经济体制还没有完善地建立起来，国家行政权力在资源分配中依然起着重要的作用；二是改革开放大潮中，众多民营企业所拥有的社会资本在他们获得资源、快速发展的过程中发挥了重要作用；三是中国社会文化传统和原有社会结构体系为社会资本积累以及将其转化经济资本提供了基础；四是伴随着非国有经济的迅速发展，私营企业家群体迅速崛起，在当今中国的经济社会中发挥着越来越大的作用，这是中国30年来社会结构最重大的变化之一。中国的社会结构变迁源自于经济体制改革，就其实质来说，是社会资源的分配规则发生了变化，对于仍然处于急剧变化之中的中国社会来说，讨论这一变化形成的机制对于我们制定政策具有重要的现实意义。

我们的研究试图以新光集团为个案，以社会资本为切入点，力图发现那些在中国经济腾飞过程中发挥作用的正式和非正式的制度因素，研究中国社会结构变迁的运作机制，对于促进经济发展及社会结构变迁的诸多因素进行系统讨论，为构建和谐社会提供借鉴。

一、女性在市场中的力量

男女平等、协调发展是一个长久的话题，不同时代体现出不同的内涵。现代社会，在资本的作用之下，传统男尊女卑的观念被打破了，然而这并不意味着男女两性之间，构成人类社会最基本的两个元素之间就自然实现了和谐。众多的发展中国家，重男轻女的封建残余思想依然顽固地存在着。而在西方女权主义的作用下，女性的身份在西方社会尤其成为了一道很深的伤口。问题的焦点在于：女性如何实现与男性的平等？女性又如何体现与男性的差异？极端女权主义通常要么在追求与男性平等的过程中泯灭了与男性的差异，要么在突出自身差异的过程中重新建立起对男性的不平等。女性身份自身在女权主义的迅速推进中反而逐渐迷失了自我。随着改革开放的深入，社会结构的变迁，这也逐渐成为构建和谐社会所不能回避的难题。

在现代社会，女性在经济、政治、文化、社会各个领域的默默贡献，对和谐社会建设同样发挥着男性不可替代的作用。社会主义市场经济体制必然要求女性在市场经济中发挥积极的推进作用，社会主义和谐社会也必然要求男女两性的平等和谐。男女平等是我国经济社会发展的一项基本国策，也是和谐社会的题中应有之义。只有妇女与男子并驾齐驱，才能建立起一个完善的有中国特色的社会主义和谐社会，也才能推动历史车轮滚滚向前。

（一）女性的传统身份

1995年，在义乌新光饰品有限公司挂牌的当年，联合国第四次妇女大会在北京召开，会议通过了《北京行动纲领》，这是一个为世界和中国的女性身份重新定位的纲领——通过电波，全世界都感受到了来自北京的推动。自然，如果不是由于新光集团的创建者周晓光是女性，我们就很难想象在这家当时默默无闻的小公司和这次世界的盛会之间会产生什么关联；可是，我们还必须说，即便新光的创建者不是女性，我们也不能认定她同这次会议完全无关。

这是由于，在所有的社会身份之中，性别是最为纯粹而自然的。自然选择很奇妙地将人类均衡地分为两个部分——除了女性，就是男性。男性和女性既相互对立，又相互吸引，一种性别在历史中的任何变化，都会引起另外一种性别的联动。诚然，男性通常显得强壮，而女性通常显得柔弱；男性通常体现理性，深思熟虑，而女性则通常多愁善感，又被看做是美的化身。男性和女性在自然禀赋上的差异曾经在社会分工之中被级差放大，而社会分工反过来又加大了两性之间自我意识上的差异。某种意义上，性别决定了命运。

因此，在几乎所有的传统文明中，男性通常都被看做是力量的象征，是公共生活领域的主体，而女性则被看做是受保护的对象，其生活往往局限在私人领域。中国文化更干脆将男性抽象化为阳，女性抽象化为阴，《周易·系辞》称"一阴一阳谓之道"，进而"道"再衍生为"天地，乾坤，刚柔"，所谓"天尊地卑，乾坤定矣"，就一语道破了中国主流文化界理想的带有男性主导色彩的自然社会秩序，而男女两性关系也被进一步锁定在这一秩序之中。

不过在主流意识之外，也涌动着一股暗流，那也许才是中国文化中更为深层的秘密，即《道德经》所称："物壮则老，是为不道，不道早已。"对看起来强壮的东西表示质疑，实质上蕴涵着对于一种力量文化的否定。然而《道德经》的一个更为基本的主题是："反者道之动，柔弱胜刚强"。其含义是，在柔弱中才包含着真正的力量。所谓"天下之至柔，驰骋于天下之至坚"，其中就隐含着一种对于似乎具有悖论性质的女性——力量的崇尚。

我们并不应该完全将女性力量仅仅看做是道家文化的专利，即便同在《周易·系辞》之中，当谈及所谓"生生之谓易"时，我们也很难不生起所谓“谷神不死，是谓玄牝。玄牝之门，是谓天地根”之类的联想——毕竟只有女人才是所有人类生命的生育者，“生生”某种意义上正是体现了柔弱女性强大力量之所在。这一暗流如此潜移默化地塑造了中国的文化形态，以至于只要我们看看宋明以后中国社会柔弱的文人气质，并且同西方源远流长的男子气概稍加对比，其女性化的特征就展露无遗——尽管女性化气质本身并不能改变女性自身在中国的地位。中国女性是柔弱中的最为柔弱者。

当然，事物的本质永远是，男人离不开女人，女人也离不开男人。最深刻的道理最朴素，因而也往往最容易被人忽略。早在《1844年经济学哲学手稿》中，马克思就指出：“人和人之间的直接的、自然的、必然的关系是男女之间的关系。在这种自然的、类的关系中，人同自然界的关系直接就是人和人之间的关系，而人和人之间的关系直接就是人同自然界的关系，就是他自己的自然的规定。”① 这说明，社会关系之中最内在的和谐首先就应该是男女两性之间的和谐，然而这种和谐正因为其自然，所以就非常脆弱。对于败坏的男女两性关系的拯救，某种意义上构成了社会主义理想和现实最为深层的诉求。

新光集团董事长周晓光身上挂有一连串的名号：义乌市政府决策咨询委员会委员、义乌市总商会副会长、义乌市民营企业协会副会长、义乌市饰品电镀行业协会会长、义乌市青联副主席、义乌市青年企业家协会会长、义乌市环境保护科学产业联合会副会长、义乌市慈善总会副会长、义乌市商标协会副会长、金华市青年企业家协会副会长、浙江省饰品行业协会会长、浙江省女企业家协会副会长、浙江省私营（民营）企业协会副会长、浙江省民营经济研究会副理事长、浙江省明星企业家工作委员会常务理事、浙江省民营经济研究中心专业委员会副主任、浙江省青联企业家协会副会长、中国中西部地区经济发展顾问。然而周晓光似乎却对于一种自然的身份更加情有独钟。

“一个贫困山区、贫困家庭的农家女”，周晓光不止在一次谈话中如是说，这也构成了她最基本的自我认同。当她这么谈话的时候，她自然并没有忽视，数以千计的来自贫困山区、贫困家庭的农家女在她的饰品公司里工作。显然，女性身份对于周晓光来说不是一种负担，反而是一种成就，

① 马克思、恩格斯：《马克思恩格斯全集》第42卷，人民出版社，1979年版，第119页。

这就如同贫困对于周晓光来说不是一种负担，反而是一种成就一样，周晓光从不试图隐瞒这一点。正因为贫困，周晓光才被迫走出了大山之中的家庭；正因为是女性，周晓光才本能地做起了与美有关的生意。进一步来说，如果没有自贫困中“从头再来”的激励，周晓光也许还没有勇气建立新光集团；如果不是女性对于市场的敏锐直觉，周晓光也许还只是在东北某地做点“针头线脑”的小生意。

虽然周晓光尽可以对于贫困和女性这双重弱势身份采取坦然从容的态度，我们却不应对此淡然视之，置之不理；如果我们想到周晓光的家乡诸暨是四大美女之一西施的故里，对于这种态度的探究也许会更有意义。周晓光的坦然从容恰恰在于表明了另外一种“美”的可能性——她在用行动讲述另外一个关于女性和发愤图强的故事，这一次，女性做起了自己的主人，女性成为一种建设性的力量。周晓光作为女性企业家的美就在于耐心、坚韧、平和、细腻的这些性格特性，而这正是企业家所必备的素质。这种性格使得周晓光在逆境中更加坚定不放弃；在考虑问题时比较仔细，处理问题时相对稳妥；在谋划企业发展时，不急不躁，脚踏实地；在沟通时，更具亲和力，比较容易说服别人。

（二）女性的“新光”

新光集团之所以璀璨，是因为它是一个能够左右饰品行业发展的庞然大物，更是因为这是一个白手起家的现代财富故事；而周晓光之所以传奇，则是因为这是一个社会最底层的女性几乎完全通过自己的力量完成的、发生在我们身边的命运转折，更是因为这不仅仅是属于周晓光一个人的传奇，而且是这个家族和新光集团中一群女人用奋斗改变命运的故事。在社会资本的研究范畴中，我们关注的是这样一群人如何在领头人的带领下改变了自己的命运，更关注的是其中的作用机理及示范意义。

周晓光并不年长，她 1962 年出生，即便在周晓光的上一两代人身上，我们依然能够看到传统的强大惯性。从周晓光的姥姥、奶奶和妈妈那里，我们依然能够看到那些普通女性在传统社会生活中周而复始的缩影。周晓光的姥姥考虑的主要问题是女儿的婚姻，周晓光的奶奶考虑的主要问题是抱上孙子，周晓光妈妈则考虑如何生一个儿子。周晓光的奶奶把女儿从大山之外嫁入了大山之内，除了有当地民间“换亲”的风俗因素以外，她的另一个主要的考虑可能还是从最基本的生活诉求着眼的。因为在当时三年自然灾害的社会条件下，周围为数不少的人，有的可能还是亲友，都是在山外饿死的。大多数的人家也都处在食不果腹的饥饿状态。她不愿意被饿死这样的惨剧在女儿身上重演，她认为，大山之内至少是长粮食的，再不济也有更多的野果、树皮、草根；周晓光奶奶的考虑也有道理，除了男尊女卑的传统观念以外，还因为就算在山内这块长粮食的地方，也有人被饿死，大多数家庭吃不饱，土地不能多生产，就格外需要男人来精工细作；周晓光的妈妈的考虑自然更有道理，除了传宗接代的观念之外，养活一家人需要的不是女性的呵护，而是男性的力量。事实上，即便到了20世纪60年代甚至更晚，对于那些依靠土地生存的农民来说，生男还是生女，之所以仍然成为一个问题，其实并不是没有现实的根据。虽然“妇女能顶半边天”，但在农村，半边天恐怕仍然也只意味着一半的工分。

平心而论，一户人家添了男丁固然可喜可贺，但也只是生活稍有起色罢了，因为如果不能得到现代科技的帮助，劳力的增加只不过是意味着土地的产量只是稍有增长而已。如果我们把土地比作一位母亲，两千年以来，她已经足够衰老，生育能力早已大大下降了。问题的症结恰恰在于，在传统背景下，土地产量越低，人们就越精耕细作，人们越精耕细作，从长期来看，她的产量就会越低，如此恶性循环，正如同人们越渴求男丁，就会越增加人口，而人们越增加人口，每一个人口又都需要粮食，因而也就越渴求男丁一样。人地相争的矛盾，恐怕是男尊女卑的社会文化背后深层的经济基础。

越早生下一位男孩，就越早一天减轻精神和生活上的负担；越多生一位女孩，就越多增双倍的精神和生活的压力。周晓光的妈妈一连生了七个女儿，她一定是大大辜负了婆婆的期望，自然也辜负了自己的期望。虽然周妈妈天性乐观，但是我们推断，她内心一定非常沮丧。不过她万万想不到的是，恰恰是自己在传统生活观念中的失败，才推动了女儿在现代社会中的成长。

如果不是生活过于艰难，周妈妈也许不会是那个镇上第一个拿到“鸡毛换糖”合法证件的人；哪怕是生活再宽裕一点，我相信周妈妈也不至于挺着怀孕的大肚子，挑着100多斤重的担子，去到差不多100里以外的地方卖绣花样；当然，倘若政策能够再早宽松一点，走出大山、闯出一番大事业的就该是周妈妈而不是周晓光了。生活给予周妈妈的唯一安慰，也许就是她来自山外的身世，因而她比山内有一种相对开放的眼光，而这种开放的眼光，在一定条件之下，会产生出强大的力量。周妈妈的生活是一个时代的缩影。就其实质而言，周妈妈的问题反映出农业经济本身再也无法承担起解决女性问题的能力了，女性不能不去寻求其他的救济的可能性。

既然家中没有男孩，作为长女，周晓光几乎别无选择，就只能继承来自母亲的生活压力，当然，或许还有一种相对开放的眼光。总之，不是别人，恰恰是周晓光的母亲黄仙兰将她第一次带出山沟，并引上了最为原始的商业之路。我不能肯定周妈妈是否意识到，1978 年的社会环境对于女儿的前程会有什么样的影响，也许她只是恰好在那个特定的历史时间将女儿送到了那个历史关口，但我们可以肯定的是，周妈妈从自己的生活经验中一定意识到了，只要有可能，女性就必须另寻出路。女性身份在大山之内意味着比男劳力减半的工分，而在大山之外，正因为前途未卜，所以至少可以与男性面临着同样的危险和机遇。女性要有好的生活，就必须学会真正独自面对风险，而不是仅仅祈求婚姻。男儿当自强，女性也当自强，她绝没有回头之路。如果说女儿是母亲的第二个自我，是母亲身体和灵魂的延续，那么，当我们看到，同样是为了生存吃饭，周妈妈被母亲嫁到了大山之中，周妈妈则把尚属单身的女儿送出了大山之外，我们就会认识到，女性在此过程中经历了复杂的心理调适过程并最终走向成熟。无论周晓光是否意识得到，这都将是辅助她成功的一笔宝贵社会资本，贫穷在恰当的时候就会成为一笔财富。历史在这一过程之中完成了自己的一次关键性调整，它已经蓄积了足够大的势能，只等待有心人来将其引向合适的去处。

虽然过程令人心酸，但其实仍然非常幸运的是，有了周妈妈的第一推动，在大多数人对商业社会、对市场概念依然懵懂无知的时候，周晓光已经开始了走南闯北、周游全国的生活。正是在社会中、在市场中，周晓光很快认识到了蕴藏在女性之中的力量，而她对女性的认识是与对自我的认识一起完成的。因此，除了一次短暂而不愉快的离家打工的经历之后，虽然当时外出仍然背负着恶名，周晓光也下决心选择了不再回头。后来，周晓光在一次接受正义网和腾讯网联合采访的时候说：“我有一个很深的感受是，商人、企业家一定要不断地观察市场。因为这个市场动向一般人是观察不到的。只有商人、企业家有这种敏锐度和判断力。”周晓光的这种敏锐度和判断力恐怕正是在这一时期培养起来的。

严格来说，对周晓光而言，市场和女性之间有一种相互认识相互激发的过程。因为改革开放之初，在计划经济的条件之下，除了菜市场和百货公司之外，真正的市场还是一个禁区。周晓光说：“我们这一代人基本上是生活所逼，逼出来的。”这是周晓光所赢得的重要经验，而这些经验反过来又有助于她去开拓更大的市场。至少在周晓光这一个人身上，我们看到了女性与市场相互亲近，并且共同成长的经验。据说早在卖绣花针、绣花样之时，在同行的伙伴中，年龄最小的周晓光就总是“销售业绩”最好的一个，她也一定是在此时就建立起了女性可以强于男性的自信，而我们也注意到，对市场的敏感正是新光饰品公司后来得以迅速成长为全国流行饰品行业龙头企业的法宝。

市场的开拓不仅培养了周晓光的企业家才能，而且也帮助她发现和培育了这个与女性有着太多联系的饰品行业。周晓光很早就学会了，市场不仅是卖商品本身，而且还是与人们进行有效沟通的平台。一定是在市场与女性之间反复作用的过程中，透过一个女性的敏感视角，周晓光也才会认识到，女性自身就是一个巨大的市场，而在女性市场中，重要的并不是交易商品本身，而是经营一个美丽的生活世界，在一个普遍贫穷的中国女性的生活世界中，重要的是，对美丽的经营本身不能非常昂贵，周晓光对此自然感同身受。当这一切都积淀心头的时候，还有什么比饰品这一特别的行业更会让周晓光心动的呢？我们甚至都隐隐看到了这个未来企业的核心经营理念：“让生活更美丽。”无论富裕还是不富裕都可以有追求美的意识和权利，这是未来新光集团源源不断的社会资本的来源之一。

新光集团的成功不能简单地归结为女性的胜利，要知道女性在市场中要真正实现自己的价值，其实仍然离不开男性的帮助，因为如果没有一个稳定的秩序，市场的有效性就仍然脆弱，体力上的弱势决定了女性对于秩序的抗干扰能力是非常有限的。对于流氓的滋事，早期经商的周晓光不能不在安全等关键要素上依赖于她当时的男性伙伴虞云新。当然，在进货运货这些体力活上，有心的虞云新也能提供有效的帮助和支持，有了后勤的保障，周晓光才得以充分发挥女性在市场上的潜能。这样一来，在一个貌似偶然的过程中，周晓光和她未来的丈夫完成了最初的分工，周晓光走到了市场的前台，而虞云新选择了幕后。

（三）作为女性的市场和作为市场的女性

诚然，新光集团的建立毕竟给这一早期原始的分工合作方式带来了挑战，因为市场的扩大意味着需要更加有效的管理。然而这种新式的搭配方式之所以没有改变，是因为周晓光发现，即便在管理层面上，女性也具有一些独特的优势。她说：

“女性比较柔软，能够放下一些东西。男的更加好胜、好强，其实内心很愿意付出热量，但往往表现不出柔的一面……”

“女性在管理上的一个特点是不怕面子上过不去，就是善于去沟通，主动去沟通，这点和男人不同，男人比较爱面子，心里有压力有想法往往不会一下子表现出来，女性就没有这些负担，比较善于去表达，去沟通……”

如果用刚性和严格来形容制度化管理的话，那么周晓光的这种“柔软”和“善于沟通”又何尝不是体现着人性化管理的精髓呢？在新光集团，人性化管理似乎在领导者的性别特征上得到了体现。

“柔弱”和“善于沟通”对于周晓光而言，不仅仅表现在管理本身，也集中地表现在她对于管理孜孜不倦的学习和改进上，学习本身就是让人变得更加柔软而不是刚硬的过程，而学习的过程本身就需要沟通。1997年，周晓光在中央党校参加了为期两个星期的“企业管理培训课程”。对于这次学习的重要性，周晓光用“重生”两个字来形容，“学习型企业”从此成为周晓光的一个重要管理理念，而她的丈夫虞云新则成为了她第一位需要沟通的对象。

“如果你再不学习再不进步，就不是你淘汰我，而是我淘汰你了！”周晓光开玩笑地说。在周晓光的鼓励下，夫妇两人先后进入中欧管理学院学习。也正是在学习和沟通的过程中，新光集团才取得了种种“第一”，比如，第一个在义乌乃至浙江省的民营企业中成立党、工、团、妇等组织；第一个在全国众多饰品生产企业中花巨资购买国外最先进的电镀自动流水线设备；第一个花重金聘请中国台湾职业经理人；第一个制定出规范的质量标准，通过ISO9000质量管理体系认证；第一个在同行企业中参加国际性的“香港时尚首饰及配饰展”并获得巨大成功；第一个在同行企业中开办信息化管理网络，成立自己的网站，使新光的产品融入全球化国际化竞争平台……周晓光以自己的行动证明，女性可以成为一支社会主导型和推动型的力量，尽管这并不意味着女性在现代社会一定要扮演主导型和推动型的角色。我们只是指出，市场和女性之间并不相互排斥，而是统一的和谐存在。一方面，离开了市场和企业经营的大环境，女性的一切努力将徒劳无功，一切又都要回到传统的道路上去，就如同周妈妈一样；另一方面，正是因为有了女性的参与，市场才变得更加多姿多彩、富有活力。

当工业生产和市场经济蓬勃兴起，传统的农业生活日益退出历史舞台中心的时候，周晓光的奋斗经历就成为一个榜样、一个标杆。对于那些来自贫困山区、贫困家庭的社会底层的女性来说，只要她们具有自强自立的精神，周晓光的梦想并不是不可复制。当我们想到新光饰品公司里，70%的职员都是女工，那么这些女工就不仅仅是在生产饰品，而且也是在不断生产增值着作为现代女性自强自立的精神，不断实现着现代女性的成功之梦，新光饰品公司以组织的形式为所有这些“现代灰姑娘”的成长提供了环境和土壤。

邓丽君，一个只是初中毕业的20多岁的女生，走到新光总监这样的高级管理岗位，不过仅用了五六年的时间。她管理着一个38人的团队，其中50%以上是大学生、其中也不乏硕士生；在蜕变过程中，她变得越来越有自信，也越来越干练。至于像湖北咸宁人卢凤娥一样，由新光起步、独立创业的，周晓光也不加阻拦，甚至多加鼓励，并在生产、设备和销售方面都给予支持。在所有这些由丑小鸭向白天鹅的蜕变个案中，我们都不难看到周晓光自己的影子。某种意义上，新光集团是一个来自社会底层的女性向现代方式自我转变的自我生产和自我增值的机制；新光集团是一项草根层农民女青年的现代女性修炼事业。

作为一个成功的具有现代女性化色彩的企业，新光集团的发展也得到了成功的现代女性的支持，这是一个不断增长的正反馈机制。作为一个标志性的事件，2007年8月13日，由国际流行乐坛天后席琳·迪翁、媒体文化名人杨澜和周晓光三个女人共同合资组建的“天女至爱饰品有限公司”正式在北京宣告成立。公司其实仍然是在实现新光集团一直以来的承诺：“让生活更美丽，自然，首先是让女性更美丽”。

一个来自于社会底层的现代女性的成功，无疑也在悄悄改变着男女两性之间的关系，在这一层面上，虞云新的看法就尤其耐人寻味。在浙江卫视一档叫“财富人生”的节目中，虞云新一方面承认，周晓光性格比较霸气是个缺点；另一方面，他又认为，“一家人不分你和我，她的成功就是我的成功，她的荣誉也是我的荣誉，是一样的”，即便主持人一再搬出男尊女卑的老套，这个来自大山深处本来传统观念根深蒂固的男人，也显得宽厚而平静。在虞云新看来，他同周晓光之间的差异仅仅是由于性格造成的：“我的性格比较内向，喜欢安静，她的性格比我开朗外向些，更加适合做一些社会化的事情，这样也很好。”我们不难发现，在这种新的价值体系中，与传统相比，变化的是男女之间的伙伴关系结构，而不变的则是中国人家庭至上的观念。从虞云新平和的脸上，我们不难发现，现代女性的成功与中国传统观念是一种和谐的存在。

在中国传统观念下成长起来的周晓光是女性力量的发现者、创造者和实践者，但她却并不是一个女权主义者，这一点对于理解新光集团至关重要，也构成了她同西方女性的重要差别。我们认为，周晓光最成功的经营艺术恰恰是，她并不把自己在企业中的强势变成为自己在家庭中的强势，却要将家庭的温馨气氛挪用到企业。她在家庭之中是一个温柔的妻子，而在企业之中却是一个有些霸气的家长。这样一来，虞云新在企业之中是一个谦让的伙伴，而在家庭之中就是一个宽厚的丈夫。宽厚和温柔是温馨的，而霸气和谦让则是有效率的。罕见的 29 人其乐融融的大家庭，相敬如宾、患难与共的夫妻关系使我们不得不相信，在这里，成功的女企业家与幸福家庭也是一种和谐的存在。

如果说新光集团的和谐依赖于周、虞两人之间的和谐，那么周、虞之间的和谐则在很大程度上依赖于周晓光如何既保持强烈的家庭责任感，又充分发挥女人在其家族和企业中的凝聚作用。传统的家庭关系的核心是亲子关系，而现代家庭则是建立在两性情感与血缘亲情的共同基础之上的，并且由于现代女性的经济独立、现代伦理的平等性和妇女在家庭中的地位，使“爱”的伦理情感成为了家庭的根本性凝聚力。一个和谐的家庭，是具有强大凝聚力的家庭，周晓光凭借女性天生具有的情感优势，以其“女儿”、“妻子”、“姐姐”等多重角色充分地发挥着重要的凝聚作用。周晓光说，“我要做一个有美德、有魅力的女人”。我想，这不仅仅是她一个人的经营之道，也是所有从传统向现代转变的女人的事业。女性与女性的互动，女性美德与魅力的自我复制、生产与增值，为职业女性在现代的可持续发展走出了一条独特之路，这将是新光集团最大的社会资本。

二、家园——福缘之舟

（一）家族：回归抑或更新

由于性格温柔、感情细腻，宜于创造一个温馨的环境，女性天生适合于家庭。而家庭，作为所有人来到这个世界所参与的第一个社会组织，没有人会失去对之美好的回忆，只有在家庭中，人类才得到了他在尘世所能取得的最无私的呵护和照顾。家庭因而也成为所有古典思想家勾画所有理想组织蓝图的最理想的模板，但在所有文化中，没有一种文化会像中国传统文化一样将家庭的地位提高到如此无以复加的程度。

这种思维惯性在现代也逐渐受到了冲击，来自于洛克的对于国家中的父权制的批判是现代性冲击的第一波，由于对个人主义的强调，现代思想家试图以契约作为所有共同体的唯一组织形式。虽然契约式的组织观念在目前仍然大行其道，然而对于家族式组织形式的最新反思是同对于契约式组织形式的反思结合在一起的。在社会资本名著《信任：社会美德与创造经济繁荣》一书中，福山认为中国的家庭式的经济组织方式与其说失之于不够个人主义，不如说是社区主义程度不高。个人主义与社区主义是福山用来界定社会信任程度的概念，一个个人主义的社会是社会信任程度最低的社会，在这样的社会之中，经济组织不容易做大。而社会信任作为一种社会资本，是一种长期积累的文化过程，即便是令行禁止的国家，也只容易出台政策对其进行破坏，却很难有立竿见影的办法去恢复它。

周晓光踏入商海的初衷只是为了摆脱经济困境，求得一个衣食无忧、幸福美满的家，事业做大以后，也把这份理想移植到了企业之中，在新光集团中致力于创建家园文化。就此而言，新光集团也将因此承担起中国传统家庭文化本身的优势。新光集团之所以取名新光，是前取了虞云新一个字，后取了周晓光一个字，它是周虞两人爱情的结晶，是他们在事业上的孩子。正是出于对家庭生活的眷恋，周虞两人才在一个大雨倾盆之日结束了北上之路，并且开创了新光的事业，开始在义乌定居下来。在女性身份方面，周虞两人突破了传统；而在家庭生活方面，周虞两人又回归了传统；在企业经营方面，他们又要重述传统。

周晓光对传统家庭的重视不仅停留在语言中，而且也表现在行动上；不仅停留在表层，而且还深入其内部。这尤其表现在，周晓光对家庭的理解不仅是限于三口之家，而且是要包容一个家族。在新光总部主楼的顶层，热热闹闹地住了29口人，共同饮食，共同起居。读过巴金小说的人，也许会对此不屑一顾，然而对于那些试图认真对待福山命题的人，这却无疑是一个最好的契机。

周晓光经常把最尊贵的客人邀请到家庭之中做客。对于那些被邀请到家庭做客的人而言，这个家族并没有巴金小说所描述的那般阴郁，充盈其中的反而是三口之家所不能体会得到的水乳交融。如果不是由于自身内在强大的生命力，自然没有人会相信，经过了将近一个世纪的争鸣，历史竟然似乎又回到了它的起点，而我们相信，这恰恰就是传统之为传统的魅力。

诚然，我们可以说，这些自草根起步创业的农民，除了自己的家庭和亲戚，实在是没有其他的社会资本可以仰仗。当周晓光起意办厂的时候，在一片反对声中，正是丈夫虞云新给予了她最大的鼓励，才使她不再犹豫。他说："我们不要怕失败，大不了从头再来，我相信，即使我们全部赔光了，我就是卖菜、卖水果也照样养活你们母子！"

家庭的反对自然并非没有道理，因为在莫名的风险和不确定性中，一夕之间，刚刚有所改善的生活可能马上就化为乌有，而在当时，之前苦难的日子一定还常常在记忆之中浮现。不过，一旦周晓光夫妇打定了主意，在最后一次家庭会议上，他们就得到了来自所有成员的支持。这就意味着，如果有必要，他们宁可再去一起承担苦难，这就是家庭。后来，在每年的年三十，据说都会有一次家庭会议，这种会议，在我看来，除了日常性的工作总结以外，它仿佛也是一种"创世纪"的宗教性纪念仪式。这种仪式之所以必要，既是感恩，也是在于唤起每一位当事人在面对风险时所曾经激发的勇气。这种源源不断被激发的勇气，是公司隐形的财源。

当工厂一旦开业，所有的成员也就再也不能置身事外。作为当家人的周晓光夫妇，连吃饭睡觉的时间几乎都没有——虞云新平均每天睡觉才两三个小时，就连父母、妹妹和其他相关亲戚，也都全部赤膊上阵。我们自然可以推想，激励家庭成员不计报酬加班加点的动力，与其说是利害算计，不如说是息息相关的血脉相连。对普通中国人来说，这种血脉相连无可替代，也最容易鼓荡起埋在每一个人心底的豪气。

新光集团总部坐落于义乌青口。也许并非巧合的是，在义乌向北驱车半小时，至浦江，有一个叫做郑义门的地方，郑氏以孝义治家，自南宋至明代中期，十五世同居共食达360余年，受宋、元、明三朝旌表，明洪武十八年太祖朱元璋更亲自赐封“江南第一家”，堪称为封建家族的典范。因此，我们可以说，维系新光集团的这个大家族在市场经济大潮的冲击下，在金钱资本的扫荡中没有迷失自我，历史的传承在这里得到了体现。在今天一切向“钱”看的呼声甚嚣尘上的时候，新光集团这个大家庭的存在或许能够给我们带来一些有益的启示。

（二）和谐家园：家族文化在企业中的拓展

谁打破了传统家族的宿命？是谁完成了多个家族向一个家族的结合？我们不必急于找出答案，但是我们知道，新光集团的企业文化正是家庭文化的影射，从企业的实践本身，我们也能回味周氏家族的精神。在新光集团总部的墙上，我们看到八个大字：“同舟共济、惜福惜缘”，这是新光集团的核心价值观，自然也可以被看做是家园文化的具体体现。这八个字的意思可以解释为：企业是一条船。船上的人相互团结，相互帮助；相惜是福，相逢是缘。

对于“同舟共济”，曾经作为新光集团员工的卢凤娥自然深有感触，因为在她难产入院的时候，是新光集团给了她最大的帮助；当员工吴海妮的家庭，经销商周小青的店铺被大火烧毁，各自陷入绝境的时候，周晓光发动并亲自捐款。员工春节回家的时候，公司竭力帮助买车票……

至于“惜福惜缘”，员工贾玉秀的一席朴素的感言可谓典型：“来新光之前，我原来是在诸暨的一家私营袜子厂工作，一共才6个工人，一个人要管5台织袜机，后来走了2个人，只剩4个工人。每天机器不停轮班倒。但那个老板让我们睡的床，是一张竹板床，就1米2宽，就这一张床让我们4个人轮流睡，搞得很脏。现在在新光集团感觉完全不一样，就像在学校，公司为员工方方面面都想得很周到，我们宿舍房间里就有厕所，像这些被子、被套、垫铺、床单、枕头什么的都是公司发的，夏天宿舍里有吊扇和立扇。我们员工之间大家相处得都不错，有时休息时买点吃的大家在一起说说聊聊，感觉就像一家人。公司中秋节发一盒月饼，一箱苹果；‘三八’妇女节发袜子、毛巾、洗发水、香皂等生活用品；端午节发4个鸡蛋或者发粽子……”

的确，从最表层的意义看起来，家园文化似乎意味着改善职工的利益。比如现任新光集团饰品公司高级顾问、当时是义乌市乡镇企业局党委副书记、副局长的金开新记得："1996 年春节前夕，农历十二月二十六，……他们马上突击购买、安装了音响设备、电视机、卡拉 OK、乒乓球桌等，花了 30 多万元。当时企业才刚刚起步，为了员工能过个快乐的年一下花这么多钱非常不容易，而且当时的 30 万元是很大的一笔钱……"而今每年一次的春节晚会已经成为新光众多文化生活的一种。似乎意味着用温和的方法去调解企业和职工之间的矛盾，并且协助职工去解决其家庭生活所面临的困难。新光集团饰品公司的党委书记、工会主席黄昌文介绍说："公司现有宿舍房 1338 间，包括夫妻房 300 间；新光公司创办至今从来没有拖欠过员工一分钱工资，几乎没有发生过劳动合同纠纷，新光获得全国模范劳动关系和谐企业称号，新光的食堂达到 A 级标准，也是义乌唯一达到 A 级标准的食堂……"

不过，如果我们看过新光集团《关于家族成员及其股东参与公司经营管理的若干规定》，我们也不难得出结论，"家族文化"的另外一面恰恰是防止家族自身在企业内的扩张。在其第七、第九和第十一条规定中，就给出了最为清楚明白的规定。其第七条规定是："对于在公司内担任具体职务的家庭成员及其股东，要严格遵照公司各项管理制度，率先垂范，不得有任何特权。"第九条规定是："在公司内没有担任任何具体职务的家族成员，对发现企业经营管理中的任何问题，可向董事会提出建议，经核实后由董事会向公司管理层提出建议与要求，而不得直接干预企业经营管理活动。"尤其第十一条规定是："企业员工是企业财富，任何员工都是企业大家庭中一员，家族成员及其股东要尊重员工，不得在任何场所随意批评，点评各级各类员工。"企业从一方面来说是个大家庭，从另一方面来说也是个孩子，所有的家族成员有义务培养他健康地成长，而不是对于他构成戕害。

早在 1999 年，周晓光就下定决心，理顺家族与企业—家园的关系。1999 年，周晓光在新光饰品公司引入了一个中国台湾职业经理人蒋兴中，担任新光的 CEO。这是整个义乌地区引进的第一个职业经理人。这一举动不仅是在义乌，就是在浙江，在整个中国的民营企业当中，也是相当超前的一个行为。这一举动在整个家族中的确遇到了很大的阻力，直到现在，我们似乎也不可以认为改革完全取得了成功，但是周晓光的确在家族中树立了一种全新的观念，即家园文化并不一定意味着家族的直接管理，也并不意味着赋予家族成员任何的特权。新光集团在包括聘请职业经理人在内的现代管理制度方面的尝试从未终止，但是这些似乎会有损家族成员在企业的利益的措施，看起来并未影响家族的团结，反而促进了家族的成长。迄今为止，似乎并没有人特别主张在企业之内的股份所有权，易言之，企业股份的所有权边界仍然是模糊的，这就如同为很多西方经济学家所困惑不解的日本的大企业，所有权边界是模糊的一样。萦绕在家族成员心头的，正是福山梦寐以求的信任。

福山一定会感到困惑的是：到底是一种什么样奇妙的动力，一方面限制着家族狭隘的自我扩张的冲动；另一方面又激励着一个崭新的家族健康地自我成长？不可否认，这其中包含着周晓光战略的远见和果断的风格，然而仅仅是远见和果断本身，并不一定会得到家族持久性的支持。更何况，从长远来看，周晓光似乎也无意完全打破家族经营的模式，在谈到新光集团未来的时候，她常常谈到另一家奥地利百年饰品老店——施华洛世奇家族，似乎那正是新光集团未来发展的方向。

代表着新光集团未来的新一代家族成员在健康成长。与所有普通中国父母并无两样的是，只要有可能，所有周氏家族的年轻父母们都希望后代能够接受最好的教育；然而与所有普通中国孩子不同的是，新的一代从小就是同一些异姓的兄弟朝夕相处。在判定年轻的美国文化根基尚浅以后，周氏家族将孩子全部送到欧洲接受教育。在上一代人同舟共济的感染之下，年轻人也学会了团结友爱。如今最大的孩子虞江波（周晓光长子）从伦敦政治经济学院已经学成回国，等待他的一方面自然是学会如何继承这份偌大的家业；另一方面则是如何经营好一个持续完善和发展的家族。

在我看来，对于任何一类家庭来说，最不可或缺的就是永远不缺乏爱心的家长，尤其是一位母亲。虞云新的母亲很早就去世，这是他的不幸；周晓光的母亲健康地活着，这无疑是构建一个多姓家族的机缘。也许周晓光的母亲——这个操劳了一生的女人，似乎并没有做太多的工作，她不过是烧烧饭，熨熨衣，记着给儿女过过生日，过过节……但是如果没有这些貌似简单却温暖人心的温情，整个家族很容易就会走上分裂。同样，对新光集团而言，周晓光试图不仅仅做一个创建者和管理者，她同时也试图扮演一位母亲的角色。新光集团的员工虽然来自天南海北，姓氏不一，但周晓光希望在制度上给他们以家庭的安慰。周晓光说：“我觉得，办企业不仅仅是解决人员谋生吃饭问题，为政府和社会解决就业问题，企业还具有教育的功能，企业家还应同时承担起为社会培养合格公民的义务来。”这可以看做是发自一个母亲内心的诚意。

（三）舟与缘：传统文化向现代文化的拓展

而问题的焦点似乎仍然在于：到底是什么动机克服了一个母亲的偏见，使她能够平等地对待并非亲生的儿女？到底是什么动机克服了一个家庭的偏见，使之能够不仅仅变成为一家一姓的共同体？这两个问题密切相关，交织在一起。这是使得目前的周氏家族同声一气的原因，这也将会使得新光集团和谐一致，并且发展壮大。

一个可能的解释，来自于我们对于“同舟共济，惜福惜缘”内涵的思考。在这八个大字之中，固然透着一种儒家集体主义的伦理思想，然而同时更散发着一股佛家出世的味道。儒家主张生命是血脉的延续，人是万物的灵长，生生不息是人生不变的追求；而佛家则认为，在无处不苦的世界之中，众生平等，生命不过是暂时的过客。虽然福是人生不灭的追求，然而儒家认为幸福来自自强不息的努力，佛家则认为福报只是前世的因果；儒家在远近亲疏中体现人生的意义，佛家则认为人生偶然的相聚只是此时此地的缘分。

可是问题的重点还不仅仅是在于儒、佛教义之间的区分，而更在于儒、佛教义的融合。在基督教内部，即便同在新教之中，教派冲突也会你死我活；而在中国，儒、道、释三家不但并不相互冲突，反而是相互支持，相互参照。在对生活的不同领悟中，儒、道、释会产生不同的排列组合，而“同舟共济，惜福惜缘”只是其中排列组合的一种。在以佛家教义阐释儒家观念的时候，家庭或者家园自身的含义发生了某些内在的变化。

对此种解释的第一个支持，是周妈妈的信仰。同与她同龄的很多传统老太太一样，周妈妈的确是信佛的。周晓光孝敬老太太的一个重要方式，就是每年一次的拜佛活动。周妈妈也许自己并没有意识到，自己对传统生活的一种佛教式的领悟，会引领出一个不同的家族；而此种不同的家族的产生，会带来中国式企业经营方式的变革。

对此种解释的第二个支持，是周晓光的某些非同寻常的实践。在浙江流行饰品行业中对新光有一个“经典”的评价：中国流行饰品行业的“黄埔军校”。伴随着这个美誉的是许许多多不同版本的“掌故”。周晓光不但不限制自己的业务骨干出去创业，反而给自己未来的竞争对手提供资金和知识上的支持。周晓光起初并非没有意识到竞争所面临的压力和困难，她甚至也并非没有本能地思考去打击那些竞争的对手，然而周晓光之所以克制了这些浅见的举动，按照她自己的解释，是希望看到“一片森林”。作为研究者，我们在对周晓光的胸襟表示赞叹的同时，也要追问：“到底是什么力量驱使这个来自大山之内的女人超脱利害，摆脱狭隘？”来自传统的具有佛家特色的儒家家园精神以及和合文化的传承和浸染，可能是最具合理性的一个解释。

迄今为止，新光集团 14 年短暂的历史，还并不能向我们保证，新光集团的未来就一定能够完全克服福山所刻画的那种困境，新光的未来还需要新一代的家族成员将此种家族精神发扬光大。然而，面对福山的质疑，新光的家族企业至少给出了一种超出了他的视野的可能性。福山显然并没有意识到，在中国传统文化的滋润之下，中国传统家庭在面对新的机遇的时候，在保持住自身之和谐之本质之外，会展示出一种超强的柔韧性。这正是中国企业参与国际竞争的社会资本。

三、外来的市民

（一）义乌：一个开放的家族

2003 年，周晓光当选为十届全国人大代表。面对媒体，她说：“我不是义乌本地人，比新光大的企业还有很多，而义乌人却选中我。这是义乌人民对我最大的信任，我感到很荣幸。”事实上，不仅仅是周晓光本人，在新光集团之中，近 6000 员工来自 23 个省市，16 个少数民族，真正的义乌人不到 1%，即便所有的浙江人加起来也不到 10%。进一步来说，在义乌这片土地上，近 180 万人口，义乌人不到 70 万人，仅占全部人口的 1/3，换而言之，约 2/3 的人口与周晓光一样，属于外来的市民。对外来市民的信任，既成就了外来的“新市民”，也成就了义乌本土。

1985 年，当周晓光初到义乌的时候，她怀揣的梦想不过是 5 万元存款和一个男耕女织的小家庭；谁能想到 1995 年，她竟然就能拥有了一个注册资本288万元、占地10余亩的工厂呢？谁又更能想到，当历史再翻过十多年，她的饰品公司变成了一个注册资本达到了3.168亿元，总资产逾50亿元，以饰品为主业，集投资、商贸、地产等多种产业于一体的大型民营企业集团？通过与其他几位义乌企业家合资控股的富越集团，新光集团甚至收购了一个拥有“张小泉刀剪”、“王星记扇庄”和汇丰纸业、上海仪器总店、上海工艺礼品厂等8家“中华老字号”和诸多知名商号、品牌，以及一大批黄金商业网点和拥有千余名员工的上海著名国有商业企业“美丽华”集团（成为当年震惊业界的一个并购案例）。但这当然不是新光集团的终点，它仅仅是站在了一个新的起跑线上。有一席话最清晰地表明了新光集团董事长的豪情万丈：“我自己的企业，以及不少义乌朋友的企业……跳出义乌这块天地来看看，跟那些真正做大事业的前辈比比，又算得了什么？才多大一点？说得泄气一点，整个义乌，一年销售上10亿元的民企，怕是一个都还没有！这样就知足了？这样就好心安理得关起门来称老大了？”周晓光的梦想超出了义乌，然而她的梦想是由义乌起步。新光集团在义乌落户，就仿佛一位有潜质的女人嫁了一位称心如意的丈夫。

并不是所有的企业家都会有周晓光这样的运气。我们知道，在20世纪八九十年代，曾经作为计划经济主体的国有企业举步维艰，而面向市场的民营企业则异军突起。在经营方式上，苏南模式和浙江温州模式曾经各领风骚。苏南模式和浙江温州模式的最大区别在于，前者是在政府的推动之下，走先工业化后市场化的道路；而后者则由民间发动，走先市场化后工业化的道路。起初，苏南面向市场的以乡镇企业为主体的发展模式被特别看好，可是不久竟突然败下阵来；与此相对，温州商人一贯被看做是“坏孩子”，而它在市场化浪潮中却迎来勃勃生机。如果不是温州经济后来也一路下滑，温州模式曾经一度被看做是唯一正确的道路。如果说苏南模式失之于政府不可遏制的扩张冲动，遏制了民间创业的积极性，不能适应瞬息万变的灵动市场，那么温州模式的错误就在于政府的碌碌无为，以至于没有对松散的市场进行整合，没有对企业家的长远发展方向进行正确的引导。恰恰是因为既分享了温州商人吃苦耐劳、诚信包容和敢为天下先的精神，又有义乌政府自始至终、坚持不懈地强力引导和自我约束，义乌小商品市场才能后来居上，一路绝尘，成为全国最大的小商品市场。义乌凝聚了苏南和温州的双重智慧，也凝聚了企业家和政府的双重智慧。

从某种意义上说，周晓光在定居义乌之前，就已经钟情义乌很久。迫于人多地少的生活压力，当周晓光东躲西藏闯荡世界的时候，她多年来所寻求的不过是一个合法的市场，也正是在市场之中，她的智慧和生命活力才得以绽放。就此而言，20世纪80年代初揪住市委书记谢高华质问的农家女性就不仅仅是冯爱倩一个人，如果恰好出生在义乌，那么这个人也可能就是周晓光。老市委书记谢高华同样不是义乌本地人，但这个外来的市民同样没有辜负义乌本地人的信任，他最终将义乌送向高山之巅，决定了后来义乌演化的命运。如果不是他冒着巨大的政治压力，当机立断定下了培育市场、兴商建县（市）的战略基调，义乌一定会丧失掉转瞬即逝的历史机遇。20世纪80年代，当苏南和温州在经济和政治两方面竞争得如火如荼的时候，义乌还只是躲在温州的身后默默无闻。

在品质上，周晓光与义乌政府也有很多相似的地方，其中最关键的是：一旦认定了道路，就矢志而不渝。对一个事物的认识有信心或者没有信心，会产生出完全不同的行为。当人们惊叹周晓光为买下一张美国一家老牌企业的产品设计构思说明书，砸下2.4万元美元之余，却常常忘记了在周晓光仅怀揣着5万元生活梦想的时候，就肯用1.5万元在义乌买下一个摊位。人们惊喜地看到义乌像一个巨人一样站起来的时候，也常常忽略了，如果没有义乌政府在紧要关头的一个又一个的决心，义乌小商品市场可能就不会像温州妙果寺市场一样瓜果飘零。比如，在"无工不富"的诱惑面前，义乌曾经面临着要不要发展重工业的政策调整；在"专业市场消亡论"的压力之下，义乌也曾经面临着要不要转型局面。浙江省委党校教授、义乌市政府顾问陆立军到义乌后接受的第一个任务就是调研：一批专业街和生产资料市场的出现是否会冲击小商品市场？当时正值改革开放30年义乌遍地富翁之时，义乌市政府却展开了"十问义乌"的大讨论。义乌政府通过审慎地思考和充分地调研，对于所有那些曾经存在的疑问做出了最有力的回答：建立一个又一个更大规模的市场。从最早的湖清门、廿三里小商品市场到新马路、城中路，再到篁园、宾王直至目前的国际商贸城，义乌是一个建立在市场之上的城市。也正是在义乌的生活，让陆立军由反对市场经济变成了市场经济的坚定支持者。

如果说周晓光有意识地担当起了新光一家园大家长的角色的话，那么在义乌这个大家庭之中，义乌政府就是当然的家长；如果说作为女性大家长，周晓光以柔中带刚的风格改变了传统父权制下生硬的文化生态的话，那么义乌政府同样转变了传统父母官的文化心态。与传统政府把本土企业当做是“待剪的羊毛”不同的是，小商品市场就像是义乌政府精心培育成长的孩子。一方面，对于市场资源、物流资源和市场环境，义乌政府实行强有力地管制，不允许任何人以任何目的谋一己之私，从而达到市场教育的目的；另一方面，对于市场中微观的经济行为，政府则实行有力的自律，任由市场和企业自己进行调整、管理和生长，从而给周晓光这样的企业家留下了广阔的施展才能的天地。

就如同周晓光的权威在新光集团得到了充分的信任一样，在义乌，政府和企业之间也相互信任，建立起了亲密的关系。一方面，政府的因势利导固然来自于市场自身的潜流涌动；另一方面，政府的政策也能得到企业的有效配合和呼应。我们且不必说 1992 年邓小平同志南方谈话以前，自谢高华以来历任政府一脉相承地兴商建市的壮举，事实上包括新光集团在内的很多企业，都是在 20 世纪 90 年代中期响应政府“以商促工、工商联动”的号召应声落地的。据说，周晓光投资办厂，在政府的辅助之下，审批仅仅用了一个月的时间。“以商促工、工商联动”大概是义乌政府所做出的最为英明果断的决策，它一举避免了温州模式中空心化的倾向。从此，依托小商品市场，小商品制造业雨后春笋般地发展起来，并且迅速成长为各行各业的龙头企业，同时财富也像泉源一样喷涌出来。政府没有辜负企业，企业也没有辜负政府。

正如上述，如果离开了义乌政府的高瞻远瞩，那么义乌所有的企业都难能有今日的辉煌；但是同样，如果离开了义乌的环境，义乌政府也难有作为。且不必说义乌市民最初对于义乌政府“兴商建市”的推动，更为难能可贵的是，一旦政府顺应了民意，义乌就能够令行禁止。从某种意义上来说，政府所起到只是催化剂的作用，没有什么可以熄灭义乌人创业的激情。毋庸讳言的是，向来安土重迁的中国人，就如同他们的家庭家族观念一样，是天然具有排他倾向的，这种倾向一方面固然加强了亲友之间的情谊；另一方面也曾经长久妨碍了中国人与外部社会的信任和沟通。可义乌人是为数不多的能够一方面将家族乡亲的情谊转换成为劳动分工的单元；另一方面将外部社会转换成为互利共赢、合作生财的伙伴的开放性群体。这一方面固然是义乌人回应人多地少的恶劣生存环境而对于儒家伦理的升华；另一方面也是义务人走南闯北对于人生经验的总结。人们常常喜欢谈到“戚家军义乌兵”与“敲糖帮”以追溯义乌的文化缘起，然而“戚家军义乌兵”与“敲糖帮”与其说是原因，不如说是结果。与“戚家军义乌兵"与"敲糖帮"比起来，我更看重这句义乌的俗语："客人是条龙，不来就受穷"。这就是周晓光不完全将新光集团的成长归为有天时地利，而更愿意将其归为人和的原因。"义乌为什么留得住人，关键在于社会和谐。各级党委政府为建设和谐社会不遗余力，人民群众以宽阔的胸怀欢迎外来投资者，外地人在义乌投资兴业不会受歧视，不会受排挤。在法律和政策面前，一视同仁。"对外来市民的不排斥，凝结着义乌人生存的大智慧。也正是在新光集团这个新兴的企业之中，义乌人对于"客人"的信任和周晓光对于家园的信任凝聚在一起。

（二）新光：一个开放的市民

可是，谁又能说，如果没有新光集团的加入，义乌就一定会成长为现在的模样？虽然早在1990~1991年，义乌就在同类小商品市场的竞争中脱颖而出，成交额跃至全国榜首，但是直到1995年，义乌的期望也不过是"基本实现现代化的中等城市"，实质上，在中国经济整体紧缩的格局之下，义乌的年销售额甚至有所下降。可是转瞬间，20世纪90年代后期，义乌就转变了自己的颓势，从而改口要建设"现代商贸名城"，20世纪初再改口建设"国际性商贸城市"，2008年，在国际金融危机的背景之下，义乌不为所动，逆势而上，再把中长期发展战略定位为"国际商贸名城"。在所有这些关键性的时刻，新光集团都在呈指数化地成长。无疑，在义乌不断拓展自己梦想的过程中，新光集团是一支清新而强劲的驱动力量。在资产上，新光集团也许并不是义乌最大的企业，但是在行业市场规模上，新光集团却当仁不让。在义乌引以为傲的16个大小商品优势行业之中，其中袜业、针织内衣、玩具、化妆品、文化用品、工艺品等产业的产销量占了全国的30%，拉链占了50%，而只有饰品独自一家竟然达到了70%以上。换言之，当周晓光未到义乌的时候，义乌的饰品行业还几近于零；而当新光集团开始运转的时候，作为"黄埔军校"和龙头，在义乌就拔地成长起了一个完整的产业。义乌有了新光集团，就好像一个男人娶了一位漂亮而能干的新媳妇一样。

作为新光集团的家长，周晓光大气而又大度；而作为一名义乌市的家庭成员，新光温柔而又活泼。作为家长，周晓光将新光的成功归结为把人才当做"第一资源"的人才战略——自然也包括对于那些与其本人具有类似经历的农村女性的信任，这固然也曾经有过失败，比如说个别"空降兵”职业经理人在新光不尽成功的职业经历。这其中有个体磨合的问题，也有文化的差异性问题，等等；而作为义乌家庭成员，新光集团一方面以信任传递信任，将特殊的经济利益同时转化为对社区普遍的社会责任；另一方面以才智呼应义乌政府对于才智的召唤，新光不满足于被动的行动，而常常领风气之先。事实上，市场的真理往往是：只有第一，没有第二。一招不慎，满盘皆输。还有什么能够比早早猜透市场的心思对于一个建立在市场上的城市更加可贵的呢？

虽然所有的行业都明白捷足先登的道理，但是饰品大概对于市场主体的要求更甚。作为一个时尚而廉价的品种，饰品周期短、波动大、变化快，非常依赖于市场。它既依赖于向市场迅速地进入，也依赖于从市场飞快地逃脱。或许正是因为这一特点，从饰品这一行业中能够感受到市场整体的脉搏，而这一行业的掌门人才会特别需要一位心思敏锐的女人。当所有的饰品企业都在批发中赚得盆满钵满的时候，新光集团却毅然选择去做前景并不明朗的品牌零售。然而，在新光集团所取得的诸多“第一”当中，有一个“第一”尤其显得难能可贵。那就是 1996 年 12 月，新光饰品公司成立了团支部、妇联，1997 年 10 月成立了党支部。这不但在义乌私营企业当中是第一家，而且在全省也是第一家。耐人寻味的是，在国营企业中那些曾经被经济学家看做是累赘的东西，在这个充满活力的企业当中重新成为一种力量。在这个自觉的行动中，包含着对于党和国家的信任。

新光集团对于义乌精神的传承，不仅表现在通过党、团、工、妇向所有的工人——外来的市民传达自己的信任，不仅在于通过自觉的“黄埔军校”教育培养出一片饰品的“森林”，甚至也不在于通过慈善资助来加深同社区的感情之上，尤其体现在对于义乌市场生态的自觉维护之上。当宝娜斯因扩张过快遭遇危局时，新光集团携手真爱倾情相助，以资产重组等多种手段投资 2 亿元化解险情。这不仅仅是包含着对于宝娜斯信誉的信任，同时也是新光集团“同舟共济、惜福惜缘”价值观的真情流露。当然，新光集团对于义乌市场的真正维护，只能是表现在作为一个领袖型的企业对于义乌市场的整体引领上。在这方面，我们只要提一提新光饰品公司是第一个参加“亚洲时尚首饰及配饰展”的中国内地企业就够了。总的来说，作为企业家的周晓光在新光的发展过程中，不断地积累自身的社会资本、提高自身的信用和信誉水平。在当前，我国仍有一些企业管理者目光短浅，唯利是图、损人利己。在市场经济已经高度发达的今天，这种理念只能使企业管理者迷失战略方向，必然被市场经济所淘汰。

义乌市民对于外来市民的信赖，以及新光集团以信赖对于这种信赖的反馈并且传递放大，集中体现在周晓光当选为各级人大代表上。此时，新光集团就已经不仅是一个经济利润的追逐者，而且也是一个社会和谐的稳定者了。

四、世界的中国公民

（一）走向世界的中国与走向中国心脏的“新光”

20 世纪世界所能看到的最大成就之一，就是通过改革开放而实现和平崛起的中国。中国的改革开放虽然始于凤阳小岗村的“包产到户”，但是小岗村迄今仍然在贫穷中苦苦探索，真正开花结果的是广东和浙江的民营企业。如果说广东的成功赢在了地利，那么浙江的成功所凭借的仅仅是民众不屈的闯市场的“四千”精神，这种精神自然集中于义乌小商品市场和所有那些依靠小商品市场而开创的企业。在所有这些企业之中，新光集团卓尔不群。

如果说新光集团是义乌 30 年发展的一个缩影，那么义乌就是中国改革开放 30 年的缩影。从某种意义上说，在全球化的浪潮之中，中国在世界中的位置，就如同义乌在中国的位置一样。义乌的小商品指数，迄今为止似乎仍然是中国唯一在世界上可以具有影响力的价格指数。这个成绩虽然略显单薄，但也来之不易，它离不开中国的主权保护，并且也有力地支持了中国的主权。

长期以来，中国人向来以吃苦耐劳著称于世，美国西部的每一寸铁路都凝结着中国劳工的血泪和辛酸。然而，从文化上来说，中国人是家庭动物，却并不是经济动物，更不是政治动物。在美国铁路修建中，我们没有听说成就过一个中国企业家，而中国人的吃苦耐劳反而激起了西方劳工的普遍愤怒。由于不懂得通过政治来掌握自己的命运，“排华法案”迄今为止是美国唯一一部被通过的排挤移民的法案，而且这一历史上臭名昭著的法案迄今仍然没有得到公正地纠正。

浙江民营企业的崛起在一定程度上改变了中国人不是经济动物的形象，可是如果仍然没有学会通过政治的方式进行思考，中国人就仍然没有真正地走向成熟。当新光集团日益坚定地迈向国际市场的时候，周晓光来到了祖国的心脏：就如同中国日益在世界发出自己的声音一样，当选全国人大代表意味着中国人开始学习由消极公民变成为积极公民。问题的关键是，作为企业家，周晓光能够给中国的人民代表大会政治制度带来什么？作为人大代表，周晓光又能够赋予企业一些什么崭新的含义？

（二）市民与公民

作为企业家，经过多年的历练，虽然仍然带着些青涩，但周晓光也已经能够在一定程度上对工作驾轻就熟。世纪之交“亚洲时尚首饰及配饰展”的成功一下子确立了新光集团走向世界的自信，同时自然也引起了世界同行的注意。如今周晓光再也不用蜷在火车座位底下四处游击，而是可以每年乘坐飞机到世界各地去观察和游历。为了学习投资，周晓光不惜购买昂贵的巴菲特股票，以参加 2008 年 5 月“3 万人朝圣”的巴菲特股东大会。2006 年，世界最大的水晶制造商施华洛世奇公司一架飞机将周晓光夫妇请到了捷克总部，在此之前，两家公司已经结成了重要的战略合作伙伴。新光集团与另一家世界巨头宝仕奥莎的合作也进展顺利。

可是当周晓光初次当选全国人大代表的时候，她仍然有些慌乱，拿不定主意。的确，人大代表意味着一些与企业经营不同的东西，如果没有学会从特殊的利益中摆脱出来，就看不到普遍的诉求。如果看不到普遍的诉求，就仍然不懂得如何将一些普遍的意志变成为神圣的法律。周晓光说：“我从心底里感到惭愧和内疚，我深感自己有辱神圣的使命，辜负了选民的重托。那些日子，我坐立不安，吃不好，睡不好。”

对于一个企业家来说，危险就是机遇，周晓光在经济层面已经学会了过这样的生活，这种生活曾经帮助她取得了无数个“第一”，这构成了新光集团长盛不衰的基础，如今，这种经验在政治生活中需要得到复制。2003 年，在一些专家和朋友的指点和启发下，周晓光又一次创立了两个第一：设立第一个全国人大代表联系点；第一个通过广告向社会征集议案的人大代表。这两个第一，载入了全国人大的史册。

周晓光这一大胆举动不仅触及了经济与政治这一敏感性的话题，而且也在一定程度上打破了人大代表履职主观能动性上一向的沉闷。她其实是提出了一个看似简单却异常深刻的问题：一个普通百姓如何参与政治？在引起了热烈的辩论之余，这一举动也招来了无数的非议，但一切都在预料之中。在这一刻，周晓光将两个不同的角色有机地融合在一起：她以敢冒风险的企业家姿态担当起了人大代表的职责。“周晓光现象”的意义在于，她使得人大代表这一种社会身份由模糊逐渐变得清晰起来。

由此我们很容易理解，“饰品女王”如何很快就变成了“议案女王”：就如同周晓光一旦发现了广州流行丝巾扣，就一举拿下了这块中国流行饰品行业的桥头堡一样，周晓光采取了一个小小的举措，议案也像饰品一样泉涌般地被召唤出来。2003 年第十届全国人大第二次会议上，周晓光仅仅带去了 5 份议案和 5 份建议；2004 年第十届全国人大第二次会议，周晓光就带着 36 份议案来到了北京。在 2005 年第十届全国人大第三次会议上，议案总数为 991 件，其中浙江代表团 132 件，是全国提交议案最多的省。周晓光共提交议案 31 件，28 件被大会列为正式议案，一个人就占了浙江团的 1/5。此后就更是一发不可收拾：2006 年提交采纳了 35 份议案和 15 份建议，2007 年则有 41 份议案和 29 份建议。2008 年由于是换届选举年数量有所下降，但 2009 年，提交了 34 件议案、28 条建议，一人就占了整个浙江代表团的近一半。此时，其实我们不应该完全回避人大代表中女性的比例，直到 2007 年第十届全国人大第五次会议上，女性比例才首次被确立为不低于 22%，而在此以前，通常是在 20%左右徘徊，也就是说，只占全部人数的 1/5。周晓光似乎试图证明，即便在政治生活中，女性也并不完全是消极被动的。

当然，议案的数量并不能完全说明一切问题。这就如同周晓光是女性，但是周晓光并不完全属于女性一样；作为全国人大代表，周晓光来自于浙江义乌，却并不完全属于浙江义乌。在 2003 年周晓光所提交全国人大采纳的 5 项建议中，只有 1 项似乎是同浙江、金华、义乌无关的，而其余 4 项也无不关乎企业的发展，此时周晓光的世界显然还并没有完全脱离自我的局限。2004 年这一现象虽然有所改观，在 7 项被采纳的议案中，其中只有 1 项是同企业发展有关的，但其议案内容无疑仍然略显单薄；不过，令人值得赞赏的是，外来人口在城市中的待遇，成为她后来向人大提供建议的一条不曾间断的主线，表明她在努力跳出企业主给自己设定的视域。2005 年、2006 年和 2007 年，当周晓光连续三年提交了包含关于水、土和能源在内的众多议案的时候，我们认为，她无疑真正走向了成熟。在水、土和能源的巨大压力之下，中国经济的发展是在钢丝上跳舞。就经济性别而言，同西方相比，中国是一个女性，这并不仅仅是一个隐喻。认识到这一点时，周晓光就不再是一个特殊的市民，而是一个真正具有主人翁精神的公民。在认识到此种状况之下，2006 年她所提出的《循环经济法》和 2007 年的《国家经济安全基本法》，对于中国而言，才是更加富有远见的议案，这表明周晓光对于经济发展的思考已经远远超出了一个企业甚至一个行业，而是提高到了一个普遍性的高度。而在此时，如果周晓光不再提交关于义乌的议案，反而是不适当的了。

全国人大代表的身份无疑将周晓光送向了人生历程的一个高峰，但周晓光看来，这意味着对员工、对企业、对行业更大的责任和更多的付出。2007 年 11 月，作为国内唯一一个拥有“中国驰名商标”、“中国名牌”、“国家出口免检”的饰品企业，新光集团负责起草的我国饰品首个国家级行业标准通过了专家评审并上报，成为中国饰品行业产品质量标准的制定者，这并没有引起饰品行业的巨大震动，显然，新光集团并没有将权力变成为竞争的手段。2008 年，新光集团向四川地震灾区捐款 720 余万元，获得“浙江省慈善贡献奖”，表明在社会灾难面前，新光集团能够同国家“同舟共济”，而并不是一个逃跑者。如今，我们常常看到周晓光以成功企业家和成功的人大代表的双重身份在全国和全世界游走。

可是对于一个真正成功企业的评价，往往并不是在它最为意气风发、高歌猛进的时候，而是在它未雨绸缪、沉着应对危险的时候。虽然新光集团已经走出了无数个第一，然而严格来说，在 2008 年世界金融危机来临之前，新光集团还并没有真正遇到危机，过去的十几年正是浙江乃至中国最为顺风顺水之时。“北京奥运会”刚过，此前全国还在大书特书通货膨胀的热度，而今人们突然感到了严冬到来的寒意。当有些企业猝不及防、叫天不应的时候，人们却发现新光集团早已备好了过冬的棉衣。所以正当宝娜斯困顿之际，新光集团才可以雪中送炭。虽然与 2005~2007 年以年销售额 50%、50%、30%的速度增长相比，2008 年的业绩增长率只为 15%，但这也是一个不错的业绩了。特别在房地产和贸易在国内市场稳定的支撑之下，新光集团不仅没有收缩，反而试图通过危机在世界市场之中扩大自己的影响和地位，据了解，新光集团正与多个海内外饰品相关企业就并购、合作进行洽谈，目前已有两个原在珠江三角洲地区的台资企业被收入新光集团旗下。

新光集团何以具有如此令人刮目的预见能力？当所有的企业都在大肆扩张的时候，新光集团也曾经四处出击、迈向多元化，然而 2007 年，新光集团却突然“收紧了钱袋”。当所有的饰品企业都从批发中赚得钵满盆满的时候，周晓光却突然力排众议，开始向品牌零售转型，而且很快就迎来了最初的挫折。当然，更不用说，早从 2005 年开始，新光集团就在发达的英美市场最火暴的时候，转而开始向中国香港、迪拜和莫斯科等这些新兴市场进军了。事实上，2008 年，为了应对此次危机，在新光集团战略决策团队的建议下，新光集团还从“紧密控制型管理”向“财务型管理”及“服务型管理”的更高级形态过渡。与新光集团初期的大踏步前进相比，新光集团此时似乎正学会如何大踏步地后退。而在危机来临之时，收缩见到了成效。

一方面，我们所关注的并不是新光集团新近所引进的 ERP 系统，因为 ERP 系统自身显然并不能代理企业家做出危机识别；我们所注意到的是 2008 年在金融危机来临之前新光集团所开的一次会议，有趣但并非偶然的是，这次会议竟然与义乌政府的“十问义乌”有着惊人的相似性。在这次命名为“解放思想、创业创新”的大会上，新光集团就与本企业发展密切相关的 10 个领域创新课题进行了深入的探讨。也正是在这次探讨之中，我们第一次看到周晓光开始思考哲学。她说:“《周易》有言，‘易穷则变，变则通，通则久’，又说‘变而通之以尽利’。把古人的智慧引申到今天的经济生活中，我的看法是，‘变’，可以理解为创新、突破；‘通’，可以理解为学习、实践、到达。也就是说，要到达理想、和谐的状态，就要通过不断学习、实践去创新和突破，这样才能有所收获。在解释什么是理想状态时，《周易》有一句话叫‘生生之谓易’，意思是单纯的静态的动植物和人的生命存在是‘生物’，动态地创造和生产这些生物的过程是‘生产’；进而言之，当事物的形态超越动态与静态，将‘生物’和‘生产’和谐圆满地融为一体时，就达到了《周易》所主张的‘生生之境’，也就是生生不息的境界。”从中我们不难看出周晓光的危机意识，但是更为关键的是，周晓光的思维达到了这样一个高度，即实现对“生命”和“生产”的双重超越，以达到“生生之谓易”的目的，在我们看来，这就意味着实现生命—人（社会）的自我生产和经济的自我生产的相互促进，这也可以看做是对于“同舟共济、惜福惜缘”价值观的重新表述。我们认为，这种看起来务虚的讨论之所以与义乌市政府趋同，恰恰是来自于周晓光通过担任人大代表而得到的在认识上的提升。

据说周晓光之所以能够尽早实现从多元化扩张的道路上转型，是来自于不同领域的多位杰出人士的指点。我们并不全部知道这些“高人”姓甚名谁，但是我们至少知道，这大概是周晓光四处游历对于个人所得到的最大的收获了。恰恰是全国人大代表的身份，才使得周晓光获取了与更多领域杰出人士交流沟通的机会。当然，对于其他领域杰出人士的指点，如何辩证地吸收接纳，这仍然与周晓光个人认识的提升密不可分。

就此而言，“饰品女王”和“议案女王”的双重身份，就不可分离地紧密结合在了一起。而市民和公民身份之间的和谐，将是经济资本和社会资本之间最大的和谐。在新光集团，尤其在周晓光一个人身上，这种和谐一致不仅仅是一个事实，而且也是一种隐喻。

第四章　新光集团构建企业和谐劳动关系的途径与经验

——新光集团经营管理模式的企业内部体现

以上我们从时代、中国传统文化和社会关系三个层面，分别考察了新光集团“竞和”模式形成的基因、根据。下面三章，我们进一步分析这一模式的主要内容。

新光集团“竞和”经营管理模式的企业内部体现，首要集中在构建企业和谐的劳动关系上。

新光集团通过构建和谐劳动关系促进和谐社会建设的做法和经验，很有启发意义，值得重视并深入地进行研究。

一、民营企业内部劳动关系现状与构建和谐劳动关系的重要意义

首先对“劳动关系”这个概念作些说明。一般来说，“劳动关系”，是指企业内部领导者之间、劳动者与企业管理者之间的关系；就民营企业来说，除了上述的关系之外，还包括投资方与管理者、工人之间的关系。所以，这里说的“劳动关系”，实际上还包括“劳资关系”的内容。比如说，民营企业内部劳动关系，就目前浙江义乌的大部分民营企业（如新光集团）的实际情况来说，主要是指企业老板（即投资方）和近年来进城务工人员（即一般所说的农民工）之间的劳资关系。这里需要说明的是，在涉及民营企业时所用的“劳动关系”，主要是指“劳资关系”，因此，“劳动关系”与“劳资关系”两者，在民营企业中内涵是一致的。对目前的和谐社会建设来说，认真研究民营企业内部“劳动关系”（或“劳资关系”）的

实际情况，是很有典型意义的。

（一）我国民营企业内部劳动关系的总体情况和基本趋势

改革开放以来，随着社会主义市场经济的发展，农村富余劳动力向非农产业和城镇转移，是我国工业化和现代化进程中的一种必然趋势。进城务工人员是新兴的以工资收入为主要生活来源的劳动者，是属于中国新型的工人，已经和正在成为我国工人阶级队伍中新的成员和重要组成部分。长期以来，各级党、政府和工会围绕社会主义事业的大局，认真履行维护职工合法权益的基本职责，积极维护进城务工人员的合法权益，取得了一定成效。这对推动企业内部劳动关系的和谐发展，起了积极的作用。随着《企业法》、《劳动法》和《劳动合同法》的颁布和实施，使民营企业处理企业内部劳资关系矛盾开始能够依法解决，这就使越来越多的民营企业在经营管理方面逐渐走向有法可依的正常轨道，很显然，这有利于促进企业内部劳动关系正常化，并且为其和谐发展创造了条件。

我们应该认真研究的一个事实是，由于市场经济的日益发展，人际关系，如企业中的劳动关系发生了越来越深刻的变化。从根本上说，由于市场经济发展而在社会关系领域引起的深刻变化是积极的、进步的。这一点，我们可以从对计划经济体制下和市场经济体制下人的地位和人际关系的变化中看出来。这主要反映在，虽然名义上已经进入社会主义社会，公民在宪法规定中具有了自由和基本权利，但是，在计划经济体制下，作为个体的公民，仍然是直接隶属于国家（政府）的单位人，他们个人并没有真正或完全获得经济、政治、文化生活中的自由选择权利。至今仍然困扰着人们的城市农村不同的户籍制度——同样是共和国的公民，却保留着不同的身份，就是一个证明。

随着市场经济体制的发展，社会主义民主政治和社会主义法治的进步，以及人们主体意识的增强，公民在越来越大的程度上成为经济政治文化生活中独立、自主、自由的社会人，也就是说，在经济、政治、文化生活中，每个公民获得了越来越多的自由选择权利。比如说，在遵守《劳动法》、《劳动合同法》等法律法规的前提下，每个公民都有选择职业的自由，而且能够在国有企业与民营企业之间自由流动。公民能够依法享有这些自由职业权利，从总体上看，是有利于劳动关系或者劳资关系和谐发展的。因为企业管理者与职工之间、投资者与雇员之间在法律上具有了平等地位，这是构建和谐劳动关系或者劳资关系的一个必要前提。由于法律规定的政企分开，企业不再是国家（政府）的附属物，有了相对独立自由的用工权利，同样地，职工不再是直接隶属于国家（政府）的单位人，而是具有选择职业自由的社会主体，这样，企业管理者与职工之间、投资者（雇主）与雇员之间，就处于一种能够互相选择的平等职业地位上了。正是在这样的条件下，我国的现代企业制度不断地形成和发展起来。很显然，建立在市场经济和现代企业制度基础上，企业内部关系这样自由、平等的状况，是有利于构建劳动关系或者劳资关系的。同时，社会主义市场经济体制下的这种新的劳动关系或者劳资关系，是以社会主义民主和法治为基础的，因而是稳定的，也应该是和谐的。改革开放以来，特别是社会主义市场经济和现代企业制度的深入发展，从总体上看，已经有力地推动了企业内部劳动关系或者劳资关系的稳定、和谐发展。这就是我国企业内部劳动关系或者劳资关系发展的基本趋势。

随着改革开放的深化和市场经济的健康发展，民营企业的规模也不断扩大、实力也不断增强，同时，产业逐步升级，经济运行质量不断提高，经营方式日益多样化。其中，用工机制和分配机制也越来越完善。所以，从全国来看，企业内部劳动关系和谐、稳定发展，已经成为民营经济发展的一个基本趋势。对于这一点，我们在新光集团进行劳动关系问题的调查研究中，也得到了证实。

（二）目前民营企业内部劳动关系存在的主要问题

但是，也必须看到，目前在一些企业尤其是民营企业中，企业普遍存在不与进城务工人员签订劳动合同、随意克扣拖欠职工工资的问题。职工超时超体力劳动、生产生活条件恶劣，职业危害严重、恶性工伤事故频繁发生，职工基本的社会保障普遍缺失，甚至人身权利受到侵犯等问题，仍然十分突出。进城务工人员绝大部分集中在劳动密集型企业，从事苦、脏、累、险工作，其合法权益得不到有效维护，这不仅不利于调动他们的积极性和创造性，甚至还会产生严重的社会政治问题，严重危害企业内部劳动关系的和谐发展，从而也使整个社会的和谐发展受到消极影响。

近年来，由于劳动力市场的巨大变化，特别是在贯彻《劳动法》和《劳动合同法》的过程中，企业（这其中包括绝大多数民营企业）具有自由决策的用工权，所以引发了越来越多的企业内部劳动关系矛盾，使企业的劳动纠纷持呈上升趋势。据国家统计局的数据显示，1994~2003 年，劳动纠纷由 1.9 万件增长为 22.6 万件，参与劳动纠纷的总人数由 7.78 万人增长为 80 万人，两个数字都增长逾 10 倍。其中，浙江省的劳动争议案件数的总量由 1995 年的 1204 件剧增到 2006 年的 21036 件，增长近 16.5 倍。[①] 下面，以浙江省的民营企业为例来说明一下这个问题。

据浙江省中小企业局的 2004~2005 年的调查材料表明，该省民营中小企业劳资工作存在许多弊端。这主要表现在由于用工制度、工资制度不规范，与此相应的是收益分配严重失衡，所引发出的各种各样的矛盾。这对构建企业内部和谐劳动关系产生了消极影响。

第一个突出问题是工资制度很不规范，导致企业弥补收益分配严重失衡，进而造成劳动关系中的诸多矛盾。

目前，工资发放尚未实现规范化制度化，这是民营企业在劳资分配中存在的一个尖锐问题。浙江省有关部门抽样调查的情况表明，能在每月 15 日前后给职工发放当月工资的企业不足 40%，绝大多数企业采取本月中旬发上月的工资，也有压上两三个月才发工资的。在建筑行业，大多采取先预付少量生活费（一般为每天 20 元），到工程完成时才给职工工资的方式发放工资。由于工资发放不准时，因而劳资纠纷时有发生。仅 2003 年，浙江省民营企业（主要是建筑行业）拖欠农民工工资事件就有数千起。导致上述问题的原因有两个：一是劳资合同不健全，签订规范化合同的企业不到 40%，由于事先没有协议，随意性很大；二是国家制定出台具有约束力的规范民营企业劳资方面的政策法规滞后，各级政府及有关部门监督也不够有力。

造成收益分配严重失衡的一个特殊原因是民营企业中，亲朋好友的人情关系太多太滥。特别是一些家族制企业，企业中的经营管理骨干乃至财务会计、出纳，大都是亲朋好友，出于人情难却，报酬也就特别优厚，有的还在股权设置上给予这样那样的照顾。尤其是年终奖，普通员工的奖金是微不足道的，而那些亲朋好友的奖金却十分丰厚。有关部门抽样调查了 20 家家族制企业，凡是与企业老板沾亲带故的，近 3 年年终奖均在 5000 元以上，个别的超过了 5 万元。人情盛行，不看本事凭关系，这种酬劳计取方式，既挫伤了广大职工的积极性，又损害了民营企业的声誉，从而破

① 姚先国、李敏、韩军：《工会在劳动关系中的作用》，《中国劳动关系学院学报》2009 年第 1 期。

坏了劳资关系，严重影响了员工的稳定性，不利于企业的进一步发展。

第二个问题是民营企业中普通员工与管理层的收入差距日益扩大，加剧了企业内部劳动关系或者劳资关系中的矛盾。20 世纪 70 年代末 80 年代初，由农民集资或乡村集体投资创办的乡镇企业、联户私营企业，普通员工与厂长经理的收入差距，一般为 1~3 倍，那时小有名气的上虞风机厂、航民印染厂等，其厂长月薪只有一二百元。20 世纪 90 年代上中期，民营企业的工资水平跃上一个大台阶，职工与经理的工资差距有所拉大，通常情况下，总经理的收入是职工的 5~6 倍。在有些行业，厂长经理年收入 3 万~5 万元的已不属少数，而职工的年收入大致为 6000~7000 元。从 20 世纪 90 年代后期到现在，普通员工与经理层的收入差距进一步扩大。据对全省 1.5 万多家年营业收入达 1000 万元以上的规模企业调查，总经理（总裁）年薪大多在 20 万元左右，而普通员工的年收入平均不到 1.5 万元，实际相差 10 倍以上，并呈进一步扩大的趋势。

在这样的情况下，民营企业收益分配由于日益向企业“高管”倾斜，因而内部劳动关系出现失衡。据各地提供的资料显示，浙江省民营企业收益分配向经营者和管理阶层过于倾斜的现象较为严重，员工创造的财富 70%以上集中到了企业“高管”身上。在《福布斯》排行榜上，浙江的老板不断增多，而且位次不断前移。突出表现在两个方面：一是给职业经理人乃至部门经理的奖金丰厚，少则三五万元，多则数十万元，高于普通员工十几倍甚至上百倍。二是有的企业在改制时片面强调经营者持大股，企业主一夜之间成了“暴发户”，由此导致广大员工与企业“高管”的收入差距进一步拉大。当然，在收益分配上搞平均主义不足取，但差距过于悬殊，难免会影响员工对企业的向心力、凝聚力，破坏内部劳动关系或者劳资关系的和谐与稳定，因此也不利于企业的长远发展。

第三个问题是有相当一部分民营企业对普通员工的社保福利待遇不完全到位。按照国家规定，不分企业所有制性质，对企业员工都要应保尽保，这是落实社保扩面的必然要求，也是改进和完善社会保障机制的一项重大改革，这不仅有利于消除广大职工的后顾之忧，而且最终也有利于减轻企业负担。但许多民营企业并没有把这项工作摆到重要议事日程上来，对职工长远的切身利益考虑不多，社保政策不完全到位。目前，浙江省全省民营企业社保覆盖率尚未达到 40%，特别是一些人数不多的小企业，几乎成了“盲区”、“死角”。有的企业主认为，民营企业外来员工多，流动性大，打一枪换一个地方，为其付钱办社保，早晚还不是打“水漂”。近几年，在温州、台州等地的民营企业中，由于社保不落实等原因，已有千余名技术骨干中止合同，跳槽到了别的地方。这是民营企业劳资工作中暴露的又一个突出问题。[①]

正是由于这一类的因素，导致民营企业中劳动关系或者劳资关系出现各种各样的矛盾，甚至造成企业内部的劳动纠纷不断增加。比如说，浙江省的劳动争议案件数的总量由 1995 年的 1204 件剧增到 2006 年的 21036 件，增长近 16.5 倍。[②] 在这种情况下，民营企业中劳动关系或者劳资关系的和谐稳定发展受到了严重威胁，当然，也成为对整个社会的和谐发展的不利因素。

（三）民营企业构建和谐劳动关系的紧迫性、重要性

经过改革开放 30 年来的实践，我们在发展社会主义市场经济方面，尤其是在企业发展方面，取得了伟大的成就，我们的企业（包括民营企业）有了长足的进步，在构建现代企业制度方面，已经迈出了具有决定意义的一步。但是，要进一步发展和继续前进，还面临着许多矛盾需要我们去解决。这其中的一个重要问题，就是在建设社会主义和谐社会的过程中，如何构建企业内部的和谐劳动关系或者劳资关系。从对浙江省的一些企业和新光集团的调查研究中，经过正反两方面经验教训的对比，我们认为，能不能比较好地解决这个问题，是我国企业（包括民营企业）进一步发展的一个关键。

在现代市场经济体制中，建设和谐的社会关系，是人类文明发展的一个基本趋势。这其中，构建企业中的和谐劳动关系，是一个非常突出的重要组成部分。在这方面，人类社会在近代以来积累了丰富而宝贵的经验，最主要的就是在处理企业内部劳动关系或者劳资关系的过程中，坚持维护人的自由、人权、平等、民主等基本原则。为维护企业中劳动者的基本权利，协调劳动者和企业之间的关系，推动国际人权事业的进步，在 1999

① 资料见浙江省中小企业局刘应邦、王菊仙、赵仁春：《浙江省民营企业劳资变化状况与分配机制的改革取向》，载“促进非公有制经济发展研究”课题组编：《中国非公有制经济发展前沿问题研究（2004~2005）》，机械工业出版社 2004 年版，第 385~387 页。

② 姚先国、李敏、韩军：《工会在劳动关系中的作用》，《中国劳动关系学院学报》2009 年第 1 期。

年1月召开的达沃斯世界经济论坛上，联合国秘书长科菲·安南提出了一个“全球契约”计划。“全球契约”计划的目的是要“在人权、劳动权和环境方面通过、坚持和实施一整套必要的社会规则”，“使得各个企业与联合国各机构、国际劳工组织、非政府组织以及其他有关各方一起结成合作伙伴关系，以建立一个更加广泛和平等的世界市场”。按照国际“全球契约”计划的倡导，对市场经济条件下企业应该承担的社会责任，提出了“十大原则”，即

（1）企业应该尊重和维护国际公认的各项人权；

（2）绝不参与任何漠视和践踏人权的行为；

（3）企业应该维护结社自由，承认劳资集体谈判的权利；

（4）彻底消除各种形式的强迫劳动；

（5）消除童工；

（6）杜绝在就业和职业方面的任何歧视行为；

（7）企业应对环境挑战未雨绸缪；

（8）主动增加对环保所承担的责任；

（9）鼓励无害环境技术的发展与推广；

（10）企业应反对各种形式的贪污，包括敲诈、勒索和受贿。

可以看出，“全球契约”的这十大原则分别来源于《世界人权宣言》、《国际劳工组织工作中的基本原则和权利宣言》以及关于环境和发展的《里约宣言》。这个“全球契约”计划从2000年7月正式启动到2007年为止，已有70个国家的近1500家企业正式加入该协议。[①] 这就是说，现代企业内部劳动关系或者劳资关系的稳定和谐发展，一个重要的前提，是必须把企业经营者与企业职工的关系建立在维护基本人权和自由的基础上；同时，体现基本人权的现实形式是合理的工资和必需的福利。这对于社会主义市场经济条件下的企业（包括民营企业）来说，也是最基本的要求，否则，构建劳动关系和谐企业也就无从谈起。

建设富强民主文明和谐的社会主义现代化国家，是我们中华民族复兴的一个伟大目标，而要实现这个奋斗目标，需要全社会的共同努力。党的十六届六中全会通过的《中共中央关于构建社会主义和谐社会若干重大问题的决定》中明确提出“实施积极的就业政策，发展和谐劳动关系”，决

① 中国工运研究所：《企业社会责任运动简析》（郭悦执笔），《工运研究》2007年第6期。

定要求“完善劳动关系协调机制，全面实行劳动合同制度和集体协商制度，确保工资按时足额发放。严格执行国家劳动标准，加强劳动保护，健全劳动保障监察体制和劳动争议调处仲裁机制，维护劳动者特别是农民工合法权益”。[①] 这对于构建劳动关系或者劳资关系和谐企业，具有重要指导意义。

同时我们还必须看到，在市场经济发展的过程中出现的一些新问题，更加凸显了构建劳动关系或者劳资关系和谐企业的迫切性。从浙江省义乌市一些企业（特别是民营企业）的实际情况来看，恶化企业劳动关系或者劳资关系的主要因素有：对于大多数打工者（主要是农民工）来说，由于他们的文化素质低，社会关系资源缺乏，在企业化的劳动力市场中，相对于雇主而言，他们便是弱势群体，在争取工资、福利的谈判中，处于不利地位；许多企业（特别是民营企业）管理混乱，在工资、福利工作中出现许多不合理、不公平的问题；由于陈旧传统政治思维的影响，对企业（特别是民营企业）中劳动与资本的关系问题产生一些偏见，把维护劳动者的劳动权益与保护投资者的产权权益对立起来，产生一些不必要的劳资纠纷。

还有一个问题，是一些企业（特别是民营企业）工会组织不健全，或者工会组织实际上不能发挥它应有的作用，使劳动纠纷缺乏必要的协调机制，因而不能使一些本来可以协调解决的劳动关系矛盾及时消除；或者是由于企业（特别是民营企业）的经营者只顾抓生产，不善于管理，也不与工会组织协商协调，致使有些一般的矛盾由于积累而激化，造成劳资纠纷升级，等等。由于这些原因，使一些民营企业内部矛盾重重，正常的生产和经营活动无法进行，再加上外部条件的恶化，不少的企业因而濒于破产。

在这样的经验教训中，使大多数企业逐渐认识到，构建劳动关系和谐企业，对企业的进一步发展是至关重要的。总之，在急剧发展变化的现代市场经济中，没有和谐劳动关系的企业是无法继续发展的，而且也无力抵御各种外部经济危机的干扰。

（四）义乌市创建企业和谐劳动关系的主要做法和重要意义

我们在调查研究的过程中，访问了义乌市总工会，与义乌市总工会主

---

①《中国共产党第十六届中央委员会第六次全体会议文件汇编》，人民出版社，2006年版，第11页。

席、义乌市人大副主任、中国工会十五大执行委员陈有德同志等，就创建劳动关系和谐企业的有关问题进行了深入交谈，这其中包括对新光集团做法和经验的总结。通过调查研究可以看出，新光集团等民营企业在义乌市政府和总工会领导下，在创建企业和谐劳动关系的活动中，积累了丰富的经验。这些做法和经验，使我们对创建企业和谐劳动关系的重要意义有了进一步的认识。

义乌市人民政府和总工会在介绍他们的经验时指出，创建企业和谐劳动关系活动，对于建立规范有序、公正合理、互利共赢、和谐稳定的劳动关系，推进和谐社会建设具有重大意义。近年来，义乌市委、市政府认真贯彻落实省委、省政府和金华市委、市政府关于开展创建企业和谐劳动关系活动的有关精神，坚持把创建活动作为落实科学发展观、构建和谐劳动关系、推进和谐社会建设的一项重要举措来抓，充分发挥工会在创建活动中的积极作用，积极探索，强势推进，取得了企业广泛参与、职工广为受益、社会广为认同的“三赢”效果。2007 年 4 月，义乌市隆重表彰了全市首批 31 家劳动关系和谐企业，这其中，新光集团有限公司作为金华唯一一家企业被授予“全国模范劳动关系和谐企业”荣誉称号。在此基础上，2008 年继续深入开展劳动关系和谐企业创建活动，又评选出了义乌市第二批劳动关系和谐企业，73 家企业被授予第二批“义乌市劳动关系和谐企业”荣誉称号；新光集团有限公司等 30 家企业继续保留“义乌市劳动关系和谐企业”荣誉称号。

义乌市开展创建企业和谐劳动关系活动之所以能够取得很大的成绩，主要是由于他们能够始终注意加强党的领导，充分发挥工会的推动作用，并以企业为主体，发动广大职工积极参与，使创建企业和谐劳动关系成为广泛的群众性社会活动。这其中的一个重要经验是，他们把维护职工合法权益的各项制度建设作为和谐企业创建的重要内容，并形成和谐稳定劳动关系的长效机制。具体做法有以下四个方面的内容：

一是注重平等协商，建立成果共享的互利共赢机制。积极指导企业工会与行政平等协商，致力于解决企业劳动合同内容不规范、不平等和条款不齐全、合同不落实等实际问题。截至 2009 年 3 月，全市非公有制企业签订集体合同 2155 家，签订率达 91%，涉及职工 28.5 万人。签订工资集体协商单位 2080 家，签订率达 88%，涉及职工 25.6 万人。

二是落实职工民主权利，完善职工民主管理机制。对已建立职代会制度的企业，着力抓规范、抓完善；对还没有建立职代会制度的企业，重点抓好建立和运行工作。目前全市有523家企业建立了职代会制度，其中278家非公有制企业实行了厂务公开，195家事业单位实行内部事务公开制度。他们还鼓励职工积极参加人大代表、政协委员等选举活动，拓宽职工民主监督、参政议政的渠道。2001年以来，有65名外来建设者当选为镇级人大代表，11人当选为市级人大代表，10人担任市政协委员，5人当选为市级党代表。

三是保障职工社会保障权益，完善保障救助机制。进一步完善失地农民养老保险制度、城乡居民大病医疗保险制度，不断加大工伤保险、女工生育保险、失业保险等扩面力度，努力提高职工的保障水平。积极开展工会主动参与劳动安全卫生和职业病防范“长效机制”建设。截至目前，全市已有189家企业建立了长效机制。不断加大帮扶、救助工作力度。近三年来，全市筹措帮扶基金121.7万元，救助困难职工42余人（次），发放救助资金91.2万元。截至目前，全市已有87家企业建立了职工互助保障基金，筹集互助保障基金300多万元，3万多名职工参与了互助保障，其中1856名困难职工领取救助金92.6万元。

四是加强劳动执法，健全劳动争议调处机制。建立了覆盖城乡的劳动保障监察网络，开通了“12333”劳动保障投诉热线电话，将劳动保障加入到“110”社会联动之中，全天24小时接受举报。健全完善了职工法律维权中心的组织网络和信息网络建设，不断强化工会组织的维权职能。2007年3月，义乌市总工会在全国首创了“职工工资债权工会让渡”制度，最大限度地杜绝了企业恶意欠薪行为的发生。据统计，2009年1月至2月底，义乌市总工会职工法律维权中心共受理投诉案件69起，调解成功65起，调解成功率达94.2%；免费为职工代理仲裁1起；接待集体来访1批58人次；为职工追讨工资及挽回经济损失33.07万元。

为了在全市营造浓厚的创建工作氛围，他们加大了对创建企业和谐劳动关系活动重要意义的宣传力度。市政府向全市企业主发出公开信3000多封，制作横幅2000余条在城区醒目位置进行悬挂，并在当地电视、电台等主流媒体录制专题节目，对创建活动进行跟踪报道，营造声势；市创建领导小组成员经常深入企业，加强与企业法人、工会、职工代表的沟通联系，增强企业对创建工作的认同感；他们召开各类、各层次会议50余场次，干部职工对创建工作的知晓率达90%以上。他们开展了“十佳外来建设者”、“最感动您的外来建设者”等评选活动，大力宣传先进典型，通过多层次、多角度、多形式的宣传，营造了浓厚的企业和谐劳动关系创建工作氛围，为加快构建和谐社会贡献了力量。①

二、新光集团党组织对构建和谐劳动关系的政治保证作用

在上面对义乌市构建企业和谐劳动关系做法和经验的介绍中，实际上已经包括了新光集团构建企业和谐劳动关系的基本经验。随着改革开放的深入，特别是十四届三中全会于1993年11月通过《中共中央关于建立社会主义市场经济体制的决定》后，我国的民营企业有了突破性的发展，从经营规模到产业结构都发生了深刻变化，许多民营企业开始转制为现代企业制度，即由原始的经营方式转变为公司制企业。新光集团从产生到发展壮大，就是认真执行党的关于建立社会主义市场经济体制的指导思想和一系列方针政策的结果。而新光集团成长的每一步，都是与义乌市委正确领导和具体关怀联系在一起的。在新光集团进一步发展的过程中，都一直是在党的领导下，遵循着科学发展观，坚持以人为本，才走到今天的。从这个意义上说，新光集团和义乌市大多数民营企业的发展，成为和谐劳动关系企业，根本原因是由于党的正确领导，是因为认真执行党的方针政策。同时，作为民营企业，新光集团之所以能够成为和谐劳动关系企业，也与它自身重视企业党组织政治保证作用和党员的先锋模范作用是分不开的。在这方面，新光集团的做法和经验也是值得认真总结和推广的。

民营企业作为社会主义市场经济的一个组成部分，必须在党的领导下，才能坚持社会主义道路。在这样的情况下，如何在民营企业中进行党的建设，发挥党组织和党员在发展民营经济中的作用，加强党对民营企业的领导，就被提到日程上来了。但是，在民营企业中如何建立党的组织、如何发挥党组织和党员的政治先锋作用，是个全新的问题。在这方面，浙

① 上述资料见义乌市人民政府《义乌市创建劳动关系和谐企业工作情况汇报》（2009年3月30日），文件存义乌市总工会。

江省进行了有益的尝试，开始在一些民营企业中建立党的组织，并取得了积极的进展。当然，民营企业中这些党的组织及其活动，有一个从不规范到比较规范、不完善到比较完善的过程。浙江省和一些地方通过几年来的实践，党的领导机关和企业家都认识到，在民营企业中进行党的组织建设，这不论对加强党对民营经济的领导，还是对民营企业本身的健康发展，以及对构建企业和谐劳动关系，都显得越来越有必要了。因为，“随着非公有制企业经济实力的不断上升，新的社会阶层的利益诉求、民主意识不断增强，客观上要求执政党必须有序地将他们的利益诉求、民主诉求纳入现存的体制框架。而非公有制企业党建工作就是一个实现有效利益诉求和民主诉求的通道”。①

新光集团始建于1995年10月，于1997年10月成立党支部，是义乌市非公有制企业建立党组织的试点企业之一。2004年8月党支部升格为党总支。随着公司规模的不断扩大和党员人数的不断增加，2006年1月经中共义乌市委批准，成立新光集团党委。党委下设五个基层党支部，设置党群办公室、纪律检查委员会，现有党员138名。他们对党组织在民营企业中定位的认识是：党组织是企业的政治思想领导核心，通过发挥两个作用（战斗堡垒和政治核心），为企业的生存发展服务。新光集团党委成立几年来，在上级党委领导和公司董事会的大力支持下，紧紧围绕经济建设这个中心，充分发挥党组织的政治核心作用，在贴近中心上找准位置，在丰富党员活动上建立载体，在发挥两个作用上务求实效。根据上级党组织要求，他们积极探索加强非公有制企业党建工作的新路子，取得了明显成效。公司党组织曾先后荣获先进党组织称号，被义乌市、金华市二级市委组织部确定为非公有制企业党建工作示范点。2005年被中共浙江省委组织部、省总工会授予“党建带工建、三级联创模范职工之家”光荣称号；2006年7月，被义乌市委保持共产党员先进性教育活动领导小组授予“保持共产党员先进性教育活动先进党组织”称号；2007年，新光集团党委被中共浙江省委宣传部、省委组织部、省经贸委和省总工会授予“浙江省思想政治工作优秀企业”称号，并荣获“全国模范劳动关系和谐企业”称号；2008年，被省委宣传部认定为“浙江省文化建设示范点”，

① 管廷莲：《温州非公有制企业党建工作探索历程及其启示》，《中共中央党校学报》2009年第13卷第2期，第84页。

并荣获了中华全国总工会授予的“全国模范职工之家”称号。

新光集团党委在党建工作上有新的尝试和积极的探索，他们的基本做法和经验是值得在民营企业党建工作中推荐的。为了进一步具体地研究和推荐新光集团的做法和经验，这里再从四个方面做些介绍。

（一）注重党组织自身的建设

新光集团从建立党组织开始，就陆续建立健全了党的组织机构，对党员严格按照条件要求，在群众中发挥模范带头作用。为了发挥党组织在企业中的政治思想领导核心作用，党支部每个月对党员考核一次，党员每个月交一份思想总结，群众中有了困难的时候，要求党员带头帮助解决。从2003年开始，每月经党支部考核评议，被评定为优秀、良好的党员发给100~150元的奖金。

在党组织自身建设的过程中，注重对党员的政治思想教育。公司党委在切实抓好各党支部“三会一课”、每月召开一次各党支部例会和每月组织党员进行两次远程教育之外，近年来，党委重点抓好共产党员先进性教育、廉洁文化进企业的宣传教育、以学习贯彻党的十七大精神为主题的“解放思想、创业创新”大讨论三大主题教育活动。这些活动对提高党员的整体素质起了积极作用。

（二）强化中心意识，发挥“堡垒”和模范带头作用

新光集团党委为切实加强和改善党对民营企业的政治领导，把党建工作定位在用政治优势影响队伍建设，使党组织成为企业政治上的核心、管理上的参谋、群众组织的领导，从而较好地发挥了各党支部的战斗堡垒作用。如2003年的抗非典；2004年8~10月的奋战干旱缺水；2006年的饰品生产销售旺季打好生产销售第一仗；2008年由于美国次贷危机和国内实行宏观调控政策，企业面临着严峻的形势，党委急行政之所急，在行政及工会组织开展的节能减排、提高质量、开发新产品、拓展市场、降本增效等活动中，确保了集团内部和谐稳定，经济建设健康发展的良好态势。

最近，上级党组织提出了建立企业党建区域化活动管理，以较大企业党建带动较小企业党建，构建区域化党建格局的创新思路。围绕这一总体思路，集团党委决定了下一步党建工作的基本设想主要是抓两条：一是以工作片、区域内党建示范点辐射周边小企业党建，搭建交流平台，区域

内，几个企业轮流集中组织党员学习、交流党建工作，以促进小企业党建工作水平的全面提升；二是以饰品行业龙头企业为核心，依托行业协会平台，创建行业党建格局，从而推动饰品行业小企业的党建步伐。

据《浙江日报》报道，2008 年，在全球金融危机的大背景下，尽管不少同行出现了开工不足的现象，但在新光集团的生产车间里，工人们加班加点赶订单，呈现一片繁忙景象。2008 年上半年，新光集团完成销售收入、利润分别比去年同期增长 15%和 20%。新光集团生产能够保持这样好的发展势头的原因何在呢？集团董事长周晓光说："一个重要原因是企业党组织发挥了'堡垒'作用。"

2008 年以来，全球经济不景气，外商采购量大大减少，义乌的一些饰品企业和经营者陷于困境。面对危机怎么办？在新光集团党委的组织下，一场"解放思想、创业创新"的大讨论全面展开。集团党委召开动员大会，发动广大党员和员工投入到大讨论活动中，先后召开座谈会、专题分析会、课题研讨会 128 场次，4180 余人次参加。大讨论带来思想的大解放。在集团党委的领导下，党员冲锋在前：围绕研发新型材料、改进生产工艺等突出问题，提出合理化建议 128 条，其中被采纳 72 条，创经济效益 200 余万元；技术创新单项在 10 万元以上的项目 10 个，创经济效益 300 余万元；研发党支部技术攻关小组自主研发的环保型金属饰品锡基材料，获得了国家专利，还被列入国家火炬计划。物流管理部经理蒋谊湘说，集团每一位党员都抱着同样的信念：既然身为党员，就要做好企业的顶梁柱。

通过党员职工的不懈努力，到目前为止，新光饰品集团已经在全国县级市以上的城市开设了 400 多家零售专卖店；新光集团的自主高端品牌"天女至爱"已在全国一线城市开出 20 家分店。商业模式的转型升级获得了可喜的成果。同时，新光集团努力开拓海外传统及新兴市场，在多个国家和地区开设了 7 家分公司和十多个直营门市部，逐步在国际市场上拥有市场的"主动权"和"话语权"。[①]

---

① 2008 年 12 月 29 日《浙江日报》第 2 版报道《新光集团组织党员职工出谋划策——做企业的顶梁柱》（《浙江日报》记者黄宏）。

（三）加强民主监督，增强党组织的政治凝聚力

新光集团从2003年开始推行厂务公开，是义乌市首批推行厂务公开的非公有制企业之一。这些年来，随着企业的发展，公司厂务工作的运行机制不断得到完善，工作内容深化，制度化、规范化、经常化的民主管理和民主监督手段，得到了广大职工群众的认可和拥护，有力地促进了企业和谐、健康、持续、快速发展。新光集团党委与工会、集团公司领导在促进厂务公开，加强民主监督，增加企业员工凝聚力和推进和谐企业建设等方面，发挥了重要的政治组织作用，也在这方面积累了有价值的经验。

第一，在推行厂务公开工作中，党委重视健全组织，完善制度。新光集团党委与工会、集团领导充分认识到，厂务公开是否落实到位，组织是关键，制度是保证。为此，集团成立以党委书记、工会主席为组长，纪委书记、工会副主席为副组长，集团监督审计部门和二级单位主要负责人为成员的厂务公开领导小组。厂务公开领导小组负责厂务公开工作的组织领导、方案的制定、重大问题的协调、沟通、指导和公开内容的确定，并明确规定了“董事长、总经理是厂务公开第一责任人和第一执行人；党委书记、工会主席、纪委书记是厂务公开第一监督人；职工群众是厂务公开第一评价人”的厂务公开工作机制；同时，建立厂务公开监督评议小组，监督厂务公开的内容是否真实，公开是否及时，程序是否合法等，负责组织对厂务公开进行民主评议，并把厂务公开纳入企业综合考评体系，做到有对照、有检查。

在制度建设方面，新光集团制定了《厂务公开实施细则》，规定了重大事项向职代会报告制度。平等协商签订集体合同制度，工资协商谈判制度、稽核审计制度、物资采购招投标制度、《干部任用制度》以及《在职干部及其家属不准从事经营》等规定；为监督对制度、规定等的执行，新光集团还成立了子公司、厂（车间）、部门（班组）三级公开小组，在参与单位厂务公开的同时，实行本单位范围内的公开。这样，就形成了横向到边、纵向到底的公开网络格局，使厂务公开做到组织、目标、计划、措施、效果“五个落实”；认识、检查、考核、完善“四个到位”；机构、人员、经费“三个保证”。经过组织、制度的落实，逐渐形成了党政工齐抓共管，各有关部门各司其职，职工群众积极参与的工作机制和监督检查考核机制，从组织上、管理制度上保证厂务公开的顺利进行，确保了厂务公

开规范化、制度化、标准化。

第二，在推行厂务公开工作中，党委注意强化载体，规范运作，重视效果。集团党委和公司工会明确认识到，职工代表大会制度是推行厂务公开工作的主要载体，因此：

一是他们始终把加强职代会制度建设作为基础性的重要工作来抓，通过落实职代会职权，来推动厂务公开工作的规范运行。这些年来，集团工会坚持每年召开职工代表大会不少于一次，凡根据有关法律和政策规定需要经职代会审议的重要事项，如集体合同、企业发展战略规划及生产经营任务、质量方针、职工养老保险体系及福利待遇、劳动保护职工薪酬方案、企业规章制度、职工培训计划等，都要提到职代会上审议，会后向全体职工公布。

二是集团党委和工会还坚持通过职代会民主评议中层以上干部，从“德、能、勤、绩、廉”五个方面让职工代表打分，并作为干部晋级任用的重要依据，有力地促进了干部队伍作风优化和管理水平提升。

三是集团党委和工会为了坚持通过职代会民主评议厂务公开的落实情况，在职工代表中聘任 5 名厂务公开监督评议成员，搞好监督和民主评议，并将情况向职工通告以及反馈给厂务公开领导小组。

四是为了落实厂务公开和民主监督，集团党委和工会建立厂务公开档案，把每次公开的内容、时间、承办部门、人员和处理结果等专人负责记录整理，并形成文字材料备案。

五是集团党委和工会注意规范职工代表的产生程序，指导各部门组织职工采用无记名投票方式进行直接或差额选举。他们认真抓职工代表的比例结构，要求其中一线职工代表占职工代表总数的 50%以上，中层以上行政领导人员不得超过职工代表总数的 20%，女职工代表不得低于职工代表数的 35%，指导各部门按照规定程序比例选好职工代表。

六是设立厂务公开栏，辅以厂报、厂刊、黑板报、广播等形式，定期公开有关内容，属于一事一议的内容随时公开。如干部任前公示、管理职位招聘、吸收党员、住房分配、募捐款项公告等。

另外，集团党委和工会大力开展廉洁文化进企业活动，加强党风廉政建设和职业道德教育，由集团纪委、监察审计室作为廉洁自律的职能部门，定期组织各级领导，干部开展自查自纠、批评与自我批评，并做好意见的收集、梳理、反馈和整改工作，使企业党风廉政建设走上了规范化轨道。

第三，推行厂务公开工作尽力做到手段丰富，参与广泛。新光集团党委和工会认识到，厂务公开工作成功的关键在于集中职工群众的智慧与力量，所以，必须营造一种宽松、主动、广泛的参与机制。在以前的工作中，由于厂务公开的信息反馈渠道不畅通，职工群众的意见与建议得不到及时、有效的反馈，往往使工作陷入被动。为此，公司设立了灵活多样的信息反馈渠道，收集、倾听职工群众的心声。在这方面的主要做法有：

一是设立了“员工服务中心”，接待职工来访，为职工做好释疑解惑工作，并及时把反映的问题向相关部门或领导报告。

二是在公司内设立了总裁信箱、职工民主信箱、意见箱，共计 35 个。定期有专人收集职工群众意见，公司职工也可以通过内网 OA 系统，向领导“一对一”反映情况。

三是在公司内网设立“留言板”窗口，欢迎广大职工针对经营管理工作、职工福利待遇、企业规章制度等方面踊跃留言，各相关职能部门及时给予答复，能尽快解决落实。

四是开通“8121”、“666850”职工民主热线电话，随时倾听职工意见，及时解决职工反映的问题。在这同时，通过发动职工提合理化建议、组织职工座谈、召开民主生活会等，广开言路、广纳良策，为企业经营管理决策提供群众基础和智力支持。2005 年以来，公司共收到合理化建议 12791 条，内容涵盖生产经营、技术创新、环境保护、企业管理、职工福利等方面，其中属于科技创新、小改小革的有 1186 条，实施后创经济效益 2000 余万元；公司有 17 项合理化建议分别荣获金华市合理化建议一、二、三等奖，并被评为“金华市合理化建议优秀组织单位”。民主监督、广泛参与的厂务公开形式，在构建和谐劳动关系企业、促进企业发展中发挥了积极作用。

（四）总结经验，不断提高民营企业党建工作水平

新光集团党组织对民营企业党建工作的这些尝试和探索，对通过加强党的建设推动民营企业构建和谐劳动关系，作出了积极贡献，用他们自己的话说是“较好地实现了党组织和党员两个作用的发挥，做到了党委满意、行政称赞、职工好评”；同时也积累了许多宝贵的经验。

1. 集团党委在创建企业和谐劳动关系工作中的经验和体会

新光集团党委在民营企业进行党建工作的探索中，通过总结经验归纳出这样三点体会：

其一，要做好非公有制企业党建工作，除了上级党委的正确领导和党委自身努力外，还需要有一个开明的企业主，并得到企业主的真诚理解和大力支持。在这方面，以周晓光为董事长的新光集团董事会，对集团党委的建设很重视，也很支持，这是因为他们在办企业的过程认识到，加强企业的党建工作，对企业的健康发展是一种可靠的政治保证。这就是说，对新光集团的经营者来说，企业的发展与企业的党建工作是联系在一起的。

其二，企业党组织必须加强自身建设，充分发挥党组织的战斗堡垒作用和共产党员的先锋模范作用。要把行政工作的难点当做党委工作的重点，要为促进企业经济建设和完成生产经营任务勇挑重担、排忧解难。新光集团党委这个经验体会的可贵之处在于，促进民营企业经济发展，是民营企业党组织的中心任务，因此也是民营企业党组织加强自身建设的根本目的。同样道理，民营企业经济的发展与民营企业党组织的生存发展也是息息相关的。

其三，企业党组织负责人既要熟悉党务工作又要懂得公司业务工作。很显然，企业党组织负责人如果不熟悉党务工作，就无法加强企业党的建设，不能发挥党组织的政治领导作用；同时又要懂得企业生产经营管理，这样，在企业的决策层、管理层中既能够有位置，又能够有作为。为此，新光集团在党委和各部门负责人的设置上，实行交叉任职、互相渗透的方针，因为只有这样，才能做到决策民主、党政同心、目标一致。

2. 集团党委在探索中认识到应该正视与克服的困难

新光集团党委在企业党建工作中作出了很大的成绩，积累了很多有价值的经验，为保证企业的发展，推动构建和谐劳动关系，作出了积极的贡献，这些都是必须肯定的，也是值得借鉴的。但是，他们在如何进一步加强民营企业的党建工作，使党建工作局面有所突破、有所创新，作出更大贡献方面，也感到有不少难以克服的困难，即他们所说的企业党建工作继续前进所面临的一些难点，这主要是表现在以下四个方面：

难点之一：党建工作创新难。新光集团党委对此的分析是，与现在的国有企业不同，民营企业职工流动性较大，综合素质和文化技术水平参差不齐、专业思想不稳定等，所以，民营企业的党建工作要在继承好传统的前提下，在管理机制和方式方法上有所创新，感到“难”。

难点之二：思想政治工作难度越来越大。这是由于，世界范围内思想文化交流、交融、交锋趋势的日益明显，对思想政治工作提出了新的要求；国内社会思想意识多元、多样、多变特点的日益凸显，对思想政治工作提出了新的要求；职工文化需求多元、互联网的快速发展和新《劳动法》颁布实施等。这些新情况、新问题，都对民营企业如何进一步做好思想政治工作提出了新的要求。

难点之三：“一手硬、一手软”的问题依然存在。他们在实践中深深感到，在目前的企业工作中，仍然是抓经济的一只手比较硬，而抓党建及思想政治工作的一只手比较软。其中的一个原因在于，政府部门习惯于以经济好坏论英雄，行政表彰以物质奖励为主，而党委序列以精神鼓励为主。比如说，企业获评“中国名牌”，政府奖励企业100万元，而党委或工会荣获国家级荣誉仅仅是一块牌子。

难点之四：党务及政工干部青黄不接。义乌非公有制企业目前的情况是，有的企业虽设有党支部，但支部书记人不在企业；有的支部除了发展党员之外，就没有开展组织生活和党员活动，名存实亡；专职从事党务和思想政治的工作人员不但配置偏少，而且许多年轻人不愿意在政工岗位工作，认为政工人员吃空手饭，没有像从事行政或专业技术人员那样吃香，这就造成了党务及政工人员青黄不接的现象。①

3. 民营企业党建工作中需要解决的实际问题和认识问题

目前民营企业中党建及思想政治工作进一步发展的“难”点，除了新光集团党委根据自己的实践经验所提出的几个问题之外，我们在调查研究中还发现一些值得认真思考的问题：

其一，在新光集团党委和各部门负责人的设置上，实行交叉任职，比如他们的多数党委成员都有其他行政职务，工会负责人之一同时也兼任公司人事部门负责人。对于民营企业来说，其优点是能够做到互相渗透，党政同心、目标一致，而且有利于降低企业经营成本；但是，其缺点是使他们无法一心一意地去做党建和思想政治工作。当然，真正解决这样的问题

① 关于新光集团党组织情况和党建工作经验的资料，除特别注出的之外，主要来自新光集团党委工作总结《积极探索非公企业党建的新路》（2009年3月）；还有本书作者对集团党组织情况和党建工作的调查研究。

也是个难题，因为这归根结底涉及民营企业的经营成本问题。不过，随着我国的经济、政治体制改革和民营企业的发展，特别是党的领导体制的改革、民营企业的壮大和民营经济实力的增强，一定会寻找出一个恰当的方式来解决这个问题。

其二，与前者相联系的是，由于没有专职的党建及思想政治工作人员，这就使他们的党建及思想政治工作专业知识有一定的局限性。我们在调查中发现，公司这些兼职的党建及思想政治工作人员，对本职的业务工作知识比较熟悉，对思想政治工作也很有热情，但对党建及思想政治工作的一些基本知识熟悉程度不够。解决这个问题可以采取不同的途径，其中一个是可以由上级有关专职部门，比如组织部门、宣传部门、地方党校等，对非公有制企业的兼职党建及思想政治工作人员进行短期的集中培训，或者发一些学习资料，业余学习，定期考核。

其三，是如何保证民营企业党组织负责人能够有效发挥作用和影响的问题。现任新光集团党委书记在谈工作体会时认为：在非公有制企业里，党组织也好，工会组织也好，有作为，才会有地位，才会有影响力和号召力。在这一点上，与国有企业的党委书记不同，民营企业的党委书记需要根据企业的具体实际情况，因地制宜地、有创造性地开展工作，这需要付出更多的努力和智慧。仔细探究，这其中涉及两个方面的问题：一个是民营企业中党组织职能定位的问题。的确，与国有企业的党组织不同，民营企业的党组织对企业的生产、行政机构（如董事会、股东会等）不是领导关系，而是对企业的经营活动起监督、鼓舞、保障的作用，所以，民营企业的党委书记是不是需要兼任实职，对党组织的作用发挥不应该有什么不利的影响。另一个是民营企业党组织负责人是不是兼实职、有没有直接的决策权和领导权，这实际上是他个人的问题，也是企业经营管理决策层对于相关个人的取舍问题。因为作为民营企业的董事会成员或者是行政管理人员，他在决策中的权力是不代表党组织的，这一点也是应该明确的。现任新光集团党委及党委书记在企业中的地位，以及其发挥的作用和影响，是反映了这种客观情况的。

新光集团党委正在对党建工作及思想政治工作中的这些“难”点进行认真分析研究，学习先进经验，紧密结合企业的生产发展，正确对待党员和员工群众在新形势下的思想状况，开拓创新，把民营企业的党建工作和思想政治工作提到一个更高的层次上，为构建和谐劳动关系企业作出新的贡献。

三、新光集团工会在构建劳动关系和谐企业中的重要作用

随着改革开放的深入，特别是社会主义市场经济体制的逐步完善和现代企业制度的建立，工会在企业活动中所起作用的性质和方式也开始发生变化。也就是说，工会工作逐渐摆脱传统思维的束缚，而更多地体现了新的时代精神。当然，中国的工会工作在新时期也面临许多并没有完全解决的一些新问题，这其中的一个问题，就是工会在民营企业中的地位和如何发挥它的特有作用。我们通过调查研究认识到，新光集团工会在上级工会和集团党委领导下，在正确解决这类问题上，进行了许多新的探索，特别是在构建和谐劳动关系中发挥重要作用方面，积累了有价值的经验。

（一）浙江义乌民营企业工会的现状与新光集团工会的建立、发展

在我国的宪法和有关法律中对职工参加和组织工会的权利和自由，都有原则的或者具体的规定。《中华人民共和国宪法》明确指出，中华人民共和国公民有结社自由；《中华人民共和国公司法》规定："公司依照《中华人民共和国工会法》组织工会，开展工会活动，维护职工合法权益，公司应当为本公司工会提供必要的活动条件。工会代表职工就职工的劳动报酬、工作时间、福利、保险和劳动安全卫生等事项依法与公司签订集体合同"，"公司依照宪法和有关法律的规定，通过职工代表大会或者其他形式，实行民主管理"，"公司研究决定改制以及经营方面的重大问题、制定重要的规章制度时，应当听取公司工会的意见，并通过职工代表大会或者其他形式听取职工的意见和建议"。[①]《公司法》的这些规定与《中华人民共和国工会法》的有关规定是一致的，以宪法为根据的现行《工会法》中明确地

① 国务院法制办公室编：《新编中华人民共和国常用法律法规全书》（2008 年版），中国法制出版社，2007 年版，第 2 页、第 125~126 页。

规定了工会的性质："工会是职工自愿结合的工人阶级的群众组织"，并且指出："在中国境内的企业、事业单位、机关中以工资收入为主要生活来源的体力劳动者和脑力劳动者，不分民族、种族、性别、职业、宗教信仰、教育程度，都有依法参加和组织工会的权利。任何组织和个人不得阻挠和限制。"《工会法》还明确规定："维护职工合法权益是工会的基本职责。"工会"代表和维护职工的合法权益"，其主要内容有："工会通过平等协商和集体合同制度，协调劳动关系，维护企业职工劳动权益"；"工会依照法律规定通过职工代表大会或者其他形式，组织职工参与本单位的民主决策、民主管理和民主监督"；"工会必须密切联系职工，听取和反映职工的意见和要求，关心职工的生活，帮助职工解决困难，全心全意为职工服务"；"工会动员和组织职工积极参加经济建设，努力完成生产任务和工作任务"；工会要"教育职工不断提高思想道德、技术业务和科学文化素质，建设有理想、有道德、有文化、有纪律的职工队伍"等。①

《宪法》、《公司法》、《工会法》等对企业工会性质、任务以及职工参加工会的权利和自由的规定，是大多数人都熟悉的，而且对国有企业的领导和职工来说，也是理所当然的事情；但是，在改革开放初期，对民营企业来说，这却是个新问题。在改革开放初期，一些民营企业的经营者甚至明确表示反对建立工会，后来有的民营企业虽然建立了工会，但是，由于老板不支持，没有活动经费等原因，也是有名无实，根本起不到维护职工利益的作用。在这样的情况下，一些民营企业的职工就采取了各种各样的方式来维护自己的权益。这样，就出现了许多复杂问题，对市场经济的健康发展，特别是对民营企业的创业和发展，产生了不利的影响。这就从反面告诉我们，建立工会组织已经成为民营企业进一步发展不可缺少的条件。

1. 义乌市工会组织在社会化维权要求中的形成和发展

浙江义乌由于市场经济起步较早、发展较快，经济关系的变化更为深刻，劳动关系更加复杂，较之全省乃至全国其他许多地方，碰到的新情况、新问题也更多。自 1997 年开始，全市每年劳动纠纷、劳务矛盾案件均超万件，其中 70%左右在政府有关部门和工会等群众组织的共同努力下得以解决；约有 30%则因维权成本高、维权渠道不畅等原因而无法及时得

① 国务院法制办公室编：《新编中华人民共和国常用法律法规全书》(2008 年版)，中国法制出版社，2007 年版，第 51 页。

到解决。在缺乏合法途径的情况下，一些外来务工人员为了保护自身权益，转而依靠“同乡会”等具有民间原始特征的自发性组织与资方谈判，因文化程度较低、法律意识不强等诸多原因，维权过程中往往进一步激化矛盾，时有拉帮结派闹事、职工跳楼、老板被杀等恶性案件发生。在义乌，“安徽定远帮”、“江西玉山帮”、“浙江衢州开化帮”等农民工的自发组织一度十分活跃；一些恶势力也乘机结成非法组织，强行向外来务工人员索取保护费，对一些民营企业的正常生产秩序，对社会的稳定和谐造成了严重影响。① 这就是说，如何有效地维护企业职工与企业（特别是民营企业）经营者的合法权益，形成和健全社会化维权机制，已经成为市场经济中民营企业发展的一个关键问题。

在这种情况下，经过一个时期的经营实践之后，不管是民营企业经营者还是企业职工，都逐渐认识到，企业的劳动关系和谐，从而形成和谐稳定的社会环境，符合各个方面的根本利益。而实现这个目标的主要方法之一，就是依法建立企业工会。于是，在义乌市总工会的支持下，一些民营企业陆续建立起了自己企业的工会组织。

从 20 世纪 90 年代中期开始，就有大量外地民工来义乌市苏溪镇务工。到 2000 年，仅安徽定远县就有 9000 人来这里务工。由于工作、生活中不可避免地会产生一些纠纷，他们自发选出了一位有名望的“民工头目”来帮助他们解决一些“麻烦”。与此相似的是，浙江衢州开化县有 2.3 万人在义乌务工，老乡很快抱成团，并且有“麻烦”就请老乡中的“名流”出面解决。义乌市总工会主席陈有德表示，这类带有“帮派”特征的组织，虽然有助于务工人员保障自身权益，但在实际操作过程中，逐渐演变成了“有理也得成，没理也得成”的超越法律的局面。2000 年，义乌市总工会因此成立了一个职工法律维权中心，并在其指导下开始在义乌市大大小小 16000 家企业中发展工会组织，“工会维权”也由此在义乌悄然启幕。维权中心成立后不久，便顺利地将义乌民工中的“安徽定远帮”、“浙江衢州开化帮”等过渡到工会组织上来，并通过选举产生了他们自己的工会主席，从而将这些带有原始草根性质的民工维权实体纳入了法制的轨道。维权中心秘书长陈灏介绍说：“在推进工会建设的过程中，一些大企业比如浙江真爱集团、浪莎集团比较容易，中小型企业难度就要大得

① 陆立军、王祖强、杨志文：《义乌模式》，人民出版社，2008 年版，第 76 页。

多。”“在后来的实际摸索中，我们并非越俎代庖地去帮企业建立工会，而是成立了一个‘沃克（Work）培训排遣服务中心’，给它 400 元一家的经费，由它到每个企业去发动宣传。”据介绍，1999 年，义乌数千家民营企业中组建工会的仅有 34 家，但到 2002 年初就变成了 2354 家。同时，各镇和街道办事处也建立了 13 家工会联合会，一个完整的工会组织网络在义乌形成了。维权中心成立后，还开通了维权热线，通过这条热线，维权中心在 5 年之内共受理民工投诉案件 3104 起，调解率达到 91%；免费为职工出庭仲裁代理 113 起，阻止群体性恶性事件 28 起，共为职工挽回经济损失 892.03 万元。由此形成了“工会维权的义乌模式。”[①] 可见，义乌市民营企业工会的兴起，是一个有历史意义的事件，是中国工会发展中的一个新阶段。

从义乌市企业的情况看，民营企业占大多数，而民营企业的职工主要又是农民工这个新的产业工人群体，也就是说，农民工已经成为产业工人的一个重要组成部分。[②] 所以，义乌的企业工会分布在民营企业中是大多数，而工会会员中的大多数则是农民工。[③] 这个事实标志着中国工人阶级权利意识的新觉醒，以及维护合法权益自觉性水平的提高。而从义乌工会在社会化维权中的作用，比如从新光集团工会的先进经验中，可以更加明显地看出，民营企业工会在构建和谐劳动关系企业，进而推动和谐社会的事业中，其作用是不可低估的。

2. 新光集团工会的建立与发展

新光集团工会成立于 1996 年 12 月，是义乌市非公有制企业首批成立工会组织的试点单位之一。集团现有会员 4600 余人，入会率达 95%以上，其中浙江新光饰品有限公司有会员 3380 人，入会率达 97%。公司工会设有女职工委员会、职工互助基金会、经费审查委员会、劳动争议调解委员会、劳动竞赛委员会等组织机构，下设 26 个以部门为单位的工会小组，配备有专、兼职工会组织工作人员。集团工会每年适时分批吸纳新员工加

---

① 资料来源：世纪中国网站，2005 年 5 月 3 日，引自陆立军等著：《义乌商圈》，浙江人民出版社，2006 年版，第 133~134 页。

②《国务院关于解决农民工问题的若干意见》（国发 2006 年 5 号），2006 年 1 月 31 日。

③ 有一个数据可供参考：2008 年 1 月统计，义乌市城区人口是 754953 人（不包括流动人口），其中常住人口 264502 人，外来人口 490451 人。城区外来人口数接近城区常住人口数的 2 倍。见韩福国等著：《新型产业工人与中国工会》，上海人民出版社，2008 年版，第 44 页。

入工会组织，入会率达到95%以上，其中，新光饰品有限公司入会率达到97%。公司工会充分发挥工会组织的桥梁纽带作用，积极发挥职能优势，分层次组织开展丰富多彩的工会活动，做到依法拨缴工会经费，大力支持各工会小组开展切合实际、服务生产、寓教于乐、注重实效的工会活动，并做到经常化。集团工会曾先后荣获“金华市职工经济技术创新活动优秀组织单位”、“金华市‘安康杯’竞赛优胜企业和优秀组织单位”、“浙江省‘安康杯’竞赛优胜企业”、“浙江省职工经济技术创新活动示范单位”，被中共浙江省委组织部、浙江省总工会授予“党建带工建、三级联创模范职工之家”称号。集团电镀厂电镀班组被中华全国总工会授予“创新示范岗”称号。最近，集团电镀厂电镀槽面组被中华全国总工会、国家安监总局评为“全国‘安康杯’竞赛优胜班组”等。

2008年，集团工会在上级总工会和集团党委的正确领导下，在集团董事会的关怀和公司行政的大力支持下，坚持以中国特色社会主义理论为指导，坚持以促进公司科学发展、推动和谐新光建设为目标，坚持以切实维护好职工权益和努力维护好企业利益为出发点，紧紧围绕党委和行政工作重点，积极发挥工会组织的职能优势，全面落实依靠方针，着力调动广大职工的工作积极性、主动性和创造性，充分发挥职工群众在抗击经济寒流中的主力军作用，为推进企业民主管理、推进职工素质工程、推进企业文化建设、推进公司经济发展，增强企业的凝聚力和职工队伍的战斗力，作出了积极贡献。2008年，集团工会被中华全国总工会授予“全国模范职工之家”的光荣称号，被中华全国总工会、国家安全监督总局评为金华市首家“全国‘安康杯’竞赛优胜企业”；先后荣获“全国职工节能减排合理化建议优秀组织单位”、“省级职工书屋”、“义乌市工会主动参与安全卫生工作优秀组织单位”、“义乌市创建学习型企业先进单位”、“义乌市经济技术创新活动优秀组织奖”等主要荣誉。集团成立了职工互助基金会，并以此为平台，切实做好职工的帮贫、扶困、助学、济危工作，努力为职工办好事、办实事，同时积极做好村企结对和警民共建工作，关爱老人，慰问部队，奉献社会，努力为构建和谐劳动关系企业、推进和谐社会建设作贡献。

（二）新光集团工会在构建和谐劳动关系中的做法和经验

新光集团建立了比较完善的职工代表大会制度，坚持每年召开职代会不少于一次，闭会后将义乌市达成的决议和提案迅速转交行政职能部门办理，并在下一次职代会上向职工代表报告，做到事事有人管、件件抓落实。工会通过职代会这一基本形式，大力推进职工民主管理，坚持把事关职工权益和企业生产经营重大事项提交职代会讨论、审议通过。2005 年以来，提交职代会审议的文件有：《行政工作报告》、《工会工作报告》、《集体合同》、《厂务公开实施细则》、《提案办理及整理报告》、《薪资制度及改革方案》、《职工住房分配方案》和《工资集体协商协议方案》、《干部任免制度》、《在职干部、职工及其家属不准从事与公司类似经营行为的规定》、《工会经费审查工作报告》等。同时，推行了职代会评议干部制度，将评议结果转交总裁室，以此作为干部升降的主要依据之一。新光集团是金华市建立工会主动参与安全生产和职业卫生监管试点单位，集团工会依法主动参与监管企业安全生产和职业卫生工作，推动企业劳动保护工作的落实，通过成立组织、建章立制、主动参与，结合“安康杯”竞赛活动，使企业的安全生产和职业卫生工作取得了显著成效。

总之，新光集团工会建立健全职代会，积极协调职工和企业之间的关系，特别是通过工会的社会化维权活动，对构建和谐劳动关系企业，作出了重要贡献。

1. 充分发挥职代会的作用，为职工谋福利

义乌市工会的社会化维权行动，特别是新光集团十多年来办厂的经验和集团工会在这方面的实践经验都一再说明，构建和谐劳动关系企业，关键是能不能妥善地维护企业中各个方面的现实权益，特别是能不能切实地维护那些普通职工的合法权益，否则，构建和谐劳动关系企业可能仍然是一句空话。董事会严格执行《劳动法》、《工会法》，全力支持工会按照章程独立自主地开展工作。这其中一个重要原因，是集团工会能够充分发挥职工代表大会的作用，有效地维护了职工合法权益。

这里以新光集团三届一次职代会（2007 年 1 月）提案和对提案的回复情况为例，说明一下职工代表大会是如何来维护职工权益的。职代会上的具体提案内容，主要涉及职工的伙食、住宿、工资、奖金、医疗保险、生产安全、企业管理、休假、体育活动、文艺活动等方面的改善要求，对这些具体提案，公司的有关部门如人力资源部、保安部、总务部等，都一一作出具体的、实事求是的回复。关于职代会提案及其回复的效果，我们可以通过下面的事实得到证明。

员工有困难，工会会带头尽力帮助并捐款，以帮助员工渡过难关。根据职工的要求，公司投资 80 万元对食堂进行设施改造，使各项硬件得到了提高；投资 40 多万元，安装太阳能热水器，解决了职工洗浴的后顾之忧；新增员工宿舍 489 间、夫妻住房 119 间，总计员工宿舍 1177 间，进一步改善了职工住房条件；投资 480 多万元进行绿化及配套设施改造，新增绿化面积达 24860 平方米，为员工创造了良好的舒适环境。由于很多员工离家路途较远，因此，每年将近有 55%的员工留在公司过年，公司食堂为员工安排好丰盛的年夜饭，以及节日的各项文化娱乐活动，工会主席和集团总裁领导一起与员工吃年夜饭，从而解除了员工的后顾之忧，真正使员工感到家的温暖。

工会主动帮助员工进行社会上的维权工作，当员工在社会上遭受侵权危害时，工会主动参与调解处理。近年来，在几起车祸事故、员工被打事件的调解处理方面，都较好地维护了公司职工的合法权益。与此同时，在发展生产，提高经济效益的前提下，尽力为职工办实事、办好事。2005 年，集团出台多项为职工办实事、谋福利的新规定：一是职工伙食补贴从原来的每人每月 120 元，提高到 150 元；二是增设职工每月 90 元全勤奖；三是凡符合国家计划生育政策，且满三年工龄的女职工，享受 3 个月的带薪产假，休假期间工龄连续计算，女工委员会对女职工有特殊照顾，比如为她们进行生理卫生知识培训等；四是职工休息时间由原来每月两天，增加为每月四天；五是遇生产淡季，轮休时，其休息时间给予轮休补贴费；六是切实解决职工子女入学难的后顾之忧，对职工子女来义乌上学的，补贴需交赞助费的 20%等。

工会根据集团党委指示，走到员工当中，及时做好川籍员工受灾情况的调查摸底工作，落实相关帮扶举措。工会逐一对 160 多名川籍员工进行走访、安抚、慰问，并为 54 名家中不同程度遭受灾害的员工召开了座谈会，让他们提困难、谈要求，尽一切可能为他们提供帮助。如免费为他们开放长途电话；对家中遭遇较重灾情的员工进行特别资助；为需要回家探视的员工提供假期并提供来回路费。集团无微不至的关怀、关爱，使川籍员工深深感受到了新光大家庭的温暖。为此，在新光集团举办的 2009 年春节联欢晚会上，员工们以他们创作的文艺节目，生动地表达了他们对公司领导的真挚感激之情。我们观看了这个节目，也深受感动。

集团工会十分注重“献爱心、送温暖”工作，积极做好帮贫扶困，切实关心职工生活，为职工办好事、办实事，努力把工会建成温馨的职工之家。例如，为困难职工提供经济补助；为重病住院的职工开展募捐；走访慰问贫困职工；办理公司员工子女就学补助；中秋、端午、春节为职工发放食品、水果、礼品等；在盛夏之时，公司工会还适时组织“夏送清凉”活动，配合行政做好防暑降温工作，深入生产一线，看望慰问一线职工；同时，开办职工子女暑期夏令营，妥善安排职工子女的暑期学习与生活。这些措施，切实把关爱落到实处，解除了职工的后顾之忧，增强了工会组织的影响力和感染力。

2. 签订集体合同和工资协商协议书，依法维护职工权益

工会的重要作用之一，是代表职工集体与企业签订集体合同和工资集体协商协议书，这是社会化维权的一个基本途径。签订集体合同和工资集体协商协议书，是构建和谐劳动关系企业的法律保障，因为它不但依法维护了职工的基本权益，而且使企业的利益也得到了合法保护。对于民营企业来说，这个举措奠定了劳资两利的法律基础，从而促进了和谐劳动关系的巩固。新光集团工会与企业共同签订集体合同和工资集体协商协议书，并且得到双方共同遵守而取得了良好效果的这一结果，充分证明了工会在社会化维权方面的重要作用。

（1）工会在与企业做好签订集体合同工作中的积极作用。建立集体协商和集体合同制度，是依法维护劳动者和用人单位的合法权益，调整劳动关系的一项重要法律制度，因此也是构建和谐劳动关系企业的重要途径。为此，根据《中华人民共和国劳动法》、《中华人民共和国工会法》，工会代表职工与企业共同签订集体合同。为了进一步做好这项工作，全国总工会于1995年曾发出《关于在建立集体协商和集体合同制度中做好工会工作的意见》（1995年2月8日）。文件指出，建立集体协商和集体合同制度，目的是建立协调稳定的企业劳动关系，维护劳动关系双方的合法权益，规范双方的行为，增强双方的合作，共谋企业发展。为此，必须遵循以下各项原则：合法的原则；平等合作和协商一致的原则；权利义务相结合的原则；兼顾各方利益的原则。所有企业的工会都要把“两个维护”统一起来，从企业实际出发，把企业发展与改善职工劳动和生活条件结合起来，公有制企业中要在兼顾国家、企业、职工三者利益的基础上，非公有制企业中要在劳资两利的基础上，建立协调稳定的劳动关系；维护正常的生

产、工作秩序的原则，等等。①

根据劳动和社会保障部关于制定集体合同的有关规定，②新光集团工会与公司共同研究，制定了本集团关于集体合同的文本。以最新的文本为例，新光集团集体合同的主要内容有下面的一些方面：

本合同是企业和企业全体职工必须共同遵守的准则。

企业保障国家法律、法规规定的职工各项劳动权益，提供符合国家要求的安全和卫生的工作条件等各项劳动标准，保证同工同酬。在企业经济效率提高的基础上，改善职工的劳动条件，提高职工的工资福利待遇。

企业尊重工会代表职工所反映的各项意见，在研究涉及职工切身利益的问题时，事先听取工会的意见，取得工会的支持和配合。

工会支持并配合企业依法行使生产经营管理权，动员和组织职工积极劳动，促进企业的发展和进步。

企业与所有职工均通过劳动合同的形式建立劳动关系。劳动合同中约定的劳动条件和劳动标准低于本合同的，按照本合同的条件和标准执行。

企业的工资、奖金等分配制度和方案，应当充分体现按劳分配、效率优先、兼顾公平的原则。

企业实行最低工资制度。企业支付职工（包括试用期的职工）的工资不低于义乌市人民政府规定的同期最低工资标准，最低工资标准不包括职工在特殊工作环境和劳动条件下的津贴、加班加点工资、保险福利待遇；企业以货币形式按月支付职工工资，不得无故拖欠。

企业按照《中华人民共和国劳动法》规定及公司相关的规章制度执行工作时间、休息休假、加班加点相关制度。职工工作加班加点的，企业应支付加班加点工资。

企业执行国家有关安全生产和劳动保护的规定，提供符合国家规定条件的劳动环境，并不断加以改善。加强对女职工和未成年人的特殊保护。特殊工种的职工应该持证上岗。新上岗的职工上岗前应进行安全生产教育。

企业按不同工种、岗位的实际需要，配发和发放相应的劳动保护用品。企业采取适当措施，做好防暑降温和防寒保暖工作。

---

①《工会维权法律手册》，中国劳动社会保障出版社，2005年版，第125~126页。

② 劳动和社会保障部令第22号（2004年1月20日），参见《工会维权法律手册》，中国劳动社会保障出版社，2005年版，第110~121页。

企业按市政府的有关规定为职工办理有关社会保险。

企业每月提取一定的福利费用于职工的集体福利，根据需要和可能逐步改善职工文化和福利设施。

企业应根据工作需要，对职工进行与所从事岗位有关的技术和业务知识的培训。

企业建立奖惩制度。对职工工作表现及工作业绩作出公正评价，分别予以表扬、奖励和行政处分或解除劳动合同。对职工的行政处分及解除劳动合同，应事先取得证据，在听取职工本人申辩并征求工会意见后再作出决定，等等。

在最近几年，随着民营企业在发展中的不断规范化，在处理劳资关系的问题上也积累了越来越多的经验，这就使集体合同文本也不断完善。这样，新光集团工会与企业双方共同拟定、共同签订的集体合同，能够比较准确地反映职工和企业双方的根本利益，因此，得到了比较好的遵守，也妥善地解决了可能出现的各种各样的矛盾。

（2）工会与企业在做好签订工资集体协议书工作中的积极作用。在目前各地的民营企业中，在职工工资问题上的劳动纠纷是屡见不鲜的，甚至一些企业因此而发生各种各样的恶性刑事案件。总结这些方面的经验教训，国家劳动和社会保障部出台了《工资集体协商试行办法》（2000 年 11 月 28 日），① 由工会代表职工与企业签订《工资集体协商协议书》。这在工资问题上，对双方都有约束也都有保证作用。这样，共同签订的“工资集体协商协议书”，就为在解决工资纠纷的问题上建立了法律基础，从而也会有效地促进劳动关系和谐企业的建设。新光集团工会与企业共同努力，为做好签订工资集体协商协议书并且保证共同遵守协议书上的条款，促进劳资关系的和谐发展，积累了许多有价值的经验。

根据国家劳动和社会保障部出台的《工资集体协商试行办法》、《最低工资规定》② 和《工资支付暂行规定》，③ 新光集团工会与公司人力资源部

①《工资集体协商试行办法》（2000 年 11 月 28 日 劳动和社会保障部令第 9 号），《工会维权法律手册》，中国劳动社会保障出版社，2005 年，第 166~170 页。

②《最低工资规定》（2004 年 1 月 20 日劳动和社会保障部令第 21 号），《工会维权法律手册》，中国劳动社会保障出版社，2005 年版，第 170~173 页。

③《工资支付暂行规定》（1994 年 12 月 6 日 劳部发［1994］第 489 号），《工会维权法律手册》，中国劳动社会保障出版社，2005 年版，第 175~178 页。

共同研究拟定并且签署了新光集团的《工资集体协商协议书》，其中主要有下面几个方面的内容：

本公司遵循“按劳分配”的原则，既照顾到劳动者在劳动数量、劳动时间、劳动质量、劳动成果上所应该获得的工资报酬，又考虑到全体股东以资本参与分配的积极性，经磨合后找到一个最优经济量化点。

坚持集团职工的工资增长水平与集团的经济发展速度及经济效益相适应的原则，同步增长，同步提高，既不能在集团效益不明显的情况下盲目追求集团职工的工资增长比例，又不能在集团经济效益取得良好业绩的情况下，忽视对职工工资增长的关心。

坚持公开——集体协商，坚持公平——兼顾上下左右的经济效益，坚持公正——承认经营者与劳动者收入有差距，但差距不宜拉得过大。

集团职工的基本工资包括标准工资、职务工资、岗位工资、计件工资、奖金、津贴和补贴等；集团为使集团职员基本生活得到保障，在正常上班和完成生产任务的情况下，对职工执行不低于义乌市政府规定的最低工资制度，但上不封顶，并根据企业经营情况确定各自奖金金额；公司设立工龄工资及月考勤奖，集团职工在集团工作满一年后由集团给予职工相应的工龄工资，月考勤奖为 90 元；非职工原因造成生产不能正常进行，持续一个月以上的，企业应向职工支付生活费 450 元，不满一个月的，企业每日向职工支付生活费 15 元。

职工工资以货币形式按月发放，发薪日为每月 30 日，如遇节假日可以提前或顺延。企业确因生产经营困难，资金周转受到影响，在征得集团或集团职工的同意后，可以短期延迟支付职工工资，但最长不得超过 7 天。

职工工资不得随便克扣和无故拖欠发放等。

上述集团工会与集团签订的《集体合同》和《工资集体协商协议书》，遵照义乌市政府部门制定劳动用工合同的范本执行，内容规范合法，得到了职工的广泛认同，所以，集团与员工均依法签订劳动合同，签订率达 100%。而且劳动合同的签订、续订、解除、终止等各个环节，均按规范程序办理，无违约现象。集团通过职代会，建立健全平等协商集体合同，内容合法，程序规范、续签及时，履约率达 100%，员工满意率达 98%以上。公司自创立始至今，坚持让员工共享企业发展成果，在发展生产，提高经济效益的前提下，不断提高职工工资增长水平。2006 年，员工工资比去年同期增长 10.85%。集团工会积极依法完善职工维权机制，建立健全劳动争议调解委员会和设立员工民主信箱，成立“员工服务中心”，开通员工投诉热线电话，全方位为员工提供维权服务。据统计，2006年“员工服务中心”共收到职工反映情况348条，接收热线电话289个，“员工服务中心”还将员工反映的现实问题经汇总梳理后转交职能部门办理，办结率为93%和89%。集团董事会严格履行集体合同，较好地落实了职工合法权益，所以，历年来集团从未发生劳动争议或劳动监察部门立案查处的案件。

3. 推进企业民主管理，积极化解企业内部矛盾

任何一个企业，特别是正在发展中的民营企业，由于各种各样利益机制不完善，企业内部矛盾是很难避免的。问题是如何正确认识和妥善处理这些矛盾。在一些民营企业中，由于没有能够正确处理这些矛盾，而无法构建和谐的劳动关系，结果阻碍了企业的健康发展。新光集团工会在党委的领导和公司董事会的支持下，在这方面做了大量的细致工作，积累了许多有价值的经验。他们的主要做法和经验，就是加强职工的民主监督，推进企业民主管理，积极化解企业内部矛盾，促进和谐劳动关系的发展。

新光集团工会充分发挥职代会民主监督的职能，对集团行政工作进行审查。在每一届职工代表大会上，集团行政部门都要向会议作行政工作报告。报告中对企业的生产发展、企业管理改革情况、企业文化建设和职工福利改善情况，还有企业进一步的发展规划等，作出详细汇报，请会议代表审议。比如，集团总经理代表公司行政，2006年1月在集团三届职工（会员）代表大会上作了行政工作报告，题为《坚持科学发展、增强创新能力、促进企业和谐努力、开创2006年三个文明建设的新局面》；2006年12月，总经理代表集团行政，在新光集团第三届二次职工（会员）代表大会上作了行政工作报告，题为《坚持科学发展、着力自主创新、构建和谐新光、扎实推进集团各项事业又快又好发展》等。职代会的代表们认真审查了这些行政报告，并且提出了一些合理化建议。

新光集团工会从民主政治建设入手，坚持和完善职工代表大会制度，推进民主管理，积极建立和完善上情下达、下情上递的信息管理机制。他们以职代会为载体，拓宽民主参与渠道，及时反映职工心声，调动职工积极性和创造性，为领导了解民情、职工参与企业管理、集中职工集体智慧搭建坚实平台。2008年以来，集团工会根据新《劳动法》、《劳动合同法》颁布实施后出现的新问题，深入基层了解民意、听取意见，推动企业贯彻落

实法律法规精神，完善了职工保障体系，规范了工资制度。

集团工会很重视发动职工对干部进行民主评议的制度。2008 年，在职代会民主评议干部的基础上，集团工会扩大了职工参与民主评议的范围，共向职工发放民主评议表 263 份，收回 263 份，收回率达 100%，有 58 名副经理级以上干部列入了民主评议。在评议的过程中，集团工会严格坚持实事求是、客观公正的原则，对被评议的干部进行德、能、勤、绩等方面的综合评价，并组织专门人员对考评结果进行统计、整理后，将结果反馈给集团总裁室，从而提高干部任免透明度，为公司干部任用和年终奖惩提供了依据。与此同时，集团工会大力支持行政人事部门完善《干部任职制度》实施的操作规程，力求体现公平、公正、公开原则，先后组织了 5 个单位的班组长、经理层别的 57 人次竞聘选择和 42 人次的公开考察，从而在职工中树立起了“能者上，庸者下”的理念，为干部队伍建设起到了积极的促进作用。

集团工会在发动职工对企业进行民主监督的工作中，也积累了不少好的经验。在 2008 年一年中，积极落实和健全厂务公开制度，并按照管理规范化的要求和厂务公开制度的有关规定，建立健全厂务公开制度，确定公开的内容和形式，实行定期、定向公开。他们把职工反映强烈的热点、焦点、容易引发矛盾和滋生腐败的关键问题、经营管理和改革发展的难点予以公开，并接受职工群众的监督。

4. 把积极参与职业安全卫生监管看做构建企业和谐劳动关系的一个关键

从全国的情况看，职业安全卫生监管工作，已经成为构建企业和谐劳动关系的一个关键。最近几年来，在不少的民营企业中，生产安全事故不断发生，极大地危害了职工的生命安全，也给民营企业声誉造成了很坏的影响。大量事实证明，企业生产中安全事故的发生严重妨碍和谐劳动关系企业建设。所以，能不能切实搞好企业的生产安全，已经成为推进和谐劳动关系建设中必不可少的重要因素。新光集团工会依法履行职责，主动参与企业职业安全卫生监管工作，切实维护好职工在生产工作中的安全健康权益，既促进了企业快速、和谐、可持续发展，也有效地推动了构建劳动关系和谐企业建设。在这方面，新光集团工会作出了重要贡献，积累了丰富的经验。

新光集团工会参与职业安全卫生监管的主要做法和经验是：

首先，依据以人为本建章立制、完善机制，构筑职业安全卫生“防火墙”。

根据《劳动法》、《安全生产法》、《工会法》、《职业病防治法》等有关法律法规，新光集团工会结合企业自身行业特点，积极参与到企业职工安全卫生管理的建章立制工作中去，坚持体现“以人为本”、“安全第一、预防为主”的指导思想，形成了具有企业自身特点的制度体系，使执行和检查有法可依，参与和监管有章可循。他们深刻认识到，职业安全卫生管理制度是指导企业正确开展“专项管理”的重要依据，而制度的科学、规范、可操作性，是“专项管理”取得成效的前提。目前，公司制定职业安全卫生管理制度20余个，在具体执行中，起到了规范管理、明确职责、便于操作、消除隐患，且有利于考核的良好效果。随着制度的贯彻执行，公司全员的安全卫生意识明显增强。这就是说，从建章立制上，他们在制度上构筑起了企业职业安全卫生的“防火墙”。

其次，新光集团工会参与并组织落实，公司职业安全卫生管理制度体系得以很快形成和不断完善。

根据上级工会的要求和企业工会自身“主动参与”的需要，集团成立了“企业职业安全卫生联合委员会”和“三级职业安全卫生管理网络”，为工会“主动参与”提供了组织保证和工作平台，也为企业和员工之间架起了沟通和平等协商的桥梁，有效地调动了员工参与职工安全卫生工作的积极性，夯实了安全基础管理，对事故的发现与整改，有很大的推动作用和积极意义。

集团工会充分利用“联合安委会”、“三级管理网络”和“职工代表大会”这个平台，把员工的意见和建议所形成的议案提交职代会审议，使之更具有严肃性和规范性，并通过《职业安全卫生集体合同》，将企业、员工双方在解决本单位的职业安全卫生问题中的权利与义务契约化，为协商解决企业职工安全卫生问题提供了法律保障。同时，在履行《职业安全卫生集体合同》的基础上，为职工办理社会工伤保险；对有毒有害岗位员工定期进行职业健康体检，建立健康档案，并进行跟踪保护等。这样做，就使职工的职业安全卫生权益真正体现到了实处，有了法律上的保障。

再次，集团工会立足参与、依法监管、讲求实效，推动和提高企业职业安全卫生的“执行力”。

集团职业安全卫生管理制度的制定和完善，为工会“主动参与”专项监管提供了目标和方法；《职业安全卫生集体合同》的签订，使工会对公司职业安全卫生保护工作的监督有了可操作性的法律依据。《集体合同》的履行和“专项制度”的执行，重在跟踪落实，检查监督。在日常专项管理参与中，集团工会本着“有效有为”的原则，重点放在“执行力”的检查、监督、落实上。集团工会利用“联合安委会”和“三级管理网络”这一组织机构和工作平台，参与公司的重大“专项会议”；参与公司的“专项”工作大检查；参与企业职业安全卫生隐患的整改落实；参与企业新工上岗三级安全培训机制的建立；参与各项“专项管理”制度的《执行力》考核等。集团工会还坚持“监管、检查、整改”并举，做到“主动参与、职责清晰、大胆监督”。

在“主动参与”的有效有为方面，集团工会主要抓了“一卡一书”的落实执行。以应用安全检查提示卡的主要形式，组织职工提出安全卫生合理化建议，查找身边的事故隐患，并督促整改隐患。同时，针对安全提示卡，开展岗位与岗位之间、职工与职工之间，不同工种之间的互相监督检查，有效地解决了查什么和怎么查的问题。通过安全提示卡的运用，职工自我检查能力、自我纠错能力、安全行为规范都有了很大的提高和加强，起到了随时制止违章作业、抑制事故发生、进行自我安全教育和增强员工安全意识的作用，从而营造出了企业职工安全卫生工作民主监督、民主管理的良好氛围。“安全提示卡”这种从源头抓起的做法，使“专项管理”的“执行力”有了可靠的群众基础。与此同时，结合“一卡”的运用，集团工会应用《职业安全卫生隐患整改意见书》的形式，对在检查过程中发现的基层一线解决不了或久拖不改的隐患，进行跟踪、监督、落实、整改，并及时将有关情况向员工进行通报反馈，让员工做到心中有底。“一书”的运用，督促企业极大地提高了生产安全隐患整改率，有力地保证了生产的安全、正常运行。2005 年，公司事故隐患整改率达到 100%，无一例重大安全事故发生。因此，新光集团被评为“义乌市安全生产示范单位”。

最后，突出维护、营造和谐、促进发展，准确把握工会主动参与的“着力点”。

营造企业和谐、促进企业发展是工会“主动参与”的根本目的。企业劳资双方的和谐，需要工会进行协调维护。集团工会始终坚持“大维护”这一中心，既依法维护好职工的生命安全和身心健康，将工会“主动参与”专项工作纳入工会维权的总体目标要求，维护好职工的政治权益和经济权益；同时又激发和调动员工的工作积极性，树立起员工爱岗敬业的主人翁责任感。职工权益的维护，使职工充分享有劳动成果的权利，极大地调动起了职工的积极性，这对维护好企业经济发展的大局利益，营造和谐的企业氛围，增强企业的凝聚力和向心力，促进企业持续健康发展，具有积极作用。

集团工会以“主动参与”专项监管为契机，着力引导职工增强服务企业的责任感。一方面，集团工会通过“三级管理网络”，推行民主管理，引导职工积极参与；开展“树典型、学先进”、“双爱双评”等活动，既使职工学有方向、干有目标，从而树立了职工队伍奋发向上的良好形象，也使职工立足本职，想企业所想，为企业所需，主动为企业排忧解难，增强了职工的主人翁意识。另一方面，集团工会积极推动企业职业安全卫生专项管理的投入和改进，使企业树立职工是“兴业之本”、“兴业之源”的发展理念，明确企业职业安全卫生专项管理的重要性和必要性。这样，集团工会通过“突出维护、营造和谐、促进发展”，准确地把握工会参与“着力点”的工作实践，调动了员工的积极性，实现了职工利益保障和企业健康发展的良性互动和劳资双方的利益双赢。

几年来，新光集团工会在主动参与企业职业安全卫生监管的工作中，进行了有益的探索和工作实践，取得了明显成效，有效地维护了职工人身安全，从而促进公司经济建设的持续、快速、健康发展，对构建和谐劳动关系企业作出了重要贡献。同时，他们也深刻认识到，工会主动参与企业职业安全卫生监管是一项新的工作，涉及面广、情况复杂，需要在实际工作中进一步深化认识、完善管理、突出重点，创新安全监督管理机制，充分调动各方面的积极性，进一步提高职业安全卫生监管工作水平，确保一方平安，促进经济发展，为落实科学发展观、构建和谐企业进而建设和谐社会作出新的贡献。

5. 积极抓好员工职业培训，不断提高职工技术文化素质

现代企业发展的实践表明，积极抓好员工的职业培训，不断提高职工的科学技术、道德文化素质，是构建企业和谐劳动关系的一个基础。因为不论是国有企业还是民营企业，职工队伍的科学技术素质，特别是道德文化素质对企业的劳动关系是否能够和谐、稳定地发展，都是一个有决定性意义的因素。一般来说，职工队伍具有比较高的素质，是有利于企业稳定和谐发展的，否则，将有害于构建企业的和谐劳动关系。新光集团工会成立以来，一直积极配合企业认真抓好员工的职业培训，为培养高素质的职

工队伍，从而为使集团成为和谐劳动关系企业，作出了很大的贡献，同时也积累了许多有价值的经验。

新光集团工会一贯立足于建设一支“有理想、有道德、有文化、有纪律”的职工队伍，坚持围绕提升职工综合素质这一目标，积极协同配合、支持党政部门和公司职工教育培训机构，开展多层面、多形式的培训教育活动，从而使职工的思想政治、职业道德、业务技能有了不同程度的提高。

为了积极促进加强对职工技术培训的组织落实和监督指导，集团工会协同公司职能部门制订培训计划，明确目标任务，以制度形式确保培训的规范性；为了保证培训的学以致用，他们结合实际编制培训内容，加强对培训的考核，以确保培训的针对性和效果；集团工会为营造良好的培训氛围，激发职工参与培训的热情，努力帮助职工树立终身学习的思想；在制订培训规划上，他们注意点面结合，突出重点，通过对基层一线操作工人、技术人员的重点强化培训，推进面上的全员素质培养，以确保职工整体水平的提高。

2008 年，集团针对中高层干部业务知识水平有待进一步提升的问题，开办了第二届 EMBA 核心课程研修班，共有 50 名中高层干部参加了学习培训。在中层干部层面，侧重开展了旨在提升执行力的《干部行为规范》和半封闭式军训；在班组长层面，开展了“如何加强班组建设”、“交通安全”、“防火安全”活动及军事化训练；在专业化方面，对专兼职人事培训专员开展了“人力资源开发与管理”的系列培训（共 6 门课程）；对外来劳动者，开展了职业技能专项培训，共培训 652 人，598 人参加了考试考核，543 人合格，合格率为 91%，达到了市政府 90%合格率的要求；对新工入职，开展了“员工行为规范”和企业概况、简史、企业文化、安全生产、6S、环境保护、ISO 等内容的培训，等等。一年来，共举办各类培训 1357 期，培训员工 34925 人次，其中高层管理人员 103 人次，副科级以上中层干部 477 人次，班组长以上骨干 1077 人次，普通员工培训 33268 人次。集团工会通过与企业有关部门的共同努力，使集团达到了员工的素质、技能培训经常化，基本上形成了覆盖全员的二级培训格局。

2009 年开始，新光集团与中国美术学院达成一致协议，开展校企联合办学，并设立设计中心。公司保障职工教育培训经费，使培训网络健全，层次分明，软、硬件教育设施配套完善。公司每年投入教育培训的费用高达 700 多万元。2005 年投资 100 多万元，率先在同行业中开办 EMBA 班。

可见，新光集团作为一个民营企业，在员工素质培训和人才培养方面表现出了很大的气魄。

在调查研究过程中，通过与职工、干部的交谈，我们发现，许多人来自农村，原来基本上没有从业需要的技术和文化。但是，经过参加培训，他们在各个方面都有了明显的提高，有的成为业务骨干，有的则提升到管理岗位上，为公司的发展作出了积极的贡献；同时，他们也因此而由衷地感谢新光对他们的培养，并且以作为一个“新光人”而自豪。这就是说，通过一系列职工培训活动，增强了职工的学习意识、归属感和对企业的忠诚度，激发了职工学技术、钻业务、爱岗敬业、岗位成才的积极性和自觉性。这不仅有力地促进了企业生产的稳步发展，而且有效地推动了企业和谐劳动关系的建设。

6. 建设有新光特色的企业文化，不断增强员工的凝聚力

国内外的企业发展一再说明，以正确的核心价值观为主导，建设有自己特色的优秀企业文化，对于增强员工的凝聚力，构建企业和谐劳动关系，是一个关键的环节。在这方面，新光集团工会也作出了重要贡献，他们在党委领导下，配合集团领导，以社会主义的核心价值观为主导，努力建设具有新光特色的优秀企业文化，从中积累了许多经验很值得学习。

新光集团党委和工会认识到，企业文化是企业核心竞争力的集中体现，因此，他们积极倡导并推行以人为本的企业文化理念，牢牢把握和突出企业文化教育人、鼓舞人、塑造人的鲜明特征。他们以观照企业发展沿革为基础，形成了有自己特色的企业文化体系。一是找准合适的定位，并随企业发展调整新光长远发展愿景。二是树立正确的价值观。他们认为，价值观是企业文化建设的灵魂，决定企业文化的基本形态。经过实践和总结，他们确立了新光集团文化的价值观：“诚信、负责、创新、共赢”，并努力把这样的价值观渗透到生产、经营、管理各个方面中去。三是提炼总结出自己的企业精神。新光集团经过长期实践，培育、提炼，形成了“团结协作、诚信守法、敬业进取、开拓创新”的新光集团精神。这些理念和精神，正在成为新光集团构建企业和谐劳动关系的思想道德基础。

新光集团建立之后，集团领导在党委、工会的积极配合下，认真学习党中央的有关指示精神，并联系自己集团的实际情况，认为要构建企业和谐劳动关系，增强员工的凝聚力，引导企业继续开拓前进，就必须形成一种具有“新光”特点的企业文化。他们深入分析企业员工的思想实际，全

面总结集团发展历史中的经验教训，明确地认识到，必须以社会主义的价值观为核心，以丰富多彩的文化活动为载体，以全面提高职工素质为根本，以构建和谐劳动关系企业为目标，建设起一种有新光特色的优秀企业文化。在集团党委领导下，工会积极配合集团行政，经过长期的实践，逐渐形成了这样的企业愿景："让生活更美丽！"他们把企业的使命确定为：引领时尚，创造价值；把新光集团的企业价值观确定为：诚信负责，创新共赢；新光精神的核心理念为：同舟共济，惜福惜缘；他们努力培养企业员工的"成就感"、"归属感"、"家园感"，努力营造"事业留人、感情留人"的亲情化企业氛围；他们以实现价值观为导向，坚持以人为本这个核心，构建新光的家园文化，通过锻炼和实践，为每个员工构建成长的载体，提供个人实现自我价值的平台，促进人尽其才，才尽其用等，并且努力使这些理念成为广大职工的思想道德规范。我们在调查研究的过程中深深体会到，新光集团这些优秀的企业文化，作为一种价值观已经内化为员工的内心理念，也形成了在社会上有良好影响的"新光人"的精神素质。

为了逐步形成和不断巩固新光集团这些优秀的企业文化精神，集团工会配合公司领导开展了一系列的文化活动。自 1998 年以来，公司推行了周前集会宣导制度的活动；创办了《新光报》、《新光》杂志；创作了《新光之歌》等，从而使企业职工在长期的生产、经营过程中所形成理想、道德、价值观逐渐积淀，这就无形地成为影响和规范广大职工的行为规范，从而进一步增强了广大员工的凝聚力和向心力。同时，紧紧围绕技能培训和素质培训两条主线，在全公司范围内扎实组织"创建学习型组织，争做知识型职工"的活动，开展健康而丰富的文化体育活动。为此，集团建立并且不断完善了自己的图书阅览室、电视室、棋牌室、篮球场、排球场、羽毛球场、网球场、乒乓球室等文体活动场所；同时还建有黑板报、宣传橱窗、广播站、企业网站及企业报刊等企业文化宣传阵地。以 2006 年为例，这一年中，集团下属各厂、车间共举办各种节假日员工文艺联欢晚会 80 多场次，各类文化比赛 90 多场次，组织参加上级举办的文体活动 16 场次，计 2860 余人次，举办集团大型文化体育活动 5 场次。2007 年 5 月 20 日，公司工会在青口小学举办了新光集团首届职工运动会，参加本次职工运动会共有职工 4500 多人，运动员 1700 多人，设置竞赛集体项目 9 项，个人项目 6 项，充分达到了凝聚职工、团结力量、振奋精神、推动工作之目的。

2008年，集团工会配合行政，组织了大型“春节联欢晚会”以及“春节十天乐”、“‘三八’女职工面对面接力赛”、第二届员工环司赛跑活动，以及庆奥运会系列活动（如职工篮球赛、排舞活动、奥运期间电视直播、员工娱乐活动、奥运氛围营造等）、电影录像专场（放映电影17场、35部影片，观看电影员工人数达8600余人次）、第二届职工运动会等大型文体活动。同时，集团工会向各工会小组下拨了活动经费，各小组经常性地组织开展形式多样、职工喜闻乐见的文体活动。据不完全统计，2008年，各厂、车间共举办各种节假日员工文艺联欢晚会70多场次，各类文体比赛90多场次。

与此同时，集团工会还积极配合集团党政努力办好企业内部“一报一刊”，组织抓好黑板报、宣传橱窗，围绕企业生产经营和企业文化建设，开展舆论宣传和引导，用先进文化占领职工思想阵地；他们继续深入持久地推进模范职工之家建设；以员工服务中心为平台，有针对性地做好职工的思想政治工作；他们组织职工开展《没有任何借口》、《忠诚胜于能力》等读书活动。2008年，他们共出版《新光报》48期，《新光》杂志4期，黑板报36期，布置图片展6次。集团内网每周进行内容更新，集团广播站每天早晚两次定时播放。强有力的舆论宣传，为企业发展推波助澜，在促进企业经济建设中发挥了积极的作用。卓有成效的企业文化建设活动，有力地提升了企业文化内涵，使公司“同舟共济、惜福惜缘”的核心价值理念得到了进一步的深植。

与此同时，为了全面落实省委下发的《浙江省惩治和预防腐败体系实施意见》文件精神，推动党风廉政建设，塑造企业廉洁文化，进一步增强凝聚力，2006年9月中旬，集团工会开展廉洁文化进企业宣传教育活动，从而树立干部及职工廉洁从业理念，塑造了良好的团队意识和集体主义精神，起到了很好的凝聚人心作用。因此，集团被确定为“金华市廉洁文化建设示范点”。集团在继2005年获得“义乌市创建学习型企业先进单位”的基础上，2006年又荣获“浙江省中小企业创建学习型组织100佳”和“义乌市创建学习型企业示范单位”称号。2009年初，集团被全国工商联授予“全国企业文化建设先进单位”称号。

这里需要特别谈到的是，我们调研组的同志亲自参加了2009年新光集团工会和行政精心组织的大型“春节联欢晚会”，节目精彩，气氛热烈，充分反映出了新光集团领导与员工之间的真诚合作关系，生动体现了“同舟共济、惜福惜缘”的新光精神。总之，通过这些文化活动，进一步宣扬了体现社会主义价值观的、有新光特色的优秀企业文化，促进了职工之间的相互沟通和交流，增强了职工的团队意识和集体主义精神，为构建企业和谐劳动关系作出了可贵的贡献。

第五章 在社会责任的激励下和谐发展
——新光集团经营管理模式的企业外部展现

新光集团“竞和”的经营管理模式体现在企业的外部环境上，就是企业对社会的责任问题。

“除了赚钱，还有责任让这个世界变得更美好！”新光集团董事长周晓光用浅显素朴的语言，向人们阐述着她对“社会责任”问题的理解。作为全国人大代表的她，一直对“企业社会责任”的理念备感兴趣。2008 年，她在北京参加的“民企与社会责任”论坛上强调指出，作为社会的“经济细胞”，企业的发展大致要经历单纯挣钱（“经济人”时期）到追求和谐（“企业公民”时期）等阶段。“企业公民”是企业社会责任的“人格化身”，是企业在发展壮大的同时积极回报社会、努力造福社会大众并实现企业与社会和谐发展的一种角色定位。还是在此次论坛上，周晓光在接受媒体采访时如此谦虚地认为，“距离严格意义上的‘企业公民’，新光还有很长的路要走。”但令人感动的是，新光集团自一开始就在尽心尽力地履行着义薄云天的社会责任，这种努力做好“企业公民”的举动蕴涵着令人深思的社会意义。

一、企业社会责任：内涵、由来和现状

最大限度地追求经济利益曾经是所有企业的唯一目标。传统经济理论认为，企业唯一的任务就是在法律允许的范围内，在经营中追求自身利润的最大化，企业如果做到了这一点，就意味着实现了其主要的责任。美国著名经济学家、诺贝尔经济学奖获得者米尔顿·弗里德曼是较早提出并阐述企业社会责任理论的学者，他在《资本主义与自由》中，将企业的社会

责任表述为："在这种经济中，企业仅具有一种而且只有一种社会责任——在法律和规章制度许可的范围之内，利用它的资源从事旨在增加它的利润的活动。"① 近十几年来，随着经济全球化的迅速发展和企业经营活动所造成的社会影响的不断扩大，一种名为"企业社会责任"（CSR）的运动开始在欧美发达国家兴起。伴随着这一运动的逐步深入，企业经营活动的目标发生了重大变化，企业被要求在合法获取利润的同时，还要承担相应的社会责任。

那么，什么是社会责任呢？就学界的研究而言，可能还没有哪个概念会像企业社会责任这样有着种种不同的定义。如世界银行是这样定义的：企业社会责任是企业与关键利益相关者的关系、价值观、遵纪守法以及尊重人、社区和环境有关的政策和实践的集合，是企业为改善利益相关者的生活质量而贡献于可持续发展的一种承诺。国际标准化组织（ISO）在其所制定的 ISO26000 社会责任国际标准中，对"社会责任"下了这样的定义：社会责任是指组织通过透明和道德的行为为其活动和决策给社会和环境造成的影响所承担的责任。这种担责行为应致力于可持续发展、健康和社会福利，考虑利益相关方的期望，符合适用法律和国际行为规范，并被整合到整个组织及其关联实践关系之中。而《中国企业管理年鉴》则认为：企业社会责任可以表述为，企业为所处社会的全面和长远利益而必须关心、履行的责任和义务，表现为企业对社会的适应和发展的参与。企业社会责任的内容极为丰富，既有强制的法律责任，也有自觉的道义责任。尽管不同的研究机构或人员关于社会责任的定义可谓见仁见智，但一般而言，企业社会责任反映的是某一特定时期的社会大众对企业所寄托的经济、法律和伦理道德方面的期望，或者如我国学者周祖城所认为的，"企业社会责任是指企业应该承担的，以利益相关者为对象，包含经济责任、法律责任和道德责任在内的一种综合责任"。②

由于"企业社会责任"中的"社会"是一个广义的社会概念，因而企业社会责任的内涵无疑是丰富的。我们可以从不同的角度对企业社会责任的构成进行分类。就责任对象的范围而言，企业社会责任可分为企业内部责任和企业外部责任。内部责任是指对企业内部员工身心健康和工作环境

① 米尔顿·弗里德曼著：《资本主义与自由》，商务印书馆，1986 年版，第 128 页。
② 周祖城著：《企业伦理学》，清华大学出版社，2005 年版，第 41 页。

的关注，对他们福利的维护等；外部责任则包括对社区、消费者、环境等所应当承担的经济责任、法律责任和道德责任等。就责任作用的层次而言，企业社会责任可分为低层次的社会责任和高层次的社会责任。所谓低层次的社会责任，是指企业因其自身的功能和社会所设定的限制而必须承担的最基本的责任，包括面向社会要提供合格产品、改进产品质量的责任，不使用童工、保护环境的责任等；所谓高层次的责任，是指企业不受社会的强制性因素制约而自愿承担的责任，包括扶贫济困之类的慈善性责任等。从责任的内容和性质来看，一般可分为企业的经济责任、法律责任和道德责任。经济责任是指企业应有的经济功能，如为国民经济的快速稳定发展发挥自己应有的作用，为丰富和改善人们的物质生活作出应有的贡献以及扩大销售、降低成本、正确决策、保证利益相关者的合法权益等。法律责任，是指企业要遵纪守法，包括遵守环境保护法、消费者权益法和劳动保护法等以及完成所有的合同义务，带头合法诚信经营。伦理道德责任，是对企业的一种更高的期望，是指企业在实现利润以及承担经济责任、法律责任的同时，还要争做“道德人”，承担对社会以及企业内部的慈善捐助等的责任。一般而言，企业的经济责任和法律责任是任何一个企业都必须履行的，因而这两种责任属于企业的较低层次的社会责任，而道德责任的履行则是企业的自愿行为，因而它属于企业的较高层次的社会责任。

如果追根溯源的话，可以发现，企业社会责任的理念事实上与企业存在发展的历史一样久远。如在中国，早在春秋时期，诸子百家所开展的“义利之辩”，实际上已涉及了商人在个人私利和社会公益之间的取舍问题。1790 年，英国消费者抵制东印度公司使用奴隶劳动生产的糖的事件，被认为是企业社会责任的第一次行动。然而，严格意义上的企业社会责任理念的提出，却是 20 世纪 20~30 年代的事情。1924 年，英国学者欧利文·谢尔顿（Oliver Sheldon）在美国考察企业时，首先提出企业社会责任（Corporation Social Responsibility，CSR）的概念。他把企业社会责任与公司经营者满足企业内外各种需要的责任联系起来，并将道德因素包含在企业社会责任范畴之内。遗憾的是，谢尔顿虽然第一次提出企业社会责任的概念，但当时并没有引起人们更多的关注，直到 1953 年，随着 R.鲍恩《企业家的社会责任》一书的出版，企业社会责任才正式为人所知。企业社会责任理念的提出，深深地影响了企业的生产经营行为。1948 年，在美国的一个企业家联合大会上，惠普公司创始人之一的戴维·普卡德就曾指出，企业不仅要营利，还要承担一定的社会责任。可以说，惠普公司是现代企业中最早接受企业社会责任理念的企业。

尽管企业履行社会责任已逐渐演化成了一种声势浩大的国际化潮流，但自企业社会责任概念提出伊始，关于企业究竟该不该承担社会责任的争论似乎从来就没有中断过。美国一些著名学者甚至包括一些诺贝尔奖获得者就明确反对企业应该承担社会责任，米尔顿·弗里德曼可以说是反对企业承担社会责任的最著名的代表。1970 年 9 月 13 日，他在《纽约时报》上发表了题为《企业的社会责任就是增加利润》的文章，主张在自由社会里，企业负有一项且仅负一项社会责任，这就是在游戏规则许可的限度内，倾其所控制的资源，从事旨在增加利润的一切活动，或者说无欺诈地参与公开而自由的经济竞争。该文被企业社会责任的反对者奉为经典。另一位诺贝尔经济学奖获得者、当代新自由主义的代表人物弗·冯·哈耶克也认为，企业承担社会责任是有悖于自由的，因为企业参与社会活动的日渐广泛必然导致政府干预的不断强化，而政府的强势干预则是对企业自由的损害。

传统经济学理论在对企业功能的认定上，具有狭隘化和纯利润化的色彩，或者说传统经济学理论只看到了企业的“经济人”角色，只承认企业的一元化责任，认为“谋取利润就是企业的社会责任，这个责任是绝对的、不可放弃的”。[①]

但 20 世纪中后期以来，新兴的现代经济学理论则扩展了企业的角色定位，逐步实现了由“企业经济人”向“企业法律人”特别是“企业道德人”角色的过渡和嬗变。尽管有一些人反对企业要承担社会责任的做法，但更多的人和组织则对企业履行社会责任的做法持肯定和支持的态度。例如，彼得·德鲁克在 1973 年出版的《管理：任务、责任、实践》中提出：“企业的目的必须在企业本身之外……必须在社会之中，因为工商企业是社会的一种器官。”[②] 哈罗德·孔茨和海因茨·韦里克也认为，公司应当承担的“社会责任就是要认真考虑公司的一举一动对社会的影响”。[③] 诺贝尔经济学奖获得者赫伯特·西蒙和现代经济学大师萨缪尔森也是企业社会责任

① 金泽良雄著：《当代经济法》，辽宁人民出版社，1998 年版，第 105 页。
② 彼得·F.德鲁克著：《管理：任务、责任、实践》，中国社会科学出版社，1987 年版，第 81 页。
③ 哈罗德·孔茨、海因茨·韦里克：《管理学》，经济科学出版社，1993 年版，第 689 页。

的坚定支持者。此外，营销学之父菲利普·科特勒也对企业社会责任持支持态度，他把企业社会责任理论引入营销学，并在1971年和泽尔曼提出了社会营销的概念，从而为研究企业社会责任开拓了新的视野。可见，企业社会责任理论的提出及其实践，在很大程度上颠覆了传统意义上的企业“经济人”理论，在丰富了企业角色理论的同时，进一步为企业的可持续发展指明了方向。

事实上，20世纪80年代以来，在欧美发达国家兴起的“企业守则运动”，则是对企业社会责任理论的一种实践呼应。该运动要求公司特别是跨国公司等企业，必须以国际劳工标准为依据来制订和实施工资、劳动时间、安全卫生等劳工标准。企业守则运动的出现，表明企业与股东之外的其他社会成员的利益关系出现了一种新格局，即企业利益的实现只需要面临单纯的市场竞争这种局面被改变了，企业在实现自己利益的同时不得不认真考虑社会大众的利益，由此开创了实现企业利益要受到股东之外的其他社会成员利益制衡的新纪元。[①]

当消费者作为一种重要的制约力量而把“拒绝购买”作为他们对付不遵守法律和道德规范的企业的手段时，其结果自然会迫使企业为了市场份额而不得不认真听取消费者的声音，从而认真地承担起应有的社会责任。1976年，经济合作与发展组织制定了《跨国公司行为准则》，这是迄今为止唯一由政府签署并承诺执行的多边综合性跨国公司行为准则。这部准则虽然对任何国家或公司都没有约束力，但却要求更加有效地保护企业经营行为的利害相关人士和股东的权利，提高透明度，强化问责制。

当然，对企业守则运动的兴起真正起到推动作用的，是20世纪90年代初期在美国掀起的“反血汗工厂运动”。1991年，美国牛仔裤品牌商Levi-Strauss雇用年轻女工在类似监狱般的环境中工作一事被媒体曝光后，为了挽救形象，该制造商被迫率先制订了一份“生产守则”。而以此为开端，针对跨国公司中的劳工状况问题，西方国家的消费者组织、非政府组织、工会组织、学生组织、人权组织等发起了针对跨国公司的批评浪潮。这一社会性的声讨活动直接导致了在劳动密集型产业尤其是服装、运动鞋与玩具制造业中的品牌制造商与零售商，如Nike，Adidas，Reebok，Wal-

① 陈永正、贾星客、李极光著：《企业社会责任的本质、形成条件及表现形式》，《云南师范大学学报》2005年第3期。

Mark，Disney，the Gap，Pent-land，Kathy Lee 纷纷制订了本公司的“生产守则”。为了阻止跨国公司“内部”生产守则沦为跨国公司争取消费者信任的公关工具，全球性的消费者运动进一步迫使以跨国公司“自我约束”为特征的“内部”生产守则演变为以“社会监督”为特征的“外部”生产守则，这类生产守则主要包括英国的“道德贸易基本守则”，欧洲的“洁净衣服运动”发起的“成衣业公平贸易约章”，美国“国际社会责任”组织发起的“社会责任 8000 认证”（SA8000），美国“公平劳工协会”通过的“工作场所生产守则”。①

在企业守则运动的实践进程中，SA8000 标准的出台是需要特别提及的一个重要事件。SA8000 是由国际标准化组织经济优先认可委员会制订，并于 1997 年 10 月正式公布。这是根据世界人权宣言、联合国儿童权益公约以及国际劳工组织公约而制定的首个国际性的企业道德规范标准，也是继 ISO9000、ISO14000 之后出现的又一个重要的国际性企业行为标准。它涵盖了人群、劳工标准、环保三个主要领域，规定了企业对社会和利益相关者必须承担的责任，且就工作环境、员工健康与安全、员工培训、薪酬、工会权利等具体问题划定了最低要求。如在雇用童工方面，SA8000 规定，公司不能使用或者支持剥削性使用童工，同时公司有责任推进儿童教育，公司不得使用儿童劳动力从事对儿童健康有害、不安全和有危险的工作。从 SA8000 所规定的内容来看，它实际上反映了现代社会对企业伦理道德精神的一种更高要求，反映了人们对企业应以更人道的方式去追求利润的期望。这说明，现代企业对利润的追求过程必须摆脱原始积累时期的剥削方式，而改之以对社会更负责任的态度。在现代企业发展的进程中，从 ISO9000 质量管理体系到 ISO14000 环境管理体系，再到 SA8000 社会责任标准，可以发现，社会责任正在以一种“标准化”的形态逐步深入到企业的生产经营活动中。

为了提高企业在社会上的知名度特别是美誉度，应对企业必须遵纪守法和承担道德责任提出强烈的社会要求。近十几年来，许多知名的跨国公司纷纷推出了自己的“社会责任计划”，如索尼爱立信推出了“绿色伙伴计划”，福特公司推出了“亨利·福特环保奖”，迪斯尼作出了员工工时每

① 谭深、刘开明著：《跨国公司的社会责任与中国社会》，社会科学文献出版社，2003 年版，第 6~9 页。

周不能超过40小时的承诺，而惠普公司将其使命陈述为“为人类幸福和发展作出技术贡献”等。据经济合作与发展组织统计，截至2000年，全球共有246个生产守则，其中118个由跨国公司制定，92个由行业协会和贸易协会制定，32个由非政府组织制定，4个由国际组织制订。如今，全球各种类型的生产守则已经超过400多个。由商贸协会、多边组织或国际机构制定的生产守则主要在美国、英国、澳大利亚、加拿大、德国等地。

兴起于欧美等发达国家的企业守则运动，伴随着中国对外开放的范围的扩大和中国制造产品在世界范围的畅销，必然波及中国国内。我国学术界和企业界是从20世纪90年代开始关注和重视企业社会责任理念的。对企业社会责任，我国学术界和产业界基本上均持肯定和积极倡导的态度。

1999年1月，原联合国秘书长安南在瑞士达沃斯经济论坛年会上首次提出全球契约倡议，号召私营部门承诺遵守国际行为准则，承担维护劳工权益、保护环境等责任。2000年7月，安南邀请部分世界知名大公司代表在联合国总部集会，正式启动全球契约。而自从2001年中国加入“全球契约组织”后，诸如中石油、宝钢、海尔、中国企业家联合会等五十多家国内企业和组织已先后加盟。2004年5月开始，商务部大力倡导和普及企业社会责任理念，并发掘了大批企业实施社会责任的优秀案例。2005年12月，国内第一部综合性的《中国企业社会责任标准草案》通过并发表了《中国企业社会责任北京宣言》。这一草案是国务院国有资产监督管理委员会中国企业改革与发展研究分会在全社会范围内组织开展“2005年中国企业社会责任征评”及系列研究基础上制订出来的，意在全面增强中国企业界的社会责任意识，通过树立先进典型、宣传先进经验，发现和表彰一批在我国企业社会责任方面作出突出贡献的企业和先进个人，让自觉承担企业社会责任的文化理念在我国企业界得到广泛传播与蓬勃发展。

虽然企业社会责任的概念正逐渐被我国企业所接受，特别是一些大型国有企业、著名上市公司以及世界500强的在华投资企业，在这方面做出了表率。但还必须看到，我国企业的社会责任运动尚处在发展的初级阶段，具有一定的被动性、自发性和局域性等的特点。目前，由于企业社会责任的履行主要是由跨国公司在其生产供应链上推行，这样，企业社会责任做得比较好的是对外加工贸易企业和出口企业，涉及电子、纺织、服装、制鞋、玩具、工艺品等行业。而这些行业对企业法律责任和道德责任的履行在最初阶段往往是迫于形势的压力而被动推进的。由于经济人角色尚未完全转变，我国众多的企业往往无心或无力于企业社会责任的承担。我们知道，企业是推进可持续发展的重要力量，而企业对可持续发展的追求，是通过保护生态环境的实践行为达到的。但在2005年底，我国仅有7家企业或公司发布了可持续发展报告，到2006年也只有18家发布，截至2007年7月，我国已有包括伊利集团、中国石化在内的28家大型企业陆续发布各类可持续发展报告，而在全球则有2000多家企业发布可持续发展报告。在总体上，由于存在着观念上和认识上的误区——如认为追求利润最大化是企业至高无上的目的，认为强制推行SA8000是发达国家继反倾销、绿色壁垒之后针对发展中国家的新型贸易壁垒等的原因，所以，当前，在利字当头下，我国企业社会责任存在着严重旁落的现象。主要表现为：大量制售假冒伪劣甚至有毒产品；损害员工利益，忽视他们的人身安全；较少考虑社会就业问题，随意裁员，将包袱推向社会；缺少环境保护意识，走着一条粗放经营的、高代价的生产发展之路；对社会公益、慈善事业漠不关心，等等。据有关数据统计，国内工商注册登记的企业超过1000万家，但有过捐赠记录的企业不超过10万家。这些问题或现象的存在，说明我国企业在社会责任的履行方面与欧美发达国家尚有相当大的差距。

二、用爱点亮美丽“新光”：新光集团承担社会责任的具体做法

“新光”可赞可颂的地方固然很多，如其先进的经营理念、科学的经营方式、不俗的发展速度、不断进取的实干精神等，但其对社会责任的强力关注和不懈履行，则更是其引人注目的闪光点。我们通过不俗的发展实力，认识到了新光集团是一个具有远大发展前途的企业，但我们通过新光集团积极承担社会责任的感人事迹则进一步认识到了，这是一个具有着强烈的道德责任感和浓厚的人文色彩并代表着我国民营企业发展方向的企业。不同的企业有着不同的经营之道，但成功的企业往往有着相同或相似的方面。新光集团与国内那些有声有色的大型企业相比，其在社会责任的履行方面毫不逊色，并蕴涵着需要高度关注和阐发的社会意义。

（一）遵循商业道德，确保产品质量

产品质量是一个企业得以生存和发展的“命脉”所在，一个企业只有向社会提供了合格的、在质量上没有瑕疵的产品，方能表明这个企业是一个有良知的、具有社会责任感的企业。新光集团是一家集饰品研发、生产、销售、贸易为主的大型民营企业。新光集团自1995年创建以来，经过十多年的艰苦奋斗，现已发展成为中国知名企业、中国饰品行业龙头企业，是目前国内最大的流行饰品生产基地之一。企业先后被评为“全国诚信守法乡镇企业”、“浙江省管理示范企业”、“浙江省工商企业AAA级重合同守信用企业”、“义乌市环境保护先进单位”等光荣称号，2005年通过了浙江省清洁生产企业的检查审核。新光集团之所以能有今天的辉煌业绩，之所以能成为遵纪守法、道德良知的模范，首先在于该企业对产品质量的重视，对消费者的高度负责，对商业道德的认真遵循。

新光集团严格按照相关的质量管理标准体系组织生产。企业管理规范，设有相应组织机构，各部门能按照职责权限开展工作；人员必须经过必要的培训，以能够满足本岗位的任职要求；现场管理规范，生产设备齐全，生产现场环境整洁；产品生产过程的质量能得到有效控制；对原辅材料、过程产品和成品出厂的检验做出了规定并组织实施，为产品质量符合安全、环保达到相关标准奠定了坚实基础；出口产品质量稳定，在国际市场上具有良好的质量信誉。企业在生产过程中，推行“首件产品项目检测或形式试验、日常生产过程监管、出厂前重点检验或符合性验证”的关键流程监管机制，并不断加以完善和改进，认真落实生产单位对于产品质量的第一责任人制度；建立了出口产品质量经委托送样检验、日常抽样检查、审查现场抽样检验的机制，确保产品质量符合要求。

为进一步强化生产过程的质量和售后服务，确保合格率均达到100%，2008年以来，新光集团进一步强化了以下三个方面的工作：

1. 制度方面

在2008年，新光集团以质量管理体系的有效运行为核心，成立了修改和完善体系的专门小组。主要针对公司的管理手册、程序文件及操作标准书的相关环节，不断完善质量、环境、职业健康安全等管理体系。他们对《记录控制程序》、《不合格品处理程序》、《产品鉴别与追溯程序》、《内部审核程序》和《管理评审程序》等文件进行了修订和完善，从而为产品的标准化生产奠定了坚实的制度基础。

2. 实际操作方面

第一，在检验上，对锌合金、锡基合金、基材、水钻、银粒、铜粒、钢针、补料等各种材料进行严格的入厂检验。例如，2008 年，集团的形式实验——盐雾实验共做了 49 次，镍释放实验共做了 25 次，人工汗液实验 20 次，硫化氢实验共 27 次，合格率达 100% 。在确保内部自检的情况下，随机抽取原材料和成品分别送往浙江检验检疫技术中心、国家首饰质量监督检验中心和机械工业表面覆盖层产品质量监督检测中心等权威检测机构进行相应检测，合格率达 100%。

第二，在生产过程中，集团各单位加强合作、积极配合。针对生产工艺各环节、成品包装及产品运输等方面，严格按照文件规定操作。在工作中，本着上道工序为下道工序服务、下道工序是上道工序的检查者的原则，实行过程控制，有效建立纵向到底、横向到边的质量监督和运行机制，从而实现“产品零缺陷、员工零差错、客户零投诉”的“三零”目标。

3. 科研方面

为切实加强环保型饰品的技术攻关，新光集团成立了合金技术组、爪链技术组、铜银技术组、电镀技术组和设备配件技术组五个专业技术组进行技术攻关，构建了科技创新的组织平台，同时，加大科技投入，推进科技项目的集成创新，并与昆明理工大学联手创建环保材料研究开发中心，组织实施环保型金属饰品锌基低温韧性塑合金材料改进及工艺技术研究项目等，为切实加强环保型金属饰品的生产奠定了坚实的基础。

当然，新光集团在经济生产方面对社会责任的履行不仅体现在确保产品质量方面，而且还表现在解决就业问题、照章纳税、扶持行业发展等方面。“新光”自 1995 年创建以来，已吸纳安置了来自 23 个省（市）、14 个民族的职工，就业人数累计达 6 万余人次，为构建和谐劳动关系、缓解政府就业压力作出了积极贡献；在义乌，“新光”的纳税总额连年在民营企业中名列前茅，仅 2007 年一年，就向国家缴纳税款 1.2 亿多元；周晓光董事长在扩大企业生产规模、打造企业品牌、做大做强企业的同时，还积极为行业的发展出谋划策，奔走呼号，努力为同行企业提供研发、管理、营销渠道、市场信息、人才培训等诸多方面的帮扶服务。在她的引领帮扶下，义乌的饰品行业蓬勃崛起，成为义乌市的一大新兴支柱产业。如今，义乌有 4000 多家饰品生产企业，年产值达 200 亿元，占全国市场份额的

70%以上，解决了 15 万人的就业问题。新光集团正是用自己真诚的态度和无私奉献的精神打造着一个优秀“企业公民”的高大形象。

（二）承担环保责任，实施清洁生产

目前，人类已经进入了追求人与自然共存共荣、可持续发展的新时代。而对可持续发展的推进，企业是一种基本力量。1992 年 6 月，联合国在巴西的里约热内卢召开了“环境与发展大会”，在会议所通过的《21 世纪议程》中，提出了“环境责任包括负责任并合乎道德地管理好产品及其制造过程，一切从健康、安全、环保方面出发”的要求。

新光集团在生产过程中高度重视对环境的保护。集团遵循“经济要发展，环保要先行”的方针，做到管理与治理并举、生产与环保统一，并积极探索“化害为利，变废为宝，达标排放”的清洁生产的新路子，取得了物质文明和生态文明双赢的良好效果。

饰品生产中可能对环境造成危害的主要因素是：电镀废水、固体废弃物、电镀废气和粉尘等。新光集团主要的防范和治理做法如下：

1. 对电镀废水的治理

废水处理系统的建设自电镀投产之始同步进行。他们建立了专业的废水处理车间，占地面积为 1000 多平方米，拥有完善先进的废水处理自动操作与控制系统，设有先进的自动化控制室和完备的废水检测化验室，具备 350 吨/天的废水处理能力。电镀废水中主要污染物铜、镍等重金属以及氰、六甲铬等化学物质，分流后经废水处理系统用化学法处理并达标排放。

2. 对固体废物的处理

饰品生产的固体废弃物主要指电镀污泥、合金料、生活垃圾等。废水产生的污泥每天收集后，存放在安全的专用仓库，定期由具有专业资质的生态环保单位处理，并同处理单位签订委托处理合同，明确法律责任和权利义务关系。而在生产过程中产生的合金料等不良物品进行回收利用，回用率达 100%。铜丝等采取收集后由固定单位回收并利用的方式处理。至于生活垃圾，每天收集后，全部进入公司建立的垃圾处理站，由专人分类区分处理，回收利用或送至规定处理场所，回收利用率在 50%以上。

3. 对电镀废气和粉末的处理

电镀酸碱废气进行槽边收集并按规定排放。针对电镀挂具处理产生的氧化物废气，他们采取硫化钠中和法废气处理系统处理后予以排放；针对抛光中产生的粉尘，采用抽风过滤系统予以处理。这些做法，其直接的目的是创造良好的工作环境以保护员工们的身体健康。

新光集团通过对饰品生产全过程污染物的识别、处理和有效管制，已完全符合保护环境、美化环境和保护职工身体健康的总体要求。总结新光集团的环保经验，一个重要的做法就是：强化源头治理，走清洁生产的发展道路。从生产的角度讲，保护生态环境、建设生态文明，大致有两种做法：源头治理和末端治理。源头治理是在生产过程的开始或上游进行“三废”的防治——这是一种低成本的治理模式。这种做法具体表现为一种清洁生产的方式。2005 年，新光集团被列为浙江省清洁生产试点企业，在浙江省清洁生产中心的指导下，企业深化完善各项清洁生产方案，取得了年节水 5.2 万吨、节电 55 万千瓦、减少混杂物排放 2200 吨的良好绩效。当年年底就通过了浙江省专家组的审核验收，评分为 91.5 分。2006 年，新光集团被浙江省经贸委评为“浙江省清洁生产企业”和“浙江省绿色企业”。

（三）保护弱势群体，维护员工权益

在企业社会责任的构成中，维护员工权益属于基本的内部责任的范畴。一个企业只有在技能培训、安全生产、扶贫济困等方面切实维护员工的合法权益，激发和调动他们的生产热情和积极性，才能促进企业的和谐发展，才能更好地履行企业的外部社会责任。新光集团在维护员工权益、保护弱势群体方面，主要做了下面三项工作：

1. 注重员工的技能培训、关心女性职工的身心健康

企业的成功，必须有一个团结、创新、奉献的职工群体，提高职工队伍素质是企业得以持续发展的根本。新光集团一贯倡导“培训是职工最好的福利”的经营理念，不惜投入大量资金来提高职工队伍的素质。其具体做法是：其一，建立企业培训体系。以集团职业技术学院为平台，将培训延伸到各子公司，并在新光饰品公司各厂配备人事培训专员，构建较为完善的培训体系。2005 年，新光集团总投资 500 多万元进行员工培训，另投资 100 多万元在公司内部开办 EMBA 班，首开全国饰品行业在企业内部开办 EMBA 班之先河。目前，该班近 50 名学员已顺利毕业，在关键或领导岗位发挥着积极的作用，成为企业生产和管理的中坚力量。2007 年，累

计举办各种培训班959期，培训总人数达27517人次，其中技能培训498期，培训13373人次。其二，建立考核激励机制。公司建立健全职工技能考核晋升制度。全公司普通员工分为A、B、C、D四个技术等级，通过技能培训考核或技术比武、劳动竞赛等，实现员工技能等级的晋升。例如，2005年以来，合金厂、爪链厂等单位，在产能快速扩张的情况下，强化教育培训，分别通过师徒制、技术比武、劳动竞赛等方式，有效地促进了员工的技能提高，使一些员工快速成长为有经验的师傅，顺利实现了扩厂、扩员任务，取得了良好的经济效益。其三，强化员工、干部行为规范教育。凡是进公司的员工都要进行系统教育，做到先培训后上岗。

由于女性职工占整个公司员工的80%以上，因此新光集团特别注重维护女性职工的特殊权益，有针对性地开展女职工的生理、心理教育培训，帮助女工树立正确的人生观。2006年，举办女职工培训班30余场，累计培训女职工2000多人次。对符合国家计划生育政策规定的女职工，享受3个月的带薪产假，休假期间工龄连续计算。集团执行每周日休息制度，遇国家法定假日，按国家规定执行。这样一种关心员工、善待员工的做法，增强了员工们特别是女性职工对企业的归属感和向心力。

2. 坚持以人为本，强化安全生产意识

新光集团积极贯彻“安全第一、预防为主、综合治理”的安全生产方针，紧紧围绕公司的生产经营这一中心，广泛开展以职工为主体、安全为内容、争夺“安康杯”为形式的职业安全卫生保护活动，形成了工会主导、全员参与、群防群治、共筑安全生产稳固防线的生动局面。公司根据《劳动法》、《安全生产法》、《职业病防治法》等有关法律法规并结合企业自身的行业特点，建章立制，通过了本公司的《职业安全卫生集体合同》，将企业、员工双方在解决本单位的职业安全卫生问题中的权利与义务契约化，为协商解决企业职工安全问题提供了法规性的保障。同时，在《职业安全卫生集体合同》的基础上，为职工办理社会工伤保险；对有毒有害岗位的员工定期进行职业健康体检，并建立健康档案，进行跟踪保护等，使职工权益真正落到了实处。

3. 扶贫济困，赈灾救危

新光集团不仅在制度范围内或常规状态下切实维护企业员工的合法权益，而且还经常将这种权益的维护延展到员工的家属或亲人身上，使集团员工或他们的亲属在面临危难之际的特殊情况下，也能感受到来自集团的关怀和温暖。这方面的生动事例可谓多矣。例如，有一位叫董淑凤的集团员工，由于其孙女不幸患上了脑干肿瘤，当他们全家在遭受精神打击且深陷经济上的困境之际，集团董事长周晓光闻讯后，慷慨捐助两万元爱心款，并派人送往在北京治疗的其孙女的病床前，使该员工及其家人在精神上感受到了莫大的慰藉。关于新光集团捐助甘肃经销商周小清的事例，更是体现了新光集团及其董事长周晓光的博大爱心。

（四）支持慈善事业，捐助社会公益

周晓光是一位能让大多数人得到幸福并也使自己幸福的人。捐助社会公益、支持慈善事业属于企业社会责任中高层次的道德责任，并不是一般企业必须履行的职责，一些企业根据自身的实际情况无能力做到这一点也无可厚非（但应履行基本的社会责任）。履行高层次的道德责任是一种自愿性的行为。新光集团具有崇高的道德境界，始终如一、不遗余力地履行着这种体现着“大爱”精神的责任。新光集团在源源不断地向社会提供着质量上乘、令人喜爱的合格产品的同时，也把一个企业致富施仁、对社会无私奉献的大爱精神撒向了人间。

2008 年 5 月 12 日，当举世震惊的汶川大地震发生后，与加多宝、娃哈哈、复星、吉利等众多优秀企业一样，新光集团同样迅速行动起来，投入到赈灾救危的行动中去。地震发生后，集团党委、集团工会立即发动党员、员工为灾区捐款，短短一个小时，就募集善款 34 万元。5 月 16 日，刚从外地出差回来的董事长周晓光一赶到集团，就立即决定向灾区捐赠 500 万元，新光房地产公司随后也捐款 100 万元，周晓光还以个人名义向中国妇女儿童基金会等机构捐赠了数十万元……新光集团总计向灾区捐款达到 720 多万元，不仅在义乌是捐款最多的企业，在全省民营企业中也名列前茅。

回报社会、爱心救助，对于周晓光来说，已经是一种常态。曾获得过中国妇女发展基金会授予的“爱心人士证书”和浙江省企业家协会授予的“妇女公益事业爱心人士”荣誉证书的周晓光，在 2008 年又成为了“浙商公益联盟”的发起人之一，她协同广大浙商广泛开展各类慈善公益活动。周晓光先后向“中国妇女发展基金会”、“中国残疾人联合会”、“义乌市残联”、“义乌市慈善总会”等社会慈善机构捐赠 300 多万元。另外，周晓光积极参与社会公益事业，出资援建农村敬老院，捐资农村修桥铺路，逢年过节带上物品和现金走访慰问部队官兵及学校教师和农村老年人。她还积极出资赞助“同一首歌”走进义乌，赞助全国女足联赛、CBA万马义乌主场全国体育舞蹈大赛等公益活动；她资助五台山国家风景名胜区、义乌市基督教堂建设等。据统计，上述公益活动共计捐赠近300万元。这里，要特别讲述一下她和另一位山东人大代表袁敬华救助聋儿的感人故事。袁敬华是一位山东姑娘，1992年在家乡鲁西北的夏津县一间不足20平方米的土房中办起了学校，开始了漫长的聋儿语训教学。经过十多年的艰苦奋斗，在慈善部门和社会各界的帮助下，当初只有7个学生的语训班如今已发展成为占地12亩、在校学生140人的现代化特殊教育学校，并使300多名孩子开口说话。2003年，同样刚刚当选全国人大代表的周晓光，首次在北京参加全国“两会”期间，很偶然地听说了袁敬华的事迹，一下子就被这位年轻姑娘的无私大爱所感动。听说袁敬华的聋儿学校在办学中遇到了困难，周晓光决定要见见那位年轻的“爱心妈妈”。经过热心的媒体记者牵线，两位有着同样爱心的女人相遇了，并当即结成帮扶对子，周晓光决定每年固定向学校提供赞助经费，一直持续到了今天。

捐资助学是我们不能不提到的周晓光另一经常性的善举。她尊师重教，积极支持国家教育事业发展。当她得知义乌贫困山区28所学校中，有数百名孩子因贫困失学的消息后，马上和丈夫商量，承担起105名特困生的学费，直至他们高中毕业。从此这些孩子便成了周晓光的“特殊孩子”。每逢新学期，她就会给孩子们送去新书包和学习用品；节假日，她会去学校探望他们，或请他们到名胜古迹去旅游，有时索性请他们到公司做客。孩子们亲切地称她为“周妈妈”、“周阿姨”。有一位已考上医科大学的学生感动地说：“阿姨，我今后一定好好报答你。”周晓光却说，“阿姨图的不是回报，只要你有出息，阿姨就满足了。”而对于还不富裕的家乡的要求，她几乎是有求必应。为了支持家乡教育，她出资在岭北中学设立了奖学金和助学金，每年出资5万元；岭北中学建电脑室，她送去10台电脑；后来当岭北中学搬迁时，她又资助10万元。2009年5月，新光集团又一举向东阳市捐赠教育基金600万元。近年来，新光集团已经在教育、助学等公益事业上捐资达1600多万元。

伴随着事业的成功，周晓光致富思源，始终怀抱回报社会的感恩之心，积极投身到“光彩”事业及其他社会公益事业当中去。面向“老少边穷”地区投资光彩事业项目，是国家“八七扶贫攻坚计划”的一项重要内容。2004年8月，周晓光一举投资958万元，在广西灵山县与当地政府合作，兴建建材批发市场，搞开发扶贫。该项目作为当地农村非农产业建设工程，至今已累计解决农民工就业966人，并成为当地市场中的纳税大户，为推动该县地方经济发展，帮助当地农民脱贫，发挥了积极作用。2006年，周晓光又在东阳开发6500亩国家级无公害香榧种植基地，帮助当地农民向第二、三产业转移，成功开创了全国首个农业绿色经济开发区，并被列入国家级农业科技转化项目（国家星火计划）。该项"光彩"事业项目实施后，有效实现了6500位农村劳动力的产业就业转移，使当地农民人均年收入从不足5000元，增加到2万元，有力促进了当地的社会主义新农村建设。

新光集团创建以来，每年春节，都要到相关的部队、街道、敬老院去进行慰问，送款送物，这已形成惯例。周晓光本人在每年的春节、清明节、重阳节，都会亲自去老家拜年或者慰问。每当遇到真正需要帮助的人或事，她总是慷慨解囊。挂在新光集团里的各种表示感谢的锦旗、奖状，不计其数。与村企结对帮扶，是新光集团回报社会、进行社会公益活动的又一重要做法。目前，新光集团已与江东街道、青口村、大元村、沙溪村、东阳荣跃小区等结成了帮扶对象，大力支持上述村镇发展自身经济、开展旧村改造、扶持老龄事业等。在结对活动中，一是在经济上帮扶支持；二是在思想观念上宣传引导；三是在精神上关心鼓励。同时，在"深入"上求实效，了解结对村的突出困难和问题，有针对性地开展结对活动，努力为农民群众办好事、办实事；在"联动"上求共赢，大力开展村企间的文化交流互动活动，共同营造和谐的村企文化，促进双方事业的健康发展。据不完全统计，近几年来新光集团共花在结对帮扶上的专项资金有375万元，为构建社会主义和谐社会和促进地方经济发展作出了积极贡献。

三、新光集团履行社会责任的启示和意义

企业承担对社会的责任，意味着企业与社会的互动关系进入到了一个新的历史阶段：在这一时期，企业不能单纯地被视为一个"经济人"，而更应当被看作是负有重大社会使命和义务的"法律人"和"道德人"。当

世界首富比尔·盖茨将其大部分财产都捐给社会的时候，这就再一次昭示人们，企业不仅仅只是属于企业家本人或个别人的，它还是属于社会的；企业不仅仅是向社会输送合格的产品，它还同时承载着增进社会福利的重任。

（一）企业何以承担社会责任：一种理论分析

自有现代意义的企业经营以来，可能还从未像现在这样，企业活动与社会发展的关系如此紧密，企业的经营活动已经深刻地影响到了社会和人的发展，影响到了环境的保护和资源的合理利用，影响到了社会的良知和安全公正的实现。可以说，企业的经济属性和日益凸显的社会责任感，成为了企业生存和发展的两种不可缺少的支撑力和推动力。企业的社会责任正在深刻地影响并改变着企业活动的诸多方面，成为企业追求和实现经济利益及社会价值的新的指导理念。

企业为何要承担社会责任？这不仅是一个现实问题，更是一个理论问题。而理论框架的分析，自然要基于企业的社会关系理论。美国学者乔治·斯蒂纳和约翰·斯蒂纳在《企业、政府与社会责任》一书中指出，企业与社会之间存在一种基本协定、一种基本合约，如果企业组织得不到社会认可，就无法长期地生存和发展下去。这种说法实际上反映了企业与社会之间所存在的密切关系。我们知道，企业是社会的经济细胞，它与社会有着密切的依存关系。如果说企业是一棵树的话，那么，社会及其资源就是这棵树生长的土壤和养分，离开了社会资源的供养，企业注定会成为无源之水、无本之木。可见，在企业与社会之间天然地存在着一种共生共荣的和谐关系。因此，企业不仅要追求经济效益，更要注重社会效益，积极承担起应有的社会责任，以履行社会责任的方式回报社会。

在企业和社会之间，存在着三种基本的关系形态：经济关系、法律关系和伦理关系。在企业发展的早期，企业与社会之间基本上是一种单一的经济关系，这时企业的社会角色主要是一种“经济人”，它只是以营利为目的，实行独立核算，具有法人资格，从事生产经营活动或服务的经济单位。当企业生产的产品或提供的服务销售出去了或得到了社会的认可，企业与社会的经济关系就实现了，至于经济以外的事务如环保、就业、维护社会公正等，都不在企业关注的范围之内。由于在“经济人”阶段，追求利润的最大化是企业的唯一的、最高的目的，这就往往使得一些企业的经营活动产生了极端化进而使企业与社会的经济关系发生了扭曲化的现象，即一些企业时常自觉或不自觉地以不择手段的方式来追求自身利润的最大化，如向消费者提供价高质次的伪劣产品，在发展中破坏生态环境，随意解雇员工，忽视安全生产，等等。为了矫正企业与社会间被扭曲了的经济关系，使得企业的发展能走上一条健康正确的可持续发展道路，这时社会就制定了一系列法规来约束企业的逐利行为，这样，在企业与社会之间，除了经济关系之外，又多了一种法律关系，企业的社会角色也多了一种"法律人"的角色。这是企业与社会关系发展的第二个阶段即法律关系阶段。企业与社会的法律关系，实际上是一种社会针对企业而制定的法律规定和企业对这种法规的严格遵循的关系，当企业在生产经营活动中，严格执行或遵循了相关的法律法规，就意味着实现了企业与社会之间的法律关系。"企业—社会"法律关系的确立，表明企业以自我为中心、不择手段地追逐最大化利润的时代的结束。如改革开放以来，我国制定了诸如《职业病防治法》、《劳动法》、《工会法》、《安全生产法》、《环境保护法》、《公司法》、《反不正当竞争法》等几十部法律法规，从而严格约束着企业的生产经营行为。"企业—社会"法律关系的确立，拓展了企业与社会的关系领域，提升了企业的社会责任境界，即企业的社会责任由单一的、处于较低层次的经济责任进入到了较高层次的法律责任的阶段。

那么，在企业与社会的关系中，除了经济关系和法律关系之外，还存不存在其他的关系形式呢？或者说，一个企业仅仅承担了经济责任和法律责任就够了吗？显然不是。经济关系、法律关系具有刚性或强制性的特征，即企业必须认真承担相应的经济责任和法律责任，如果不承担或承担得不好，就要受到社会或消费者的惩罚。但企业与社会间的关系是复杂多样的，企业的社会角色或责任形式也是多种多样的。对于企业而言，除了那些刚性的必须承担的社会责任之外，还面临着大量的具有弹性特征、出于自愿选择的社会责任的承担问题，如赈灾、捐赠、助学、扶贫等。当发生了重大自然灾害后，企业可以捐款赈灾，也可以不捐款赈灾，这并没有什么硬性的特别的规定或要求。而当企业积极主动地投身到诸如赈灾、慈善、助学、扶贫等的社会事务中去的时候，该如何界定企业与社会之间的这一类关系呢？这实际上就是发生于企业和社会之间的伦理道德关系——这是20世纪后期以来出现的一种新型的企业与社会的关系形式，是企业与社会关系演变的一种新的更高级的形态。企业与社会道德关系的确立或企业道德责任的承担，意味着企业社会责任的极大升华，意味着企业“道德人”角色的形成。既然道德关系是企业与社会间的一种最高级的关系形式，道德责任是企业社会责任中的一种最高级的责任形式，这也意味着企业的道德责任包含着经济责任和法律责任——当然，经济责任和法律责任不一定包含道德责任，凡是有德的必定首先是守法的，但守法的却不一定是有德的。既然道德责任包含着经济责任和法律责任或以这两种责任形式为基础，这同时也表明了道德责任是企业社会责任的最高形式。因而我们的结论是：企业与社会的密切关系特别是企业与社会间的道德关系是企业承担社会责任的重要的现实原因，企业与社会的关系理论特别是道德关系理论是我们分析企业何以承担社会责任的理论视角。

（二）“竞和精神”：企业履行社会责任的核心

企业通过发展自己、造福社会的方式来履行社会责任，实际上反映了企业与社会之间所具有的良性互动、和谐上进的关系。而这种关系的实质或核心是一种“竞和精神”。

企业的生存与发展存在着内在的机制，这种机制最根本的就是一种创新机制，这种创新机制为现代企业的发展提供了强大的动力源泉。当然，创新包括理念创新、科技创新、制度创新、管理创新等内容。在某种意义上说，创新是对企业与其外部环境关系包括与同行企业关系的一种反应。

企业与其外部环境包括社区、自然环境、消费者等特别是同行企业间的关系，一般存在着三种形态：竞争、竞合、竞和。

经济学意义上的竞争，是指市场主体为了追求自身利益最大化而力图胜过其他市场主体的行为和过程，或者说，竞争是竞争主体在与竞争对手或竞争客体的角逐、博弈中战胜对方，以实现自己的最大利益。它表达的是企业在生产经营上开拓创新、积极进取，在与国际国内市场的博弈中把自身做大的含义，它注重企业的效率与物质财富。

竞合，是企业为了实现自身的经营目标，与供应商、用户建立良好的合作关系，甚至选择具有战略价值的竞争方，开展与其某一方面或某几方面的合作，以获得经营上多赢的结果。它表达的是在企业内部特别是企业之间以及企业和市场之间，以追求合作共赢为目的。

竞和，抽象来说，是以和的方式进行竞争，竞争要达到各方和谐的目的。具体来说，就是企业通过履行社会责任（包括经济责任、法律责任，尤其是道德责任）的方式，追求企业内部以及企业与社会之间的和谐发展、有序发展和共同发展。它表达的是企业在增进社会财富与福利的过程中，力图实现企业内部及企业与社会关系的优化与和谐。更进一步来说，竞和方式是一种化敌为友、化危为机、化对手为共有发展伙伴的方式。它在目标上追求利益的增长（这一点与竞争相同），但在做法上力求共富共赢、共同发展、互利互惠，在关系上倡导和谐有序。竞和是在承认存在着利益差别和矛盾竞争的前提下，着眼于利益相关者的共同点或共同利益，并吸取竞争对手的长处、优点而扬弃其短处或不足，特别是考虑到利益相关者的不同需求与利益关切点，从而以一种各方基本都能接受或各方利益基本都能照顾得到的方式，来处理自身与外部环境包括与其他同行企业的关系的一种先进的企业生存之道。

竞和与竞争不同。在哲学上，竞和是对矛盾同一性的一种体现或反映，而竞争主要体现着矛盾的斗争性。在文化根源上，竞和是中国传统文化中的“和合”精神在现代企业经营中的体现和运用。和合文化是中华民族特有的思想。所谓和，指和谐、和平、祥和；而合则指结合、融合、合作。和合联在一起，指在承认事物差异的前提下，把具有矛盾关系的不同事物统一于一个相互依存的和合体中，并在不同事物和合的过程中，吸取各个事物的长处并克服其短处，使之达到最佳组合，由此推动事物的健康持续发展。显然，竞和方式就是一种着眼于行内不同企业的共性并在相互激励的基础上追求“共荣”和“共富”目标的经营方式。

竞和与竞合也有区别。“竞合”基本上是一个生产经营性概念，具有“工具理性”的意义，而“竞和”则主要是一个责任担当性概念，具有“价值理性”的意义；“竞合”是一种低层次的、主要存在于企业的生产过程中的经营理念，具有基础性作用，而“竞和”则是一种高层次的、主要存在于企业内部及企业与社会的关系领域的价值追求，具有理想升华和价值范导的作用。

由上可见，创新机制可以采取竞争、竞合和竞和三种形式。这三种形式其实都能实现企业的发展，只不过竞争的方式是以己方的胜出和对方的失败为表现，其代价较大，可以说是“丛林法则”在企业发展中的运用和表现；而“竞合—竞和”，则是一种为现代社会所需要的能真正促进社会和谐稳定及企业可持续发展的一种先进的发展方式，实质上是一种以和谐共赢的方式来处理自身与其外部环境关系的方式，它以企业和竞争对手以及利益相关者的互利共赢、共同发展为宗旨或目的，可以说是和谐原则和普遍受益原则在企业发展中的运用和表现。

新光集团的“竞和”经营管理模式，就是从上述对竞争、竞合、竞和关系的分析中提升、概括出来的，或者说这就是新光集团的“竞和”经营管理模式。

那么，对企业而言，如何才能实现竞和呢？如前所述，竞和精神的实质和核心就是企业主动履行社会责任，因此，企业主动承担社会责任，就是对竞和的追求及其实现。企业的社会责任是企业的一种经济、法律、道德规范，它促使企业从事既能使社会也能使企业变得更好的活动，而不做那些损人利己的事情，从而使社会和企业的关系变得更加融洽和谐，并进而达到整个社会的和谐。竞和实践，在企业内部能营造一种平等、和谐、团结、友爱的融洽关系，因为具有着竞和理念的企业能更加关注员工的利益和安全，设法为员工提供清洁和健康的工作环境，激发他们的积极性和创造性，并形成一种整体性的合力优势。而这样做就能使企业有效避免内部过激或对抗的行为，减少人际摩擦和社会内耗，使管理者与员工之间相互理解、相互支持、相互尊重，使员工与员工之间相互关心、和睦相处。在企业与企业之间，竞和理念及其做法也能有效地“化敌为友”，从而提高自己的竞争力。通过与外部企业的交流、协作，既可以从对方身上吸收新的经营理念、新的技术、新的管理方法，也可以与对方保持一种长期、稳定的诚实守信、互利互惠、既竞争又合作的经济关系。此外，具有竞和理念的企业也能为消费者提供安全的产品与服务，因而不会把消费者与企业利润对立起来，不损害消费者的利益和人身安全，这样就有利于美化企业的形象，促使企业盈利。

新光集团十几年的发展，走的正是一条竞和发展的道路。“新光”的“竞和”经营管理模式是中华民族崇仁重义、积德行善的美德在现时代的发扬光大，是周晓光董事长自强不息、不畏艰难、勇往直前的意志与毅力及厚爱、善良、诚实、勤劳的精神品质的放大和集中体现。这也正是“新光”获得成功和周晓光能连任全国人大代表的根本所在。“新光”不是把同行企业看成防范和战胜的对手，而是看成共同发展的朋友，“新光”无私地帮扶整个行业共同发展，努力在研发、管理、营销渠道、市场信息、人才培训等诸多方面，对业内其他企业进行带动、引领、帮扶、共享。经过十多年的精心培育和扶持，如今流行饰品行业已发展成为义乌市一大支柱产业，涌现了4000多家饰品生产企业和经营户，年产值达200多亿元，占全国市场份额的70%以上，解决了15万人的就业问题。而当其他企业遇到困难的时候，“新光”也会积极伸出援助之手。例如，2008年，在义乌就发生了“一家企业有难、两家企业相助，义乌企业抱团互助”的感人故事。2008年初，在义乌宝娜斯集团资金链吃紧的生死存亡关头，该集团紧急向新光集团董事长周晓光求助，于是新光、真爱、宝娜斯三家企业的负责人，在很短的时间内就大致确定了营救方案。由于宝娜斯本身的生产经营正常，资产状况也不错，企业运转良好，再加上新光集团和真爱集团两家担保单位的诚恳表态和鼎力相救等原因，在关键时刻，中国银行金华市分行和广发银行杭州分行给予了大力支持。新光集团还出资1.1亿元现金，真爱集团出资1亿元现金。这些共同努力，终于化解了宝娜斯的资金危机，使该企业走出了生死地，同时也在一定程度上拯救了义乌的整个企业金融生态环境，阻止了“多米诺骨牌”的连锁效应的发生。

新光集团“竞和”经营管理模式和成功经验启示我们，对于社会责任感普遍不强、依然处于你死我活的恶性竞争中的中国诸多企业来说，要想真正实现企业的可持续发展，并促使企业对构建社会主义和谐社会作出积极贡献，一种可行和可靠的做法，就是积极履行社会责任，走新型的“竞和”发展之路。当前，中国企业在资本积累过程中所造成的诸多问题不能不引起我们的深思和忧虑。当利润与责任、当“经济人”与“企业公民”发生冲撞时，一些企业往往只是追求眼前的、一己私利，而忽视和故意逃避自己应当承担的社会责任，甚至采取为法律所不容、道德所不齿的手段来实现自我的眼前利益。在倡导科学发展和大力构建和谐社会的今天，广大企业特别是众多的民营企业应当以新光集团为榜样，积极应对社会责任问题，以开拓创新为己任、以遵纪守法为底线、以道德诚信为追求、以竞和发展为取向，努力使自己成为一名合格的企业公民。

（三）履行社会责任对于企业发展的重要意义

新光集团的成功固然有很多原因，但通过“竞和”经营管理模式而积极履行社会责任，无疑是其成功的一个重要原因——当然也是新光取得成功的重要标志。事实上，在这个企业社会责任日益凸显的时代，任何一个企业只要量力而行地承担相应的社会责任，对于自身的发展都能起到积极的推动作用。

从反面来看，如果一个企业不承担社会责任或不遵守法律道德规范，必然要遭遇风险，甚至引发危机，从而受到惩罚。十多年前，由于美国耐克公司在越南等发展中国家的外包工厂中大量雇用童工，所有工人都在狭小昏暗的厂房中连续工作十五六个小时，结果被媒体曝光，耐克公司及其产品遭到了来自欧美民间各种行业协会、劳工和人权组织及新闻媒体的轮番舆论攻击和强烈抵制，并被工会起诉，陷入了长达10年之久的危机旋涡。由于忽视了社会责任和法律道德规范，就使得一场全球性的反“耐克”浪潮猛烈冲击着这个世界上最著名的运动品牌企业。类似的例子在中国也时有发生。三鹿集团的破产就是一个典型的反面案例。三鹿集团的悲剧，把企业社会责任感的淡漠和道德良知的泯灭这一严重的问题再一次地摆到了国人面前，使我们不能不沉思中国广大企业如何尽快实现由单一的“经济人”角色向具有着强烈社会责任感的“企业公民”角色转型的问题。

结合着新光集团的成功发展，在一般的层面上，企业承担社会责任的积极作用主要表现在这样一些方面：

1. 承担社会责任能优化企业形象，提高企业美誉度

众所周知，良好的声誉对于企业的发展及其成功是必不可少的。企业要在发展中居于不败之地，必须具有出奇制胜或与众不同的发展资源。社会责任，就是一种可降低发展风险、能增强竞争力的新的国际性的发展资源。对企业来说，传统的成本、质量、服务是衡量发展力的最基本标准，但目前，道德标准正在成为保持企业发展优势的重要因素。只有积极履行社会责任，塑造和展现有益于公众、有益于环境、有益于社会进步的良好形象，取得社会公信，企业才能更被市场青睐，从而具有更强的发展力。实践证明，企业承担社会责任有利于获得在产品促销中的优势，因为消费者和经销商会更多地从对社会和消费者负责的供应商和生产者处购买产品。据调查，76%的消费者在购买商品的时候，会把公司的声誉作为一个重要因素来考虑，81%的人在质量和价格类似的情况下，倾向于购买声誉良好的公司的产品。在美国，大学生在购买运动鞋时，往往会查看鞋上有没有贴“负责任的企业”的标签；一些国外的消费者也会以远高于市场的价格去购买一杯星巴克的“有社会责任的咖啡”。[①] 可见，一个具有高度社会责任感的企业，消费者对其产品一般会更加信赖和青睐，从而提高企业

① 刘军：《期待一杯“有社会责任感的咖啡”》，《中国计算机用户》2005年第31期。

的销售额和顾客的回头率，赢得市场。由此看来，众多期待成功的企业必须同时做好两件事：一是要通过创新和确保质量等做法做好自己的商业品牌；二是要树立起具有一定社会影响力的“企业公民”品牌。在这个人们日益注重企业的社会影响力的时代，衡量一个企业成功与否，不仅要看它的股东满意不满意，它的客户满意不满意，还要看一般政府和社会公众满意不满意。就新光集团来看，我们说新光集团是一家做得好的成功的企业，就是因为“新光”既做好了商业品牌，更做好了“企业公民”品牌。2007 年 8 月 13 日，新光饰品公司携手席琳·迪翁、杨澜两位国内外名人，合力打造中高端饰品零售品牌：“天女至爱”。经过数月筹备，新品牌相继在上海、北京、广州面市，市场反响十分强烈。2008 年年底，“天女至爱”已在全国一线城市开出 20 家分店。而就新光集团的良好“企业公民”品牌而言，其所荣获的几十种奖状和各种荣誉证书以及周晓光董事长连任全国人大代表的现象，就是明证。

2. 承担社会责任是企业实践以人为本、调动员工积极性、创造性的重要举措

一个企业要想处理好其与社会的关系，增强发展力，当然要首先处理好企业内部的各种关系，特别是企业与内部员工的关系。那么，企业如何才能处理好其与员工的关系呢？最主要的就是对社会责任的积极履行。我们知道，广大员工是企业生产的主体，也是“企业公民”的主体，他们是企业社会责任最早的承受者、最快的传递者和最直接的受益者，所以企业在发展中、在承担社会责任的实践中应该坚持以人为本的理念，把以员工为本、以企业为本和以社会为本有机地统一起来。由于在社会责任中包含着对员工各项合理、合法权益的维护或实现，企业的社会责任实践行动势必会首先感动员工，而只有首先感动员工，才能感动“上帝”，才能“感动”市场。企业的一些做法如果连员工都感动不起来，何以能感动社会和公众呢？感动员工的一个直接的积极效果，就是能极大地提高员工对企业的归属感与忠诚度，使企业富有创新的激情与和谐的人际关系，且最终能为企业成功的商业运营创造积极向上、和谐有序的氛围。另外，企业履行的社会责任行为，会使企业成为一棵枝繁叶茂的高大“梧桐树”，从而会吸引更多的人才前来求职应聘。因为在现实中，绝大多数人会把企业或公司的声誉看作自己是否前来应聘任职的关键因素，没有人会对一个声名狼藉、缺乏同情心和责任感的公司表现出热情和忠诚度。这就是说，一个有

良好社会形象和工作环境的企业，可以有效地吸引人才并使员工创造出更高的绩效。就新光集团而言，由于“新光”关心员工、尊重员工，积极保障和维护他们的权益，因而公司中充满了生机、弥漫着浓浓的团结向上的和谐氛围。广大员工无不把“新光”当做自己安居乐业的“家”，甚至不少人都带着家人前来居住和发展。这就是说，“新光”以自身的经历和成功，生动地诠释了只有首先感动员工才能感动“上帝”和市场的道理。

3. 承担社会责任是企业开拓海外市场、走向世界的需要

近年来，新光集团积极开拓海外市场。经过艰难的摸索、筹备，2005年3月，新光集团香港分公司成立；2006年1月，迪拜分公司成立；2006年12月，莫斯科分公司成立；2008年10月，新光饰品公司巴西分公司开张……短短3年时间，新光饰品公司在海外成立了7个分公司，10余个自营门市部。这些“扎根”在海外市场的“桥头堡”，每年都能够获得50%以上的高增长，有的还年年翻番，成为公司销售增长的坚强支柱。新光饰品公司之所以能不断开拓海外和国际市场，这除了其产品质量和性能的优良之外，还有一个重要原因，就是其在承担社会责任的实践活动中所树立起的良好的“企业公民”形象。

事实上，积极承担社会责任、强化企业社会责任意识是企业走向世界的需要。由于社会责任是优化配置资源和强化竞争资本的一种新理念、新战略，更是一种新型的企业管理思想，因此有的经济管理专家认为，提倡社会责任能使企业获得进入国际市场的通行证，从而提升企业长期盈利的能力。随着全球经济一体化及市场化改革的不断深入，国际化的竞争环境对中国企业的社会责任要求将越来越高，具有社会责任感，将是企业在全球化运作中取得成功的决定性因素之一。这表明，面对经济全球化浪潮，国内企业在积极参与国际竞争的同时，必须积极遵守国际标准和全球协定。联合国在1999年制定了企业全球契约，推动《企业生产守则》运动，要求加入的企业自觉遵守人权、劳工、环保和反腐败等准则。近些年来，社会责任国际体系认证（即SA8000体系认证）日益受到人们的关注，它把道德提倡变为一种国际标准，引导企业认识并履行自身的社会责任，体现着对社会发展主体——“人”的关怀。它要求企业在重视经济效益的同时还应注重企业行为的社会效益，引导企业不仅要为社会创造财富，提供物质产品，改善人民生活，还要为员工提供符合人权要求的劳动环境，教育员工在行为上符合社会公德，在生产方式上符合环境要求，唯有这样的

企业，才能获得更快和更顺利地踏进国际市场的通行证。新光集团开拓海外市场的成功，充分说明了承担社会责任，对于企业在全球化时代生存发展所具有的重要作用。

4. 承担社会责任能维护企业的长远利益

社会责任是企业利益和社会利益的统一，企业承担社会责任的行为，是维护企业长远利益，符合社会可持续发展要求的一种“互利”行为。这一行为对企业来说，不仅仅是付出，同时也是一种获取。从营销角度分析，社会责任的承担是一种营销方式，因为它能直接增加产品的销量，获得利润。事实上，作为一个市场经济条件下的市场主体，企业的许多社会行为并不排除直接功利性的目的，是由利润动机驱动的。虽然在现实中不少企业高层表示，企业在履行社会责任方面一般不考虑投入产出比，也有一些企业提出了“社会责任第一，企业利润第二”的口号，还有一些企业表示“为了社会责任可以舍弃部分利润”，但任何企业其实都无法否认其履行社会责任的功利性追求。准确地说，承担社会责任，就是发展自己、造福社会的“双赢”活动。

在现实中，也有一些企业家或企业高管认为履行社会责任会增加企业成本，这其实是一种短视和偏见。当资源、环保、产品质量、社会意识等社会责任问题成为企业的目标之一时，这些社会责任活动固然会增加企业的成本，短期内有可能会降低企业的经营绩效，但承担社会责任的企业趋向会取得更稳定的长期利润，因此，社会责任活动实际上是一种长期投资。这种长期投资就为企业的可持续生存和发展打下了一个坚实的基础。大量研究结果表明，企业社会责任和经济绩效之间存在着一种正相关关系。国际著名研究机构 BSR 20 世纪 90 年代通过研究发现，履行社会责任会帮助企业获得一系列的实际利益，包括销售额和市场份额的增长、稳固的品牌地位、企业形象和影响力的提升以及运营成本的降低。企业主动承担社会责任其实是为自身创造了更为广阔的生存空间，如为了保护环境、保障生活质量、维持社会稳定和各项事业的发展，政府部门、社会团体、普通公众等都向企业提出了种种限制性要求，有时还附有严厉的惩罚性措施。企业的所作所为若不符合要求，就会受到指责和惩罚，企业正常的生产经营活动也会受到不同程度的干扰。相反，企业若能主动适应要求，在一定程度上解除了企业发展过程中的一些外部的限制性条件，就使决策和经营具有了更大的灵活性和自主性，这就使得企业有了更大和更长远发展的主动权和前景。

当然，以上几条主要是基于企业内部经营发展的层面而对企业承担社会责任的积极作用所做的分析。如果从社会的层面进行考察就会发现，企业积极承担社会责任，实际上是企业为构建社会主义和谐社会作出贡献的必经之路。企业是构建社会主义和谐社会的极其重要的力量。或者说，企业的生产经营行为是否合理合法，是否遵循道德规范，必将对社会的和谐稳定直接产生重要的影响。企业集“经济人”、“法律人”特别是“道德人”这三种身份于一体的角色，正是构建和谐社会所要求的企业角色，这样的角色也一定是构建社会主义和谐社会的历史舞台上意义非凡的“主角”之一。企业对社会责任的积极履行，就是对和谐社会主旋律的高奏。因此，从构建和谐社会的角度分析，企业承担社会责任无疑有着更重要的社会意义。

四、新光集团更好履行社会责任的若干建议和对策

无可否认，在对社会责任的承担方面，新光集团目前已经做得很好了。但为了把这项工作做得更好，使新光集团在社会责任的履行方面更具有示范和样板的意义，有必要进一步探讨如何更好地履行社会责任的对策和做法的问题。当然，以下的一些建议和对策，可能不单是针对新光集团的，而是针对所有的中国企业特别是处在发展中的民营企业的。

（一）不断把企业做大做强，为履行社会责任打造雄厚的经济基础

企业是什么？企业就是以营利为目的而从事生产经营活动，并向社会提供商品或服务的经济组织。作为国民经济的细胞，企业是市场经济活动的主要参加者，是社会财富的最主要的创造者，其发展的根本目的首先在于自身利益的最大化，从而确保自身的可持续生存与发展。这一点具有先决性，不能因为强调社会责任而予以忽略。在这个意义上，企业首先是“经济人”，自利性是其根本特征，也是衡量企业自身市场行为和价值取向

的基本标准。如果忽略了企业自身利益的正当性、必然性，就只会使企业的社会责任成为一句空话，成为乌托邦式的精神寄托。因此，企业的首要使命就是要坚持发展才是硬道理，努力促进生产力的发展，为社会创造更多更好的物质财富，唯有在这个基础上才能承担相应的法律责任特别是道德责任。如果本末倒置，忽视了企业自身的"经济实体"功能而一味要求企业承担更多的社会责任，这无疑会损害企业的正常发展。而当企业的经济功能下降或受到了损害，它承担社会责任的能力自然会下降。因此对于新光集团和所有的企业而言，应当正确处理好发展生产、创造财富与承担社会责任的关系。一个切实可行、科学合理的发展战略应当是：要坚持以经济建设为中心，不断做大做强企业，为社会责任的履行打造雄厚的经济基础。

（二）履行社会责任要量力而行，切忌贪大求全、脱离实际

尽管社会大众对企业的期望越来越高，但我们要强调的是，企业的社会责任不可以无限扩展，而是有限度的。即企业对社会责任的履行要量力而行，切忌贪大求全、脱离实际。彼得·德鲁克在其《管理：任务、责任、实践》中专门阐述了"社会责任的限度"问题。他认为，对于一个企业或企业家而言，仅仅要求做得好还是不够的，还必须做好事。然而，为了做好事，首先必须做好企业。在德鲁克看来，如果企业忽略了在经济上取得成就的限制并承担了它在经济上无力支持的社会责任，企业就会很快陷入困境。如果因此而损失了企业取得成就的能力，那就是最不负责任的。很显然，德鲁克的观点至少有两点值得我们注意：一是企业最基本的社会责任就是要把企业做好，这是企业履行社会责任的前提和物质载体；二是企业的社会责任不能无限扩张，不能做不切实际的事情，这意味着企业与政府功能不能错位，或者说不能把本该属于政府的责任完全推给企业。因此，对于新光集团和其他所有的企业特别是民营企业而言，必须牢牢把握住企业自身的生产经营活动是企业社会责任的底线。或者说，在全球化时代，企业拒绝对社会责任的履行是不可接受的或没有出路的；但企业在承担社会责任的同时，还要预防走向另外一个极端：过分追求社会声誉，甚至好大喜功，承担了与自己的企业产业发展方向和承载能力不相协调的、过多的社会责任。对此，娃哈哈集团董事长宗庆后先生说得好："企业自

不量力地承担非经济社会责任，也有可能给企业带来灭顶之灾。”①

（三）由新光集团牵头，制定适合中国饰品行业的社会责任标准

进入21世纪以来，国际上对企业承担社会责任的要求越来越严格，有越来越多的跨国公司在订单中加入了社会责任条款，其中要求包括我国企业在内的发展中国家的企业必须接受并通过社会责任审核后才能进入电子订单系统。有些跨国公司明确提出，供应商必须通过社会责任标准认证才能获得订单。据调查，2000年以后，大多数欧美跨国企业都对其全球供应商实施过社会责任评估和审核，只有通过评估和审核，才能建立合作伙伴关系。这表明，履行社会责任，开始越来越多地出现在跨国公司订单的附加条件中了。美国目前有5成以上的跨国公司和外资企业表示，随着SA800O标准的实施，将重新与我国企业签订采购合同，这意味着我国出口到欧美国家的一些产品包括电子、纺织、服装、制鞋、玩具、工艺品等行业，都已经或必将遭遇SA8000标准的审核。

目前，我国的一些行业陆续制定了本行业的企业社会责任标准。如2005年，中国纺织工业协会推出了《中国纺织企业社会责任管理体系》（CSC9000T），它在总体标准上与SA8000标准一致，而且更适合中国国情。2008年，国务院国资委发布的《关于中央企业履行社会责任的指导意见》为中央企业履行社会责任提供了可遵循的规范。但饰品行业迄今还没有相应的社会责任标准体系，这显然不利于我国饰品行业的持续发展。众所周知，饰品行业是一个主要面向出口的行业，它面临着日益增大的来自欧美发达国家在SA8000方面的评估和审核的压力。因此，作为饰品行业的领头羊企业，新光集团应根据要求并参照其他行业的社会责任标准，适时牵头制定出适合于饰品行业发展的社会责任标准。

制定这样的标准，应在遵循诚信原则、守法原则、利益相关原则、量力而行原则、公平原则、可持续原则、与国际接轨原则等的基础上，涉及如下一些主要内容：一是在企业内部的关系上，企业履行社会责任需要正确处理好与股东或投资者、与员工等的关系，积极营造一种和谐有序、团结向上的经济氛围，包括要坚持以员工为本，以人道主义精神对待员工、

① 朱剑红、彭嘉陵、冉永平、原国锋：《企业家说》，《人民日报》2007年5月14日。

保障员工的基本权利，致力于企业的长期可持续经营；二是在企业与社会的关系上，要处理好企业与消费者、社区、相关组织等的关系，在为消费者提供质量可靠、具有安全保障的产品和服务的同时，还要积极参与和支持社区建设与公益事业等；三是在企业发展与环境保护的关系上，企业履行社会责任需要正确处理生产与环保的关系，包括遵守国家和地方有关环境保护的法律法规，建立完善的环境管理体系，努力促进环保工作，积极应对和规避环境风险，不断提高能源和原材料的使用效率，等等。①

（四）加强与其他企业在承担社会责任方面的交流、沟通和协调

由于承担社会责任是新时期企业生存和发展的必然要求，这就意味着承担社会责任不是个别或企业的行为，而是全社会所有企业的共同行为。因此为了交流经验、形成“合力”或规模效应，新光集团应主动与其他企业在承担社会责任方面进行交流和沟通，以协调承担社会责任的工作。这种交流在空间上包括和国外企业、国内企业和本地区企业的交流、沟通，也包括着与行业内外的交流、沟通；在内容上，包括标准、做法、效果等方面的交流、沟通等。协调沟通不同企业在承担社会责任方面的工作，是对相关资源的利用，是对好的做法和经验的借鉴，是对规模效应的追求，一句话，是为了更好地做好履行社会责任的工作，或能以较小的成本承担更大或更多的社会责任。

例如，2007 年 5 月，历经五年的探索、思考和实践后，浙江华盟文化传播有限公司（以下简称华盟文化）适时推出了中国第一个系统的企业社会责任标准——HM3000 企业社会责任标准。2005 年 12 月，华盟文化联合中国企业改革与发展研究会等机构，在北京成立了国内第一个“中国企业社会责任联盟”，并在联盟成立大会上发布了中国企业社会责任标准制定框架。华盟文化基于 HM3000 中国企业社会责任标准体系，实践性地使标准走进企业，实践性地启动、实施标准体系的推广和落地工程。目前华盟文化已经协助华立集团、海正药业导入与实施了企业社会责任标准，使之走出了一条具有特色的社会责任创建之路。有专家认为，“HM3000 企业社会责任标准”的制定，是浙商精神与价值转型的重要理论支撑，是中国

① 温波：《构建中国特色的企业社会责任》，《企业经济》2008 年第 10 期。

企业在全球经济一体化条件下的中国商道！这种评价固然包含着赞美之情，但对于那些在社会责任的履行方面做得好或做得有成效的企业，不妨认真地借鉴学习，并在学习中发展，在交流中进步。

(五) 努力做好承担社会责任的长效化、机制化工作

这包括普及理念、构建机构、设立工作日、制定本公司的社会责任标准体系等内容。应当看到，新光集团目前的社会责任行动大多处在一种由董事长拍板决策的“人治化”的状态。当然，在目前，这种方式也具有一定的历史合理性。为了促进履行社会责任的长效化、机制化的工作，还应当进一步从以下三个方面着手：

第一，要制定本公司的社会责任战略。目前，我国有越来越多的企业或公司都陆续推出了属于自己的社会责任战略或社会责任行动计划。例如，2007 年 12 月，联想集团发布了企业社会责任战略，同时宣布启动联想公益创投计划。2008 年，香格里拉酒店集团也发起了“企业社会责任先锋”培训计划，这是一个旨在把集团的企业社会责任目标，传播到旗下的各个酒店和所在社区的创新项目等。作为一个蒸蒸日上、不断进步的企业，新光集团也不妨制订出具有新光特色的企业社会责任战略或类似的行动计划。这种战略或计划应当从企业自身的实际情况出发，兼顾到必要性和可行性原则，考虑到企业的内外关系，涉及培训、宣传、创新、捐赠、慈善等各个方面，从而为企业的社会责任行动提供一个有章可循的中长期规划。通过这样的规划，进一步提高企业的知名度和美誉度，巩固企业在该行业中的“龙头”地位。

第二，在企业内部，可设立社会责任行动办公室，要有专人负责。该办公室的主要职责是制订企业的社会责任行动计划（包括常规的和非常规的）、搜集国内外及行业内外相关的信息、在企业内部进行社会责任的宣传和培训工作、处理一些具体的社会责任的落实工作等。该办公室可隶属于集团党委或工会领导。

第三，设立新光集团的“企业公民日”，加大对企业社会责任的宣传，让所有“新光人”都来关注企业社会责任问题，并积极参与到新光社会责任的行动中来。

（六）积极进行“竞和”理念教育，通过树立良好的文化品牌来承担社会责任

与其说是企业在履行社会责任，还不如说是品牌在履行社会责任。而品牌既有有形的，也有无形的。有形的品牌主要指产品品牌、技术品牌等，无形的品牌主要指精神文化上的品牌。新光集团的精神文化上的品牌是什么呢？应当是一种包容内外、和谐共赢的“竞和”理念和精神。竞和模式是新光集团独有的经营管理模式和发展之道，是新光集团发展自己、造福社会、推动行业共同进步的发展模式；竞和模式也是新光集团最大、最重要的品牌形象或企业形象。这种品牌形象不仅实质性地概括了“新光”发展壮大的历程与经验，也高度概括了行业和社会对新光人的认同与感受。换言之，当人们谈论“新光”时，往往会赋予其以竞和的理念和形象，会认为这是一家通过竞和的理念和方式来发展自己、造福社会的企业。对“新光”而言，通过竞和来打造企业发展的理念或形象的方式、做法，其价值和作用是无穷无尽的，远远胜过了有形的产品或技术上的形象。

“新光”的“竞和”理念和形象既与构建社会主义和谐社会的价值取向相一致，更与社会责任实践的实质要求相一致。履行社会责任是“竞和”模式的具体表现，而“竞和”模式和理念是社会责任的精神基础。也就是说，“新光”要巩固和完善“竞和”模式，弘扬“竞和”模式的价值和意义，除了不断生产高质量的产品以外，一个基本的做法，就是要积极履行社会责任。甚至相对合格产品的制造而言，履行社会责任对于树立竞和的文化形象具有着更大更重要的作用。既然履行社会责任是树立“新光”竞和文化形象的极其重要的做法或途径，那么，对于新光人而言，就必须主动承担社会责任；既然竞和是“新光”的宝贵的文化形象，是履行社会责任的精神基础，那么，对于新光人而言，就要进行竞和理念和精神的宣传教育，真正在思想认识上实现由企业经济人向企业公民、由发展自己到造福社会的转变。

当然，“新光”的发展、社会责任的承担和竞和形象的树立，是以严格和忠实执行已经制定的各项法律法规为前提的。我国近年出台了多部有关企业社会责任的法律，如《职业病防治法》、《劳动法》、《工会法》、《安全生产法》、《环境保护法》、《公司法》等，这些法律都对企业社会责任的具体事项做了不同层面和不同程度的规定。可见，履行社会责任，即是对相关

法规的遵循，而相关法规则是对企业发展的保障。

当然，企业的发展，也必须有来自社会的理解和支持。在履行社会责任方面，社会对企业不可求全责备、无限上纲。政府和消费者都要为企业的正常发展创造一种宽松和谐的外部氛围。我们相信，在社会责任的不断激励下，“新光”的明天一定会更加美好！

第六章　民营企业家的参政、议政与和谐企业建设

新光集团“竞和”的经营管理模式体现在决策管理层方面，就是周晓光具有与这种模式相应的政治人格。

伴随社会主义市场经济的深入发展，我国的社会结构正在经历着极其深刻的分化过程，权力阶层、资本阶层、劳动阶层作为当前我国三大基本社会阶层，三者之间的经济、政治、文化等各种利益关系也在发生着频繁而剧烈的互动，其间各个阶层的权利意识、民主意识、法治意识都在与日俱增。而与之形成巨大反差的是，在权力阶层内部占据主导地位的高、中级领导干部中，各种类型的政治腐败、经济腐败、司法腐败、生活腐败现象日趋严重，这就使得社会各阶层要求推进政治体制改革的呼声越来越高涨。而我国的政治体制改革作为一项极其复杂的系统工程，它关系到基础层面的公民社会建设、主导层面的政府体制改革、核心层面的政党制度改革、最高层面的宪政制度改革四项主要内容。单就最高层面的宪政制度改革而言，其本身又包含极其丰富的内容，诸如：如何充分发挥人大代表的实际作用；如何确立以人为本的立法理念；如何健全人大的监督制度；如何增强人大的监督实效；如何完善各级人民代表大会和常委会的会议制度；等等。

围绕如何充分发挥人大代表的实际作用问题，我们广泛收集了近年来的相关研究信息，并对浙江省义乌市全国人大代表、中国新光集团董事长周晓光的履职情况进行了深入细致的专题调研，[①] 我们试图以这次调研获取的各种具体资料为基础，就目前我国宪政制度改革过程中，怎样充分发挥人大代表实际作用问题做一典型性个案剖析。以此为基础，在本章的最后部分，我们还就私营企业家的政治素质对和谐企业建设所具有的重要意

① 我们于 2008 年 11 月 20~22 日、2009 年 1 月 16~18 日、2009 年 3 月 29~31 日，先后三次前往浙江省义乌市“中国新光集团”和“全国人大代表周晓光同志联络点”进行深入调研。

义做简要论述。

一、作为全国人大代表的周晓光

1995年，周晓光与丈夫虞云新一起投资600万元创办了自己的私营家族企业——浙江新光饰品有限公司。伴随我国改革开放步伐的不断加快，特别是恰逢浙江省义乌市小商品市场由萌芽、创建到全面拓展，并逐步走向国际化，该公司在这一汹涌澎湃的社会主义市场经济大潮中乘风破浪，走过了十多年跳跃式的迅速成长过程。由于经营业绩突出，作为新光集团董事长的周晓光本人先后荣获数十种省部级和国家级光荣称号。尤其在政治上，从1998年起，周晓光先后当选为义乌市第十一届、第十二届人大代表，金华市第四届人大代表，全国第十届、第十一届人大代表。自2003年当选为全国人大代表后，她因提交并被采纳的议案多而赢得全国人大代表“议案大王”的称号。她认真履行人大代表职责的事迹得到人民群众的广泛认可，也得到各级人大组织的充分肯定。特别是她在义乌市建立“全国人大代表周晓光同志联络点”以及通过在电视上打广告向选民征集议案和建议的行为，被海内外多家媒体报道后，引发了巨大的社会反响，一度成为各类媒体上的政治性焦点人物。

二、周晓光履行人大代表职责的五大特征

我们通过与周晓光本人多次交谈，并到浙江省义乌市“全国人大代表周晓光同志联络点”，与其聘请的老同志骆族法、骆有光和资深专家陆立军教授等人进行深入交流后发现，周晓光在履行全国人大代表职责方面具有以下五个方面的突出特征。

（一）将巨大荣誉感转变为强烈的社会责任意识

浙江省义乌市目前本地居民约60万人，外来人口约60万人，每天流

动人口约20万人。1998年，周晓光首次当选为这样一个超大型县级城市的人大代表时，一方面在内心深处充满了感激之情，感谢人民群众将这份巨大的荣誉给予了自己；另一方面她又感到惶恐不安，不知道如何履行好人大代表职责，发挥好联系政府与群众的桥梁作用。后来在义乌市委、市人大和市政府的帮助下，她开始有意识地关注本企业以外的国家大事、时政要闻，特别是发生在义乌的各种民生点滴。那几年，义乌经济飞速发展，与国内外的商贸往来日益频繁。周晓光经过深入思考，强烈地感觉到要进一步提升义乌市小商品产业的发展档次，为国内外客商拓展广阔空间，就必须建设全新模式的小商品市场。于是，1999年，在义乌市第十一届人大二次会议上，她领衔提交了“关于建立饰品专业市场的议案”，受到义乌市领导的高度重视。后来经过市委、市政府的反复论证和召开多次座谈会，到2002年9月，占地420亩、建筑面积34万平方米、拥有9000多个商位、1万多户经营者的中国义乌国际商贸城一期工程建成并投入使用。这一议案被采纳及其所产生的良好反响，对周晓光当好人大代表起到了巨大的鼓舞作用。在后来担任义乌市人大代表的4年中，她共领衔提交了24个议案、6份建议。

2000年，作为对其担任义乌市人大代表期间努力履行代表职责的鼓励和肯定，她又当选为金华市第四届人大代表，这使周晓光感到身上的责任更重了，自己的眼光不能再局限于义乌这一个城市，而应该从金华乃至全省区域经济社会协调发展的角度，提出更多更好的议案。在这期间，周晓光走遍了金华所辖的义乌、东阳、兰溪、浦江、武义、磐安等县市，在金华市人大上就建设“大金华”发表了意见，希望通过社会各界的共同努力，促进金华市乃至整个浙江中西部地区经济的共同发展。她的建设性意见得到了高度重视，之后的浙江省“十一五”规划做出了建设“浙中城市群”的部署，金华市委、市政府也明确了“发展城市群，共建大金华”的战略思路，这使周晓光再次受到很大鼓舞。其间，周晓光在金华、义乌的各届代会上，还为义乌外来务工人员合法权益的维护、扩大义乌经济社会管理权限的试点等工作提交议案和建议，也都收到了良好效果。

2003年春天，周晓光当选为第十届全国人大代表，这是义乌市自新中国成立以来出现的第一个全国人大代表。她第一次走进庄严的人民大会堂，开始同国家领导人一起参政议政，共同讨论国家大事。2005年3月，在第十届全国人大第三次会议期间，她提交了32份议案，占全国议案总数的2.8%，占浙江代表团议案总数的21.2%，其中28份经大会主席团决定，交由有关专门委员会审议；2006年3月，第十届全国人大第四次会议期间，她提交了35件议案、15条建议，经大会主席团决定，全部交由有关专门委员会审议；2007年3月，第十届全国人大第五次会议期间，她共提交了议案41个，占浙江代表团提案总数的43%，经大会主席团决定，有40件交由有关专门委员会审议，另外她还提出建议29件。正是这些骄人的参政业绩，使她再一次当选为第十一届全国人大代表。

纵观周晓光十年来担任各级人大代表过程中积极参政议政的历程，我们感到，她之所以能够有上述出色表现，这与其浓厚的人大代表“责任”意识有着极其密切的关系。在我们与她交谈的过程中，她曾经说：“我从一个为谋生而走南闯北的山村女孩，成长为一个全国人大代表，如今能够和国家领导人一起共商国家大事，我心里真是思绪万千，百感交集，内心确实很感恩，同时想得更多的是自己身上的担子和责任。记得我1998年第一次当选义乌市人大代表时，首先感觉这是一种巨大的荣誉，因为在我们普通老百姓的心目中，人大代表是很神圣的。后来，参加了人代会并和其他代表做了深入交流，我渐渐感到，这不仅仅是一种荣誉，更是一份沉甸甸的社会责任。从那以后，我就很认真积极地参与做一个人大代表应该做的事情，去关注身边的人和事，当我的许多建议和议案同其他代表一样，被有关部门采纳后，我就更觉得人大代表确实有许多工作可以做，可以发挥很好的作用，我一定要当好人大代表。”她又说：“我觉得人民选我当代表是对我的一种信任，这种信任同时也是一种期望，对我也构成了一种压力。在我和选民接触的过程中发现，其实老百姓都很渴望贴近政府，但他们有的不知道怎么去反映问题，不知道通过什么方式和政府沟通，有的老百姓向我反映问题时都哭了，我很感动，我觉得人大代表可以在这方面起到很好的联系作用。”通过周晓光浅白、朴实的话语，可以折射出一个来自基层的人大代表内心深处所拥有的强烈的社会责任意识，也正是这种责任意识，铸就了周晓光履行人大代表职责的辉煌业绩；正是这种责任意识，练就了周晓光对员工、对客户、对同行、对消费者、对社会讲“合和”的品质。

（二）实现人大代表履职方式的综合创新

众所周知，目前我国的人大代表绝大多数都是兼职，每位代表都有自己的本职工作。这种情况决定了一个人即使阅历再丰富、思维再活跃、交往再广泛、思想再深刻、精力再充沛，也不大可能全面了解广大人民群众的所有疾苦，这就使得每一个代表所提议案的全面性、深刻性大打折扣。因此，如何广泛征求社会各界意见，真正发挥好人大代表沟通人民群众与政府的桥梁的作用，就成为每位人大代表所必须面对的重大问题。周晓光也同样无法摆脱这一困扰。她说："我 2003 年第一次参加全国人民代表大会时，和许多新老代表进行了沟通交流，发现别的代表所提的议案和建议既有广度，又有深度，而我自己的议案和建议无论数量还是质量都不如其他代表。我从心底感到惭愧和内疚，我深感自己有辱神圣的使命，辜负了选民的重托。那段日子，我真的坐立不安，吃不好，睡不好。"回到义乌以后，她不断地反省自己，"我意识到自己虽然有满腔热情，但平时和选民联系不够，社情民意了解得少，对人民群众普遍关心的问题调研不深，自己知识面不广，离'人民利益的代言人'还有差距。我必须虚心学习，广泛联系选民，打破这种局限性"。于是她把成立议案调研专家小组的想法同金华市、义乌市的有关领导进行了交流，得到了义乌市人大党组书记、常务副主任吴荣川的赞同和支持，吴荣川建议，调研组成员必须懂政策，知法律，有学识，察民情，有一定社会地位，有一定影响力、号召力。

2003 年 10 月，由刚刚卸任的义乌市政协主席骆祖法和原市政协副主席冯志来、宋荣潮，原金华市讲师团副团长骆有光，浙江省政府咨询委员会委员、经济学家陆立军教授五位来自义乌、金华、杭州的老同志和专家组成的"全国人大代表周晓光同志联络点"成立了。据我们调查，这个联络点由于办公场地由义乌市建设局免费提供，五位调研员都坚持不要报酬，办公用品、电话费、车马费和其他必要的调研费用，均由周晓光的新光集团公司负责供给，因此，调研组耗费的财力并不多。迄今为止，周晓光创立的联系点已有 5 年多的时间了，该联络点得到了各级人大领导和广大选民的充分肯定。在各级人大的指导下，联系点的工作也已规范化、制度化，迄今为止已接听电话 4975 个，收阅来信包括电子邮件 2012 件，接待上门反映情况的群众 3346 人次，到社区、到基层、到选民家做调研 60 多次，邀请社会各界人士召开了 35 次座谈会。这些，都为周晓光在各级人民代表大会上提出大量高水平的议案并成为"议案大王"，奠定了雄厚的理论和实践基础。

周晓光履职过程中的另一个创新点，同时也是引发社会各界广泛关注的一个热点，是她在媒体上打广告征集议案。2004年春节期间，义乌电视台综合频道栏目播出的企业拜年广告，播出了这样一条广告，画外音是周晓光的丈夫——新光集团总裁虞云新向广大义乌的父老乡亲祝福新年的拜年贺词，而在电视画面上，则打出了一组文字：“为迎接全国人大十届二次会议三月份在北京召开，欢迎大家建言献策，把义乌人民关心的国家大事带到大会上去”。他还公布了人大代表周晓光联络处的地址、电话和联系人。从2004年农历十二月二十八日起，到正月十五日，这条广告每天轮番滚动播出好几次。接下来发生的事情，周晓光做梦也没有想到，联系点的电话每天响个不停，至少有上百家媒体的记者蜂拥而至，要求采访此事，多家主流网站开辟了“周晓光专栏”，各类媒体对此事的报道和评论已经超过千篇。

一则记述周晓光履职情况的文字材料这样描述当时的情景：

“第一个打进电话的是金华市城东派出所的陈冠华，他激动地说：‘请转告周晓光同志，我深深地被她这一坦诚的举措所感动，我决定将自己多年来研究的两万多字的成果《怎样使财政支出合理》交给她，供她参加全国人民代表大会时参考。’

江西一位同志来电话说，周晓光能公开向社会征集人民代表大会议案内容，其勇气可圈可点，难能可贵，他为这一举动拍手叫好。

杭州机床厂一位职工来电话说，他父亲当了3届人大代表，每次参加人代会前都为提不出有价值的建议、当一个‘哑巴代表’发愁，周晓光的举措说明年青一代人大代表有开拓创新精神，有勇气，有魄力，不简单！

周晓光登广告征集议案的消息很快在网上传播开来，网友们开始就周晓光的这一举措发表意见，议论纷呈。

许多人认为，周晓光的做法是一个创举，作为全国人大代表，她在中国第一个通过传媒履行人大代表的职责，第一个通过传媒近距离与选民接触，她的举措推进了我国民主政治的进程，使人一改人大代表只埋头议事，很少与选民沟通的形象。

嗅觉灵敏的各路媒体闻风而动，纷纷涌来。由于广告在春节期间打出，结果，无论是周晓光本人，还是智囊团成员，或是媒体记者，都无法再过一个太平春节了。

周晓光的人大代表联系点立即人满为患，每天都要接到100多个电话和大量信件，接待好几批登门造访者。其中既有失地农民的控告，也有下岗职工的泣诉；既有请人大代表帮忙讨要社会保险费的求援，也有托他们关注城市“牛皮癣”的倡议。外地打来的电话占了80%，有的电话甚至来自四川、福建、江西等遥远的省份。初步整理的情况显示：腐败问题、三农问题、国有企业改制问题、政治体制改革以及私有财产保护等建议，是普遍反映的焦点。

从2004年年初三开始，周晓光接待了大量来自全国各地的媒体记者。中央电视台、新华社、新华网、南方周末、光明日报、解放日报、浙江日报、法制日报、中国妇女报、南方都市报、金华日报、华声报、浙江工人日报、都市快报、今日早报等记者，纷纷前来义乌采访周晓光。采访的话题主要是聚焦于人大代表究竟应该怎样代表人民、怎样来行使好自己的代表职责这一问题上。”

真可谓“一石激起千层浪。”究竟如何看待周晓光创办人大代表联络点和在电视上打广告征集议案这两项举措，媒体舆论和社会各界看法不一。绝大多数人认为，周晓光的做法是一个创举，作为全国人大代表，她建立联络点并在中国第一个通过传媒履行人大代表的职责，近距离与选民接触，她的举措推进了我国民主政治的进程，一改人大代表只知埋头议事，很少与选民沟通的形象。也有人认为，周晓光是在利用媒体作秀，因为联络点的建设和议案的加工处理需要成本，电视广告需要付费（据周晓光讲这则广告共花费8000元），所有这些对普通人大代表来说是无法做到的，这无疑将导致中国社会金钱政治风气的蔓延。是也？非也？只有任凭人们去评说。周晓光本人谈到自己打广告的初衷时说：“我在电视上打广告征集议案，既不是出于什么深谋远虑的政治体制改革意识，我只是一个企业家，没有能力和时间考虑那么大的政治问题，更不是要炒作自己，去作什么秀，因为我的企业在义乌、在全行业早已经是名声在外，我这么做完全是为了更好地履行代表职责，我是义乌市近15年来唯一一位全国人大代表，我只想更好地担负起为人民代言的责任。”无论周晓光本人如何看待自己的所作所为，但众多局外人已将上述两项创新行为解读为：周晓光的一小步，可能预示着中国宪政制度改革的一大步！客观地讲，这的确是周晓光始料未及的，但却构成了引发社会各界广泛关注的根本原因。

（三）充分彰显所提议案的广泛代表性

如前所述，人们担心周晓光的上述创新行为可能会引发中国社会金钱政治风气的蔓延。所谓金钱政治，其本质是资本阶层与权力阶层彼此勾结，相互牟利，共同鱼肉劳动阶层，它具体表现为资本阶层权力化、权力阶层资本化，两个阶层在既得利益上结成同盟，将权力的公共价值套现为小集团的利益，通过社会制度的安排和公共政策的制定，造成对劳动阶层利益的肆意侵占。从这种意义上讲，人们担心作为私营企业家的周晓光依靠自己所拥有的雄厚经济资本，去创新人大代表的履职方式，可能引发不利于人民群众的后果，是不无道理的。但就我们对周晓光履行人大代表职责具体情况的调研来看，似乎并未出现人们所担心的上述迹象，而且我们认为，她发自内心地在真诚履行人大代表的职责，她真诚地抱着一颗关爱社会、为促进社会和谐作贡献的拳拳之心。

就周晓光本人而言，她对自己作为人大代表所应担负的社会角色有着较为清醒的认识，对人大代表的职责也具有十分准确的定位。她深知自己虽然是以优秀私营企业家的身份获得选民和各级党委及人大组织认可而当选为全国人大代表的，但是义乌市现有100多万人口，却只有她一个全国人大代表，它所代表的并不只是她本人所在的资本阶层的少数民营企业家的利益，而且还代表着义乌市以工人、农民为主的广大劳动阶层以及其他各个社会阶层的共同利益。因此，她经常反复提醒和告诫自己，时刻不能忘记自己是从大山深处走出来的农民的女儿，必须牢固树立社会大局意识，不能仅仅局限在私营企业家的小圈子里去思考各种社会问题。当记者问及她为什么要打广告征集议案时，她回答说：“义乌市只有我一个人大代表，但义乌工人、农民和其他阶层的利益也由我来代表，如果听不到他们的声音，我的议案就缺乏广度和深度，”又说，“我个人的力量是很渺小的，眼光和思路也非常有限，但全国人大代表并非代表个人，而是代表群众。所以只有广泛听取人民群众的建议意见，才称得上是一个真正的代表。同时，只有努力向人民群众宣传党的政策和方针，才能真正起到沟通政府和群众的桥梁与纽带作用。我虽然是农民的女儿，但长期经商，只了解自己所熟悉的商业企业里的事情，对其他行业里的事情缺乏深入了解，建立联络点和打广告征集议案就是要倾听社会各界的呼声，把他们的要求和希望带到全国人民代表大会上去。”

就周晓光在历次人民代表大会所提议案涉及的社会领域来看，除了与其所从事的行业有关的内容外，更多的是其他各个行业和阶层普遍关注的共同问题。包括：关于要求制定《城乡规划法》的议案；关于要求制定

《社会保障法》的议案；关于要求制定《反垄断法》的议案；关于要求制定《精神卫生法》的议案；关于要求制定《网络游戏法》的议案；关于要求制定《农民合作经济组织法》的议案；关于要求制定《食品安全法》的议案；关于要求制定《税收基本法》的议案；关于要求制定《自主创新促进法》的议案；关于要求制定《慈善法》的议案；关于要求制定《国民素质提高法》的建议；关于加快建立诚信体系的建议；关于要求解决义乌市教育建设用地指标的建议；关于要求赋予义乌市大城市管理职能的建议；关于要求修改《未成年人保护法》的建议；关于要求把外来打工者群体纳入政府行政服务、管理范畴的建议；等等。这些议案、建议，主题大都涉及企业和谐、社会和谐等问题。其中，新光集团的"竞合—竞和"理念在这里也得到了一定体现。

（四）让更多高质量的议案被各级人大采纳

任何一份议案的出炉，其背后都包含着各位人大代表付出的艰辛劳动。周晓光谈到 2003 年第一次参加全国人民代表大会的感受时曾举例说："浙江省工会副主席章凤仙为了提出一份企业员工医疗保险议案，先后开了 12 次座谈会，一位教师代表平时不断走访家长积累了大量素材，最后归纳出有关教改的议案。"这对她的触动很大。如何合理分配自己的时间和精力，既要经营好企业，又要切实履行好人大代表职责？经过几年的摸索，周晓光逐步形成了自己的工作模式。据其联络点的同志介绍，每年的 11 月份，周晓光都会专门抽出一段时间与他们一起为来年全国人民代表大会所提议案做准备工作，他们将平时征集到的材料进行分析，然后，再对其中有价值的内容展开深入调研，在此基础上撰写出高水平的议案或建议。到人民代表大会上后，周晓光按照全国人大规则，每份议案都要征集到 30 位代表的签字，她每次都要风风火火地拿着资料，一会儿跑进这个房间，一会儿跑到那个房间，同这个代表说明，与那个代表交谈，向他们反复说明自己所提议案的重要性和紧迫性，最终才能保证前期工作不会付诸东流。

有关文字材料曾以《循环经济法》议案为例生动讲述了其出炉过程：

2003 年 10 月 11~14 日，中共十六届三中全会在北京举行，提出要"坚持以人为本，树立全面、协调、可持续的发展观，促进经济社会的全面发展"，这是党中央首次明确提出关于科学发展观的概念。周晓光代表敏锐地意识到，党和国家在新世纪的发展战略上做出了新的重大决策，国家经济社会发展模式将实现历史性的转变，为此，她积极了解、学习、搜集、整理科学发展观的有关内容，并逐步形成了自己对贯彻落实科学发展观的看法。她觉得，科学发展观就是要以满足人的需求为核心目标（这不仅包括当代人的需求，还应该包括后代人的需求），而这种需求的满足应该是长久的、可持续的，为此，在经济社会发展的过程中，应该突出强调协调、统筹、可持续的理念。

通过广泛搜集、整理相关资料，在她所熟悉的经济领域，她了解到，国外发达国家为了促进经济的长久、可持续发展，都极其重视循环理念，大力发展循环经济。通过进一步的深入研究，她认识到，循环经济是我国实现经济社会健康、可持续发展的必然选择，因为它是一种生态经济，其根本目的是保护日益稀缺的资源环境，并提高资源环境的利用效率，这对于改变我国粗放型的经济增长方式显得尤为重要。它能将清洁生产、资源综合利用、生态设计和持续消费等融为一体，将传统的以“资源——产品——废物”为流程的单向线性经济发展模式，转变为以“资源——产品——再生资源”为流程的反馈式经济发展模式。周晓光兴奋地意识到，循环经济为我国由传统的发展模式向可持续的经济发展模式转变提供了一个理论模式，从而有可能从根本上消解我国长期以来环境与发展之间的尖锐矛盾与冲突。

此时，她收到了居住在绍兴县柯桥镇的居民钧涛写给她的信，信中提议要求通过国家立法，规定手机生产厂家统一手机的电池和充电器的规格尺寸，并对手机开征环境保护税。信中说：“有媒体报道一块手机电池可污染600吨水（相当于85户人家一个月的用水量），我国2.5亿部手机至少需要2.5亿块电池，可污染的水约为1500亿吨（能供全国人民足足用上四年）。”看了这封信，周晓光震惊了，一块平时毫不起眼、习以为常的手机电池，居然有可能造成如此严重的环境污染问题。她觉得，信中提出的开征手机环保税、统一手机的电池和充电器的规格尺寸是一个好办法，可以一定程度上缓解手机电池可能对环境造成的污染，但这还只是治标之策，要想治本，就必须从手机电池可能对环境造成污染的源头和各个环节进行控制，为此，就必须树立循环理念，大力发展节约型经济，促进资源、产品的循环反复利用。

作为一名全国人大代表，她首先想到的是从立法的角度为循环经济的发展提供法律保障。于是，她通过阅读有关材料，到有关社区、农村进行调研，并专程到上海、杭州等地向专家学者请教，广泛搜集国内外关于发展循环经济、处理电子电器产品污染等问题的立法研究和实践经验。在此过程中她了解到，世界发达国家发展循环经济往往从废旧资源的回收和循环利用起步，并通过立法从国家法律的高度来保障各项工作目标的实现。例如，通过法制化轨道发展循环经济并走在世界前列的德国，早在1972年就已制定了《废物处理法》；1991 年通过的《包装条例》将各类包装物的回收规定为义务，设定了包装物再生循环利用的目标；1992 年通过的《限制废车条例》规定汽车制造商有义务回收废旧车；1996 年颁布的《循环经济与废弃物管理法》将促使更多的物质资料保持在生产圈内作为其核心思想。德国发展循环经济上的这一系列实践产生了明显的经济效益和社会效益，1990~1993 年，全社会生产过程中产生的废物减少了 20%、利用率从 45.8%上升到 60.6%，垃圾的利用率从 13.8%提高到 29.8%，废物清除行业 1996 年的营业额达到约 800 亿马克。

周晓光又了解到，在发达国家中拥有最健全的促进循环经济发展的法律法规体系的日本早在 1992 年就颁布了《循环经济法》，2000 年进而修订为《促进建立循环型社会基本法》，构建了包括三个层面的促进循环经济发展的法律法规体系，1 部基本法《促进建立循环型社会基本法》，2 部综合法《固体废弃物管理和公共清洁法》、《促进资源有效利用法》，5 部具体法律法规《促进容器与包装分类回收法》、《家用电器回收法》、《建筑及材料回收法》、《食品回收法》、《绿色采购法》。周晓光认为，日本所制定的《促进建立循环型社会基本法》，对于我国循环经济的发展和立法具有非常重要的借鉴意义，因为它提供了从法制上确定国家经济社会发展道路和方向的范式，提出了建立循环型经济和社会的根本原则，对于循环经济立法较为落后的我国来说，可以充分了解、借鉴、吸收发达国家循环经济立法上的经验、教训。同时，周晓光认为，构建较为系统完善的循环经济法律法规体系固然重要，但必须充分考虑到我国经济社会发展所处的具体历史阶段，要适合我国国情，而不能照搬照抄国外发达国家的做法。周晓光了解到，美国于 1996 年设立了"美国总统绿色化学挑战奖"，积极引导科技力量关注循环经济和绿色科技；日本设立了资源回收奖，鼓励市民回收有用物质的积极性。她认为，这是非常值得借鉴的做法，中国也可以设立"循环经济贡献奖"，奖励在循环经济研究、宣传、实践等领域作出突出贡献的单位、个人，引导、鼓励全社会强化循环经济法发展理念和可持续发展意识。

在对循环经济的内涵、外延和国外相关的立法研究、实践有了比较清晰的认识后，周晓光决定提出“关于要求制定《循环经济法》的议案”，并在提出这一基本法的基础上，从当前对我国影响较大、急需立法的角度出发，提出“关于要求制定《电子产品循环利用法》的议案”、“关于要求制定《家用电器循环利用法》的议案”、“关于要求制定《汽车循环利用法》的议案”三项具体立法建议。由此，关于促进我国循环经济发展的比较完整的法律体系的议案浮出水面。

这些议案提出后，引起了全国人大法律委员会和国家有关部门的重视，2006 年 4 月，全国人大常委会法制工作委员会、国家发改委环境和资源综合利用司来杭州调研，周晓光在会上做了《通过立法手段促进废旧电子电器回收利用与循环经济发展的几点认识》的发言，更加详尽地阐述了自己的见解。她认为，在立法过程中，理念上要与时俱进，要体现对资源利用的全过程控制、从源头减少资源消耗和消减污染物的排放。废旧家电、电子电器、汽车的回收利用要实行“制造商负责制”。要采取“产品受益者与义务承担者相一致”的原则，制造商、销售商、消费者在获得收益或满足的同时，必须承担相应的义务。要鼓励生产企业开展清洁生产、采用可回收原材料、循环利用资源；要明确规定政府、社会团体、居民等在废旧产品管理中的各自义务和责任。

从周晓光关于促进我国循环经济发展的完整法律体系的议案的产生过程可以看出，这一议案关注的是我国经济发展与自然环境的和谐、人与自然的和谐。

（五）努力提高自己的德才素质

我国法律规定，人大代表拥有选举称职政府官员、审议政府工作报告、依法监督政府工作等诸多权力，但所有这些权力的行使，都要求人大代表本人必须拥有较高的德才素质，能够深入掌握宪法和法律的有关知识，能够深刻领会人大代表制度的实质，并且要尽可能地使自己对经济、法律、科技、文化、卫生、环境、教育、信息等各领域的专业知识都能有所了解，只有如此，才能更好地尽到人大代表应有的职责。就我们所掌握的资料看，包括周晓光在内的整个“草根浙商”群体存在一个共同的文化特点，即这个群体崛起于阡陌之间，具有极强的商业悟性和果敢的行动能力，因为苦难，他们形成了坚强不屈的性格，敢于冲破各种阻力，知难而上，勇于吃苦，不怕挑战；但也同样是因为苦难，他们被迫过早放弃学业，知识储备不足，文化水平普遍较低，大脑没有经历过现代化洗礼和改造，在思维模式上缺少分析和解决问题的系统性和专业性知识框架，致使其规则意识和法治观念较为淡薄，在企业生产经营过程中，跟风胜过自主，模仿多于创新。据不完全统计，在目前正处于壮年期的第一代浙商中，80%出身农民，其文化教育程度50%为小学，30%为初中，10%为高中，大学几乎为零，还有极少数为文盲。在企业迅速成长过程中遭遇“瓶颈”之后，他们往往因为自身文化知识的不够而苦恼，有的因先天不足逐步落伍直至最后被淘汰，有的凭借在苦难中形成的不屈性格，乐于学习，勤于思考，并且善于将所学知识随时随地运用于自己的生产经营实践中，真正做到了活学活用，不断转型，迅速升级。就周晓光而言，她毕竟有过一个社办高中（20 世纪 70 年代中后期，浙江不少地区的学制为小学五年、初高中各两年，称为“社办高中”）的学习经历，使其具备了进一步提升自己文化水平的可能性，从而成为浙商群体里后一类民营企业家中的真正出类拔萃的佼佼者。

我们在与其交谈的过程中，曾就她的学习过程做过深入了解。她深有体会地说：“以前没有机会读书，这是时代带给我们这代人的缺憾。随着企业规模的不断扩大，面对日趋激烈的市场竞争，要驾驭好一个企业并使之立于不败之地，没有文化和专业知识不行！是现实逼着我必须不断地学习。1997 年，义乌市乡镇企业局为我提供了到中央党校学习的宝贵机会，使我第一次全面接触到企业管理、人力资源管理、财务管理、市场营销等各方面的系统理论知识、实际操作方法以及经典案例。回来后，我努力将所学的知识运用到自己企业的经营管理之中，取得了显著成效。从此，我更加重视自身知识水平的提高，一有机会就给自己充电。从国内培训班到国外学习班，从浙江大学、欧亚学院到美国、欧洲的知名学府，我从不放弃学习的机会。尤其是为了能更好地与国际理念接轨，学习借鉴世界最先进的经营管理知识和经验，2005 年我争取到一个去美国哈佛大学进修的机会，通过学习，使我清醒地意识到，要想成为一个杰出的世界级的企业家，就必须具有‘会当凌绝顶，一览众山小’的豪迈气概，树立奋斗不息、永无止境的人生信念。在对一些世界知名企业的发展历程和现状进行剖析后我逐渐认识到，发达国家的市场经济体制较为完善，企业运作比较规范，我国的大部分企业由于种种原因难以与之竞争。因此，我国企业特别是民营企业在拓展国际市场时应该量力而行，尽可能避免与跨国大公司集团正面交锋，应将发展中国家的市场作为突破口，采取迂回策略。”

周晓光认为，她去中央党校第一次参加培训的那场“及时雨”，对她的整个人生产生了巨大影响，乃至她用“重生”来形容这次学习。自从她身上的这种学习愿望被激活以后，她的另外一种能量也同时被激发出来。她不仅自己学，还鼓励丈夫学，鼓励家里的妹妹妹夫们学，鼓励企业里下属们学，鼓励义乌同行业的人学，甚至还去鼓励义乌的政府官员们学。在周晓光的大力倡导和努力推动下，她的企业里一批一批的干部被送去宁波、上海读团队建设、营销管理、企业文化、人力资源等课程，以及读中欧 MBA，新光公司的学习气氛渐渐浓厚起来。为了让公司内部更多的人有机会参加学习，也为了合理利用安排好时间和金钱，2006 年 5 月，周晓光挂牌设立“新光集团职业技术学院”，在公司内部加大培训课程的投入力度，开始了新光饰品公司学习型企业的打造和建设步伐。她不惜重金聘请知名学者、教授、咨询顾问等来公司授课，她曾花费巨资请国内和中国台湾地区的权威专家为公司骨干进行培训。有一次，她花了 17 万元请来中国台湾一位颇有名气的专家，来为公司的管理层骨干进行企业团队合作精神方面的培训。大笔的培训费惹得很多人侧目，但是周晓光认为这笔钱花得值。她是义乌商界最早给自己的企业引入培训机制的企业家，并且也是在这上面花钱最多的人。

自从她 1998 年当选为义乌市人大代表起，她便开始自学起《宪法》、《民法通则》、《选举法》、《代表法》以及《人民代表大会组织法》等法律和相关读本，借以提高自己的法律知识、法治意识和用法律眼光看待各种问题的水平，进一步深入认识人大制度的内涵、人大代表的职责以及行使职权的方法和途径，进一步加深对人大代表神圣使命的认识，为其当好人大代表奠定扎实的理论知识基础。通过周晓光的学习历程，我们不难看出，只有抓住一切有利机会，刻苦学习，努力提高自己的德才素质，才能真正把自己塑造成为一名合格的企业家和称职的人大代表。

有关周晓光本人率领全家努力学习各种知识，以便尽快适应企业发展需要的案例，一些媒体报道有过详细的描述：

去中央党校第一次参加培训的这场“及时雨”，使她酣畅淋漓地啜饮了一番知识滋润的养料。当她身上的这种对学习和吸收充满饥渴的强烈愿望被激活激发以后，她的另外一种能量也同时被激发出来。她深刻地体会到：只有不断学习，才能跟上企业发展、时代发展的前进步伐，我不仅要自己学，还要鼓励丈夫学、鼓励家里的妹妹妹夫们学、鼓励企业里下属们学、鼓励义乌同行业的人学，甚至还要鼓励义乌的政府官员们学。

她认为，做企业应该顺势而为，与时俱进，重要的是不断地追求既发展又和谐的关系和氛围，大家一起进步，共同成长才对。

虞云新成了第一个被逮的目标对象。“那时他工作非常忙，整天埋头苦干，有连续一个多月的时间每天平均才睡觉两三个小时。经常熬夜忙通宵，早上六七点钟干好，稍微睡一下，9 点多钟又来上班了。我说再这样下去钱是赚到了，命都要没有了，向他提出要引进人才，要他去学习。我还威胁他说，如果你再不学习再不进步，就不是你淘汰我，而是我淘汰你了！”周晓光哈哈大笑着说。

在公司的管理层人员会议上、在家里的饭桌上、在员工的培训课程上、在和人的谈话交流中，只要有合适的机会，她总是苦口婆心的反复强调说：“如果一个人不学习，不上进，想法跟不上时代，很快就会落伍，很快就会被淘汰的。”

她成了一个热衷于学习，并且热衷于张罗学习的人。

1999 年，义乌工商学院开办“厂长经理大专班”，整个义乌的制造业系统里，周晓光和虞云新是第一个去报名的，每个周末坚持学习，坚持了两年。

2000 年，她和虞云新又一起去宁波健峰商学院读 MBA，后来又去上汇才，丈夫的学习积极性果然被激发了出来。当时也有同学建议说，考虑到企业的工作安排和学习的有效性，最好他们夫妻两人不要同时在一个班上学习。

采纳了这个建议，周晓光说服虞云新，让他先读中欧国际工商管理学院的全球 CEO 班，硬推着他继续往学习这条道上走。后来虞云新和杨澜做了同学，他们是中欧最早的一批读全球 CEO 班的学员。运用国际上先进企业管理的理念，结合中国企业运作的实际，案例分析、交流讨论、模拟碰撞、互动考察，生动活泼的学习形式，虞云新愈加尝到了学习的甜头。

周晓光在丈夫后面一年去读了中欧国际工商管理学院的全球 CEO 班。每个月连续 4 天，她情绪高涨精神抖擞地坐车赶往上海，在课堂上认真做笔记，积极参与讨论发言，向老师和其他的企业家同学虚心讨教。得知她是上届学员虞云新的太太，中欧的老师纷纷称赞他们的学习精神，说像这样夫妻双双都来读全球CEO班的企业家，在中欧管理学院以前几乎还从来没有碰到过。

与此同时，周晓光不断做工作说服企业内部的高层管理人员，要送他们去外面读书。开始主动愿意学习的人很少，需要周晓光向他们说好话，好像给她面子似的才答应学习。她亲自带领企业管理团队远赴北京学习进修。在周晓光的大力倡导和努力推动下，一批一批的干部被送去宁波、上海读团队建设、营销管理、企业文化、人力资源等课程，以及读汇才、读MBA，新光公司的学习气氛渐渐浓厚起来。

为了让公司内部更多的人有机会参加学习，为了合理利用安排好时间和金钱，周晓光在公司内部加大了培训课程的投入力度，开始了新光饰品公司学习型企业的打造和建设步伐。她不惜重金聘请知名学者、教授、咨询顾问等来公司授课，她曾花费巨资请国内和中国台湾的权威专家为公司骨干进行培训。有一次，她花了17万元请来中国台湾一位颇有名气的专家，到公司来为公司的管理层骨干进行了企业团队合作精神方面的培训。

大笔的培训费惹得很多人侧目，但是周晓光认为花得值。她是义乌商界企业界最早给自己的企业引入企业培训，并且在这上面花钱最多的人。

周晓光继续趁热打铁，鼓励自己家里人跟上来，也参与到学习中去。她说："光我们两人学习还不行，要全家人一起学才行。并不是对家人期望高，而是希望让他们通过学习能够更好地理解我们。"

妹妹周晓芳、周玉霞、周惠萍等都不同程度地开始读起各种课程，有的读浙大MBA，有的后来去读中欧CEO班；最小的妹妹周丽萍读书成绩一向很好，就鼓励她多读，送她去中国香港念书；弟弟周义盛被送去清华大学读一段时间，后来又送他出国去新西兰读MBA；几个妹夫也先后加入到学习的行列中来。

"只要家族人员乐于学习，善于学习，在学习中不断成长提高，增长才干，公司当然也会乐意于用好他们的能力的。"

"那时我们家里人经常聚在一起，今天这里、明天那里，一会上海，一会宁波，一会杭州，疯子一样地到处去学习、去听课。"周晓光说。

转眼又到了一个周末的时间，周家几位姐妹伴着周家的几位女婿，浩浩荡荡地一起出发坐车去上海读书。三四个小时的路程，加上住酒店的费用，花钱又费时的学习，却渐渐地越来越赢得周家人的喜欢和认同。听课、记笔记、讨论、消化，成为一件有意义的事情，结识同学，开阔视野，提高层次，获得进步，则是学习直接带来的益处。

最开始的时候，爸爸妈妈有点想不通，学费这么贵，且学的都是书本上理论上的东西，到底能不能真正帮助到公司的发展呢？后来他们也逐渐理解了。

在对待不断学习和培训这件事情上，周晓光和虞云新一直保持一份清醒的认识和积极的姿态。他们认识到：前几年公司发展得不错，除了自身的刻苦努力，确实也有机遇的幸运成分在里边。一个企业要想保持“基业长青”，长久发展、健康发展的状况，必须要不断地加强学习，不断地跟上时代，否则，终将被时代所淘汰。

三、周晓光与新光集团的和谐发展

周晓光既是义乌市唯一的全国人大代表，也是义乌市数千名私营企业家中涌现出的杰出代表，这种集人大代表与企业家二者于一体的特殊身份，对新光集团实现“竞合—竞和”经营管理模式与建设和谐企业具有何种意义？围绕这一问题，我们先后与周晓光进行了两次深入交谈，结合她本人的感性认识和对新光集团的综合考察，我们认为，其人大代表的政治身份对新光集团的实现“竞合—竞和”经营管理模式与建设和谐企业具有以下两方面的意义。

（一）企业家的综合素质影响企业的和谐发展

综观西方经济学家对企业家的研究成果，可将企业家的整体素质概括为以下四个方面：一是技能性素质。如创新能力、进取能力、指挥协调能力等。二是社会适应性素质。如超乎寻常的坚强意志、适度的自我控制、极富远见的洞察力、全心全意的精神投入等。三是伦理性素质。如勤奋、勇敢、节俭、认真、谨慎等。四是政治性素质。真正的大企业家会直接或间接地参与国家重大决策，“二战”期间，德、日、美、英的大企业家就像军事领袖一样，积极参与攻城略地、征服占领、经济控制等活动。

我们认为，拿西方经济学家对企业家整体素质所提出的上述要求来衡量中国国营和民营企业中各类大大小小的企业家，中国企业家的综合素质尚存在很大差距。就国有企业家而言，由于他们都具有一定的行政级别，干好干坏都不会丢掉“铁饭碗”，其中一些技能性素质和社会适应性素质相对较差，而伦理性和政治性素质问题则比较突出。就民营企业家而言，当前我国较具规模且经受过一定历史阶段锤炼的民营企业家们，通常都具有较强的技能性和社会适应性素质，但其中一些企业家伦理性和政治性素质相对较弱。而周晓光作为中国民营企业家的杰出代表，其过人之处，在于她努力克服了其他民营企业家通常具有的缺陷，不仅具备了较高的技能性素质和社会适应性素质，而且还具备了较高的伦理性和政治性素质。之所以如此，这与她十多年来连续当选义乌市、金华市和全国人大代表的政治经历密切相关。我们在与其交谈的过程中，她说：“我这些年当选人大代表的最大感受是，提高了我作为企业家的综合素质，例如，我曾连续六年与习近平（原浙江省委书记，现任国家副主席、中央政治局常委）同志在浙江代表团出席全国人民代表大会，在共商国是的过程中，从他以及其他国家领导人的言谈举止中，学到了许多为人处世和做好政治工作的方式方法，这对我开阔视野、经营好自己的企业具有很大帮助。此外，我还从其他人大代表身上学到了大量自己过去根本不熟悉的东西，以前自己只关心与饰品行业有关的事情，当上人大代表后，与社会各界互动的机会多了，对其他领域的事情了解得越来越多，这有助于我从更广阔的视角考虑自己企业的未来发展问题。”

（二）新光集团的诚信度制约企业的和谐发展

通常情况下，一个企业的经营战略主要有两类：守法经营和信誉经营。守法经营强调竭尽全力避免不法行为的发生，其主要做法是依靠某些相关的法律规范、严格的纪律和监控措施来维持企业行为的标准。与守法经营不同，信誉经营强调企业的信誉，不把查处和惩罚错误行为当作企业的管理目标，而是通过明确企业的一系列组织理想和责任来指导企业员工的行为，例如，提供优质产品，追求顾客最大满意度，重视投资者的利益，认真履行各种社会责任等。实现信誉经营的关键是，充分认识企业法人人格的极端重要性。在日常生活中，自然人之间的交往注重的是每个人的人格品行，市场经济是法人与法人之间的交往，法人也应当像自然人一样，做一个具有高尚人格的法人。

周晓光既是新光集团的董事长，又是全国人大代表，这一特殊的政治身份在一定程度上增加了义乌乃至全国商界对她本人人格和新光集团法人人格的诚信度。当我们问及全国人大代表的身份是否为她的企业经营带来某种便利因素时，周晓光非常客观地指出："自从我当选全国人大代表以来，我感觉这种特殊的政治身份对我的企业经营既有有利的一面，也有不利的一面。就有利的一面而言，很多人在和我的企业进行商业交往时，一听说我是全国人大代表，很容易从心理上产生一种信任感，因为在中国十几亿人口中，能当选全国人大代表的人毕竟是少数，而一般人都觉得全国人大代表应该能够代表人民的利益，如果这个人在道德品行方面存在重大问题，他是不会被人推选上去的，正是这样一种极其朴素的感性认识，使得许多人在与我打交道时很容易产生安全感，认为我起码不会去坑蒙拐骗别人的企业，相反，近些年来我倒是被别人蒙骗过数次。"

当然，人世间的任何事情有利就有弊。周晓光认为："人们越是这样信任我，我就越要高度珍视这份荣誉，不要往全国人大代表脸上抹黑，这在很大程度上增加了我的心理负担，使我不敢像其他企业家那样放胆做事，除了在宪法和法律允许的范围内，享受和执行好各种正常的国家政策外，我从来没有以人大代表的身份去找各级党政领导干部为我自己的企业办事，在历届人民代表大会上，我除了谈社会各界广泛关注的公共领域的重大议案和提案外，从来没有像某些企业家人大代表那样，大谈特谈自己企业里的事情。此外，我还感到，有些时候我的人大代表身份还使得某些党政领导干部在与我的企业打交道时，采取敬而远之乃至保持高度警惕的戒备心态，反而不利于我的企业的发展。"可见，周晓光集人大代表与企业家于一身的特殊身份，对新光集团和谐企业建设所发挥出的影响十分复杂，不能简而化之地去进行粗放性评说，而需要具体问题具体分析。

但有一点是可以确认的，那就是：周晓光的"合和"式人格引生了新光集团的"竞和"发展模式，而新光集团的"竞和"发展模式又进一步培育、塑造了周晓光的"合和"式人格，这种"合和"式人格又进一步促进了周晓光的政治成长，周晓光的政治成长又进一步要求她所经营管理的企业行使好"竞和"发展模式，这种"竞和"发展模式促进了新光集团、新光集团董事长周晓光、新光集团广大员工、义乌饰品行业、中国社会共赢共进、共同发展、和谐成长。这是一种循环互动，这是一种循环共生。

附　录

周晓光：不可忽视的一小步

原载于《南方周末》2004年2月12日，作者 毛寿龙。

最近，全国“两会”即将召开，有关人代会制度的发展，再次进入人们的视野。在这一背景之下，浙江省义乌市的全国人大代表周晓光的新举措，也受到了人们的广泛关注。

她的做法其实很简单：设立全国人大代表联络点；通过电视向选民征集议案。

那么，是什么原因，使得这个事件受到了那么多的关注呢？这有很多原因。制度学者的看法是，它对于中国民主政治的发展有制度性的意义。

它在推动中国的政治秩序走向现代化。周晓光的举措，表明人代会的重要性正在凸显，公民的利益和意见，不仅仅表现在市场经济中的逐利行动，而是开始向政治渗透。政府与公民之间的名义上的公仆与主人、实际上的父母官与子民之间的不对称关系，即将为政府与公民之间在宪法与法律框架内自由、平等关系所取代。而这种关系的改变，需要有成熟的民主政治机制，让政府尊重公民的自由和权利，让政府成为公民福利的辅助性的工具，而这一切都需要有积极主动、精明强干的人大代表。如果她的作为被其他人大代表纷纷仿效，则很可能成为中国政治发展的关键的一步。

除此之外，周晓光的举措，还给民意提供更多的上行渠道，给国家贡献更加符合民意的议案，给国家的政策增加更多的民意基础，让人代会的运作更加贴近民众。

当然，周晓光的举措，也并非没有缺陷。

显然的缺陷是，很可能导致金钱政治。周晓光设立全国人大代表联络点，通过电视广告向选民征集议案，其所用的资源都是个人的。电视广告是需要付费的，联络点的建设是需要成本的，议案的加工处理是需要资源的。目前这一切都是周晓光个人来支付的，是典型的个人提供、个人付费的公益物品。如果周晓光不是企业家，而是一个富有公益心但收入一般的公民，很可能支付不起这样的成本。其结果就是，人大代表与公民关系的密切程度是与人大代表的收入水平和公益心成正比的，人大代表越富，越能够提出议案，人大代表越穷，越难以提出议案，从而导致金钱政治的消极后果。

要解决这一问题，最根本的办法是在制度上解决人大代表履行职责的融资问题，方法有很多，最核心的措施是，让每个人大代表都建立选民工作站，其经费由公共财政支付。经费包括行政费用，也包括人员聘请费用，让每个人大代表都有一样的经费去聘请秘书，都有资源去聘请专家助理。辅助性的措施是，人大代表还可以从民间融资，但要在法律上确立一个适当的框架，让其民间融资的运作是公平、公正、透明的，以避免民间融资可能导致的金钱政治的问题。

另一个值得深入思考的问题是，如何深化人代会制度的改革，使之适应积极人大代表的运作，使民意得到更加充分的反映、议案得到适当处理。因为现在的全国人大全体会议，只有每年一两个星期的会期。而全国人大代表却有 2894 个。如此短的会期，如此多的代表，在人民代表积极行动起来之后，显然不足以表达越来越多的民意，也难以处理越来越多的议案。不同民意和各种各样的议案，不能找到适当的处理途径，就会导致各种各样意想不到的政治问题。

对此，制度上的解决方案也很简单，减少全国人大代表的数量，完善人代会内部运作机制，人代会的会期要适当延长，人大代表应该专职化，取消兼职代表，在人代会会场有办公场所。

义乌全国人大代表周晓光公开征集议案引出的话题

原载于《浙江日报》2004年2月4日，记者 任琦。

采访周晓光，是在响个不停的电话声中进行的。提建议的，要求采访的，联络办公室整理建议的……周晓光偏着头想了一想“这几天，从中央到地方，本省的，外省的，平面媒体到电视，大大小小总有几十家媒体来采访了吧！”尽管这几年荣誉的光环一直笼罩着她，让她经历了许多大场面，但是她仍没有想到这个广告的效应居然这样大，一下子把她推到了强烈的聚光灯下。

“我在尽一个人大代表的职责”

广告其实也很简单，画外音仍旧是通常的企业家贺岁广告。但滚动的字条却与众不同。据义乌市电视台沈先生提供的资料，广告是农历腊月二十八开始播出的。原文为“为迎接全国人大十届二次会议3月份在北京召开，欢迎大家建言献策，把义乌人民关心的国家大事带到大会上去。联络处地址……”这则广告将一直播到正月十五为止。

周晓光2003年1月当选为全国人大代表，在此之前她也是义乌市和金华市的人大代表。说起这次广告征集议案的源起，周晓光说，主要是觉得自己当选了全国人大代表，就必须提出有分量的议案与建议。而自己平时忙于企业工作，对能否达到这一要求，心里没底。所以早在去年10月，她就取得了义乌市有关领导的支持，聘请了5位老同志专门成立了一个人大代表联络点。这5位老同志都有多年宏观管理和调查研究的经验，因而到春节前，通过走访调查，已经准备了三十个左右的议案。但她总觉得还不够，希望把更多的民情民意带到全国人大会议上去。

“到目前为止，共征集了多少建议与议案？”

“广告登出到2月3日中午，总共接了300多个电话。具体的内容还在进一步整理中。”

“征集的建议与议案的质量如何，有没有达到你的预期？”“反映出乎意料的好。而且上海、成都、本省的其他县市都有。”

“此次征集让你印象最深的是什么?”

“通过这次征集，我从来没有像今天这样意识到作为一个人大代表的职责。昨天，我接到一个本省其他地市的市民电话，他情绪激动，向我反映问题。我因为主要征集全国人代会的议案，而他反映的是需要地方解决的，于是我就建议他去当地反映。没想到他一下激动起来，说‘我不知道我们这里的人大代表是谁，我也不知道人大办公室在哪里。’我听了非常震动。虽然这可能不是普遍现象，但是至少说明，选民与人大代表之间的沟通与联系是多么重要。”

“也有人说，你这样做，不排除是在借机做宣传。”

“别人怎样说，我不知道，但我自己是很坦然的。因为我只是想做好一个人大代表应尽的职责。到目前为止，除了春节期间打印材料，联系点的专家到过我厂里外，没有给企业做过任何事。我做这些也没有冠以企业的任何名称。我既然是义乌市近15年来唯一一位全国人大代表，就要担负起这个责任。”

打开窗，让风进来

周晓光的做法，无异于打开了一扇窗，让风进来，让选民与代表之间架起了一座沟通的桥。在现代社会，借助现代传媒的力量，这座桥广泛地为人所知。也许是受这一做法的启发。记者了解到，浙江省一家法制类平面媒体也收到了一位人大代表的来信，要求让报社能免费为他刊登同样内容的信息，征集议案内容与建议。

据悉，义乌市正准备推广周晓光的做法。市人大常委会党组书纪、常务副主任吴荣川提出了自己的两个想法：一是以周晓光事例为样板，进一步推广经验，让四级人大代表都建立自己的联系点；二是四级人大代表都要建立自己的调研网络，以此提高人大代表议案的质量。

从记者的采访来看，大多数市民都对此举做出了正面的评价。

杭州商学院的朱老师说：“这个做法不错。一方面，我们不仅可以知道有了情况可以向谁反映；另一方面对人大代表来说，也可以起到一个监督的作用。”

天水社区的俞师傅则说：“最好每个人大代表都能告诉我们他（她）的联系方式，有了什么事，我们可以找他帮我们呼吁一下。”

浙江大学政治学与行政管理系的余逊达教授在接受记者采访时认为，周晓光的做法在目前条件下是值得肯定的，具有积极进步的作用。

他说，这首先说明代表的意识在觉醒。新中国成立以来，我们一直实行人民代表大会制度。从法理上说，人民代表是国家权力机关的组成人员，直接参与国家机关的决策。但是在实践中，代表主要在开人代会时行使职权；人大闭会期间，代表履行职责的随意性就比较大，没有制度上的实体性安排。代表与选民的联系还不够广泛，这就会出现选民不知到哪里找代表，代表不知道选民最关心什么的脱节现象。

余逊达还对周晓光设立联络点的做法表示了肯定。他说，周晓光作为全国人大代表，能够自己出钱设立联络办公室，反映民情民意是值得肯定的。

反思，是为了进一步完善

在这些赞扬声里，反思的声音虽然微弱，但是却同样发人深思

反思之一：反映民意要有经济实力做后盾？

有些人认为，周晓光的做法虽然值得肯定，但是没有可复制性。对一个企业家来说，她有经济实力来做广告，聘请一个强有力的专家班子。那么对一个身处基层一线的代表来说呢？只能是心有余而力不足。经济实力不同的代表如何保证能站在同一起跑线上？需要立法，需要制度来干预吗？

浙江省人民代表大会法制委员会副主任委员丁祖年认为，“机会的公平性”是相当重要的一环。

他首先肯定了周晓光做法的积极意义，同时也指出，这种做法促使我们对如何更好地为代表履行职务提供服务和保障问题的思考。随着民主政治的不断发展，代表素质的不断提高，代表对加强与选民的联系沟通的愿望越来越迫切。在这种情况下，迫切需要国家采取有效措施，创新制度，加强力量，为代表联系、沟通选民提供有效的途径，包括提供必要的技术、经费和人力上的帮助，使所有代表都有充分的机会加强与选民的联系和沟通，同时也便于社会对代表的监督。

曾为三届全国人大代表，现在在浙江省财贸工会工作的章凤仙从另一个角度为我们指出了各种各样的反映民意之路。章凤仙是从营业员开始，一步一个脚印成长起来的。在她担任全国人大代表期间，多次成为“议案冠军”。她的体会是“代表首先要做一个有心人，时刻意识到自己的职责，并且要不断学习，懂得自己作为代表的权利与义务。”她说，做广告固然是征集议案内容的一个好办法，但并不是唯一有效的。开座谈会、调查，与周围的群众交朋友，使他们有话愿意和你说，都是收集议案内容的好办

法。就算是处于一线的代表，也有很多方法可以收集民意。比如企业中周围的职工、自己的生活圈。他们反映的问题可能是微观的，但可能也是普通群众最关心的。“而且，这样最容易听到真话！”章凤仙强调说。

反思之二：能不能真正做实事？

人们常说“隔行如隔山”。现代社会分工越来越细。周晓光作为商贸界代表对本行业情况很熟悉，对广告征集来的建议，方方面面情况很复杂，她有能力一一做调查，保证不被误导吗？

的确，代表整理归纳议案与建议，需要做大量的调查核实工作。浙江省人大的有关同志透露说，以前，他们曾有过这样的想法——为普通人大代表配备“代表助理”，协助他们做好这方面的工作。当然并不是一名代表配一个助理，而是成立这样的机构，为有需要的代表服务。他认为，只要机制得当，现有的人大机构也可以承担这方面的职能。这样就能在很大程度上保证收集来的建议与议案内容的准确性与针对性。虽然这个想法由于诸多原因现在还不能付诸实现，但可以作为一个方向。周晓光的联系点，其实就起到了助理的作用。

当今这个时代，是一个观念与做法不断创新的时代。新事物新情况层出不穷。它们在争论中前行，既有新锐进步的一面，也有需要不断反思与完善的一面。不论怎样，正如一位学者所说的：“为了让我们的制度更完善，更加符合社会进步发展的方向，我们需要‘摸着石头过河’。”

“为我履责提供强有力帮助”
——全国人大代表周晓光开设“选民联络工作室”

原载于《人民日报·华东新闻》2004年5月15日，新华社记者　谢云挺。

“个人开设‘选民联络工作室’，主要是为了方便各地的选民与我沟通。”日前，浙江义乌市的全国人大代表周晓光感慨地对记者说，“工作室的热线电话0579–5587556，打开了我收集选民意见、倾听选民声音和与选民之间情感共振的渠道。”

去年当选为全国人大代表的周晓光，以人大代表的身份在家乡义乌设立了全国第一个“选民联络工作室”，并在春节前后自费在电视台做广告，公开向选民征询全国人大议案的议题内容。此事经媒体报道后，迅速引起广泛关注。周晓光介绍说，工作室开设半年多时间，收到了全国各地1000多封信函，还有大量的文传和电话，每天来访的各地选民络绎不绝。“这些大量的信息与沟通为我履行好人大代表职责提供了强有力的帮助。”她说，“今年3月赴北京参加全国‘两会’期间，我个人提交了13个议案，其中有7个议案被全国人大采纳。另外，我还提交了24个建议。”

周晓光的“选民联络工作室”设在义乌市中心的江滨路建设大楼907室。“为什么要选择此处，而不放在自己的企业里？也能给自己节约些开支。”记者问。“主要是考虑让外地选民容易找到这里。”周晓光说，“这里是义乌市政府的便民服务中心，自己的企业在郊区，外地人找到很不方便，又增加交通费用。”

据了解，周晓光的工作室聘请了5人的工作班子，其中有大学教授，有金华市和义乌市的退休干部。一人每周保证在办公室值班5天，负责材料收集、电话接听和人员接待。周晓光说，工作室一般不处理个案，他们从得到的大量信息中，发现社会发展过程中带有普遍性和全局性的问题，来进行分析筛选和深度调研。她说，今年从北京“两会”回来后，工作室目前又有10多个课题在着手调研，涉及环保、教育、卫生、司法等诸多领域。周晓光的举动得到了浙江省和金华市人大常委会的肯定。义乌市人大常委会专门下发了文件，凡周晓光组织的考察调研，要求各局、乡镇全力予以配合。有人认为周晓光的举动是“种豆得瓜”，它之所以引起强烈反响，一个重要的原因是目前人大代表和选民之间沟通渠道尚不丰富的情况下，开设“选民联络工作室”开辟了一个人大代表与社会公众保持良性互动的新途径，是一个创举。浙江大学政治学与行政管理系教授余逊达认为，这反映了我国政治文明建设的一种走向，一种可喜的进步。记者在浙江采访了几位全国人大代表，他们从周晓光的举动中感受到了压力。“不能再做‘沉默代表’，这样心里有愧，提不出好的建议，实在对不起那些投过我一票的选民。”一位不愿透露姓名的全国人大代表对记者说。

今年42岁的周晓光，1978年从穷山沟里出来摆地摊，如今是拥有3600名员工的浙江新光饰品有限公司的董事长。

自费登广告征民生议案

——义乌市全国人大代表周晓光在社会各阶层中征询议案准备带到北京

原载于《文汇报》2004 年 1 月 30 日，记者 万润龙。

前几天，浙江义乌电视台滚动播出的一条广告引起了人们的广泛关注，该市的全国人大代表、浙江新光饰品有限公司董事长周晓光向社会各界征询全国人大议案的内容，以便在今年 3 月参加全国人大时，把人民心声带到北京。

记者拨通了广告上公布的联系电话，接电话者是“周晓光议案调研组”成员骆有光。骆有光介绍说，周晓光是义乌市唯一的全国人大代表，去年 1 月当选。在全国人大十届一次会议上，周晓光领衔或签名向大会提交了 36 个（条）议案和建议。周晓光的企业有 3600 名员工，她平时很忙，经常出差。去年 10 月，周晓光聘请了义乌、金华和杭州的 5 位老同志和专家组成议案调研组，深入企业、街道、机关调研，并设立了 24 小时值班的专门办公室，听取社会各阶层的意见和建议。为了让更多的普通百姓反映情况，周晓光又花 8000 元钱，从 1 月 18~2 月 8 日连续 20 天在义乌电视台做广告。骆有光告诉记者，他原是浙江金华市讲师团副团长，应周晓光邀请担任调研员以来，每天都会接受群众来电来访。调研组每隔 10 天左右会集中一次，周晓光每次都参加。目前，调研组已经从大量来人来电来访中整理出 10 个方面的内容，其中包括供电、打工者权益保障、发挥行业协会功能、重视水源调查、改善在华外商生活环境等。

记者随即又电话采访了周晓光代表。她告诉记者，她的行动得到了义乌市人大常委会的支持，常务副主任吴荣川与她一起商定了调研组的工作内容，市人大还就周晓光代表征询议案内容给全市各部门、乡镇发函。周晓光表示，自己是新代表，去年的议案和建议已经全部收到了回复，今年的议案和建议将更加接近民意。

新义乌人劳动并快乐着

“员工就是我的兄弟姐妹”

——记浙江新光饰品有限公司董事长周晓光

原载于《义乌商报》2003年5月1日。

红红的蜡烛点燃了，烛光把员工们的脸庞映照得通红。这是新光集团正在为百名员工过集体生日。此时此刻，一些员工激动地说：“新光公司温馨似家，周晓光对我亲如兄弟姐妹，我们一辈子愿在新光公司工作。”

为企业员工过集体生日，这是新光公司的传统。新光公司有2000多名员工，人员众多，对此，周晓光专门建立了员工档案，每月为当月出生的职工集体过生日，给过生日的员工们送上生日蛋糕、生日贺卡及其他礼物。

新光公司的董事长周晓光深有感触地说，员工是公司最重要的“资产”，也是自己的兄弟姐妹，他们关系着公司的成败。对自己的员工必须尊重和欣赏，时刻关注他们个人的物质需要和精神需要。

除了为员工过集体生日，每当员工有困难，周晓光更是像对自己的兄弟姐妹一样帮助他们。

新光公司有一名叫卢凤娥的湖北籍员工到了临产期，但父母不在身边，丈夫也在别的企业加班，周晓光听到员工的报告后，马上把卢凤娥送至市人民医院检查，忙这忙那地始终守候在卢凤娥身边。当听说刚出生的婴儿即将窒息，急需送金华市中心医院抢救时，周晓光又二话没说，立即用自己的小车将卢凤娥送至金华。晚上，周晓光又把一碗热乎乎的红枣核桃汤送到卢凤娥面前。

周晓光不仅对待自己的员工如此，对待员工的家属也是如此。只要员工的家庭有困难，她就把他们的困难当作自己的困难，并尽力给予解决。

有一次，员工李荷花的母亲在义乌发生了车祸。周晓光听到这个消息后，一边安抚李荷花，一边资助了安葬费。当李荷花的亲戚朋友来义乌后，周晓光又为他们安排吃住的地方，回去时又给他们车路费，直至这一事件得到了妥善处理。

对待昔日的员工，只要他们有困难，周晓光依然帮助解决。新光公司有一名员工因违反劳动纪律，擅自离岗，后又自动离厂，在另一家企业找了一份工作。有一次，这位姓汪的打工者被一辆汽车撞得不省人事。新光公司的员工看到这一情景后，报告了周晓光。周晓光立即赶到把他送至医院，并安排公司其他员工照顾他。在生产紧张、人手紧缺的情况下，周晓光每天都派出员工昼夜照顾这名昔日的员工。医药费不够又是周晓光给予援助。事后，这名打工者动情地说，自己早已不是新光公司的员工了，但周晓光不计前嫌，依然像家人一样照顾他，他此生永远也不会忘记。

周晓光常常对自己的员工说，她原先也是一名打工者。她说，贫穷并不可怕，怕的是人没志气。只要自己勤奋努力，总有战胜困难、走向成功的一天。

善待员工，一切公司和组织都不应把员工当成赚钱的工具，而应该真正把他们当作主人翁来看待。在今年全国人代会期间，周晓光就根据义乌和本企业的实际，提出对农民工进城打工要大开绿灯的建议。她说，目前，全国有上亿的农民进城打工，义乌外来民工达四五十万，他们是经济发展的一支主力军，这支队伍的稳定与否，事关未来，必须确保他们的合法权益不受侵害。

生活中的点点滴滴，折射出这位女企业家的高尚情怀。周晓光说，在我们这个充满爱的社会里，人们在付出真诚、付出爱的同时，也得到了真诚、得到了爱。正如一首歌中所唱的：只要人人都献出一点爱，世界会变成美好的人间。

民意是参政议政的智慧源泉
——观察家·再评人大代表广告征集议案

原载于《南方都市报》2004年1月31日，作者　陈杰人。

在第十届全国人大二次会议即将召开之际，全国人大代表、浙江企业家周晓光在当地电视台打出广告，向民众征询议案内容。

显然，周晓光此举意在汇集民间智慧，提高自己作为一个全国人大代表的参政水平，同时也使自己的议案更接近民意。近几年来，人民代表大会制度不断完善，其中最典型的现象就是人大代表和选民关系更加密切，议案和表决等具体行为越来越多地反映选民的意愿。但在代表和选民的联系密切程度、议案和民意的关联性等方面，我们的人大代表议事制度还有很多可以改进和加强的地方。

比如说，个人当选人大代表之后，选举者和选民能在多大程度上联系到代表？一个代表所提出的议案，到底是反映选民的意愿还是反映其本人的利益诉求？议案提出之前，是否有过征求意见和磋商、论证的过程？议案的质量和全国人大这一最高权力机关所担负的职责要求到底还有多大的差距？这些问题，或多或少地还存在于现实之中。

众所周知，在近3000名全国人大代表中，就地方代表团这一块来说，相当多是地方行政首长。这些人平时政务繁忙，别说和普通民众过多接触，即便是直接投票选举其为全国人大代表的省一级代表，也不能随时和他沟通交流。只有少数代表，比如像周晓光这样的企业家和其他极少数来自最基层的代表，普通民众才能多见见。这样的现实，使得全国人大代表和选举者以及普通民众的距离较远。这就直接产生一个问题——通过全国人大代表所表达的参政意见，是否能直接体现选民的意愿？

从另一个角度看，目前的全国人大代表所提出的议案水平，必然受其自身因素影响，一个人的职业繁忙程度和职业素质、与选民联系密切的程度、个人学识偏好和性格特点等各方面因素，都影响着其议案水平的高低。从现实状况来看，这种影响还是相当严重的。再来看选民的意愿和要求，每当选民有什么诉求时，很多人往往发现，缺乏有效的途径找到人大代表：没有联系方式，通过信访；那多半是层层批转；旁听会议；对不起指标有限，而且不能发言……诸多现实的限制，让选民的意见上达不通畅。

上述现象直接形成了两对矛盾：一方面是代表们希望自己的议案能更大程度上代表民意，另一方面是选民难以见到代表；一方面是代表提议案时渴求民间智慧的集成，另一方面是民间智慧的无用武之地——周晓光通过广告征求议案内容的办法，很好地解决了上述矛盾。

我们常说，"群众是真正伟大的英雄"。在民主政治框架下，为数众多的普通人最了解自己需要什么，也最知道自己需要表达什么，这种信息的"零过滤性"以及智慧的集成性，决定了民意是民主政治取之不尽用之不竭的智慧源泉。我完全相信，作为一个负责任的全国人大代表，作为一个希望有所作为的全国人大代表，他当然希望自己的参政意见更大程度体现民主这个神圣的字眼，更希望自己的参政水平有较大幅度的提高。那么，请你不妨学学周晓光代表：到民间去，汇集民意，同时也是收集民间智慧。

不做沉默的人大代表

原载于《信息日报》2005 年 3 月 8 日。

缘起：一年前，作为浙江省义乌市 15 年来的第一位全国人大代表，周晓光自费 8000 元，在义乌电视台打广告征集议案，一时间“周晓光现象”吸引了众多目光，甚至有人怀疑她在为自己的企业做广告。但深圳大学当代中国政治研究所的肖俊则撰文认为，不应该怀疑周晓光参与政治生活、履行代表职责的热情和责任心，这对人大代表如何更好地履行职责有所启发。3 月 6 日，我们终于在北京国宜宾馆与她有了一次面对面的交谈。

本期人物：周晓光，第十届全国人民代表大会代表，2004 中国十大经济女性年度人物，新光集团有限公司董事长。

语录：如果我一直沉默地做代表，五年下来对不起我的父老乡亲，对不起选区的人民。

记者：这次会议，你带来了哪些议案？

周晓光：今年我带来了 30 多个议案，20 多个建议和意见。涉及面很广泛，都是最基层、与老百姓切身利益相关的内容，有关于市场经济秩序的，有关于反腐倡廉的，有关于外来务工人员如何享受市民同等待遇的，也有关于如何完善我国法律的，等等。

记者：这么多的议案、建议，与您去年花 8000 元在电视台打广告征集议案的举动是不是有很大关系？

周晓光：就是那一次，让我带了 10 多个议案和 30 多个建议和意见到北京开会，议案被采纳了 7 个，占当时浙江代表团议案的 10%。其实，在 2004 年征集广告刊出之前，2003 年 10 月，在各级党委和人大的帮助下，我就设立代表联系点，开通了代表热线，请了 6 位专家、教授和老干部开展调研，帮助整理材料，其中有一个人常年在那里值班，大家一起做研究。自去年 9 月，我们专门开了好几个座谈会。我们统计了一下，到现在为止，我们的联系点有接听记录的电话共 812 个，收到来信 526 封，电子邮件和传真 100 多件，接待上门反映情况 205 人次。

记者：怎么想到“登广告”这个办法？

周晓光：还是跟我当代表的经历有关。1998 年，我第一次当选义乌市人大代表，开会时发现别的代表又是提议案，又是审议各种报告，而我只附签了几个议案，感觉自己像个“哑巴代表”。当时我就下决心，这种情况在第二年义乌市人代会上不能再发生。

可 2003 年 3 月，我作为全国人大代表到北京开会，又成了“哑巴”。虽然我也准备了一些材料，但全国人代会与县一级人代会所要审议的内容毕竟有着很大差异。无论是提的议案，还是审议的各种报告，都要求我们做好充分的准备，同时，还要有较高的政策理论水平。所以，从北京回来后，我就在想到底怎样才能当好全国人大代表。

记者：所以你就想到了刊登广告？

周晓光：我的文化程度比较低，再有热心，在很多方面也无能为力。但这份责任感不断驱使我去想办法，我觉得如果我一直沉默地做代表，五年下来对不起我的父老乡亲，对不起选区的人民。所以，我想到应用媒体这种社会资源，帮助我一起履行代表的职责。这个方法不一定是最好的、唯一的，但对我而言很适用。其实，每个代表都是通过不同的方法在履行着自己的职责。

有人觉得我登广告征集议案涉嫌炒作，对于我来说，只要能坦诚地面对一切，自然会得到公正的评价。“人大代表”这个身份意味着信任、认同，但它不仅仅是一种荣誉，更重要的是一种责任。

记者：有人觉得你登广告征集议案有为自己企业炒作之嫌，你怎么看？

周晓光：有人这么看很正常。我们去年打广告的时候，并没有把企业的形象打上去，全国 400 多家媒体来采访我，我从来没有在公司接见，都是在联络点接受采访。对于一个人大代表来说，只要你能坦诚地面对一切，自然会得到公正的评价。事实总归是事实，所以，我觉得没有必要太看重别人怎么说。

记者：你是一位民营企业家，怎么看待人大代表这个身份？

周晓光：人大代表是对你的信任、认同，但它不仅仅是一种荣誉，更重要的是一种责任。如果我只把它当成荣誉，就对不起选区人民对我的信任和期望。像我们做企业的人，这种强烈的社会责任感和一般人是不一样的。比如说去年，有些事就让我特别感动，也觉得特别有压力。诸暨一位叫周越夫的 80 岁老人给我写了封信，说：“周代表，我看到你征集议案的广告，我为你感到骄傲，我也有些建议供你参考……”他总共提了 6 条建议，我们反复调研后，最终在全国人代会上提出了其中两个。一位八旬老人都有参政、议政的热情，我想我们的国家是大有希望的。

记者：老板与人大代表两个角色，能相辅相成吗？

周晓光：能，强烈的社会责任感会影响到企业的团队管理，员工们会感到，把企业做好不仅仅是董事长一个人的职责，也是大家的职责。

记者：在履行人大代表职责的过程中，有没有遇到什么困难？

周晓光：困难当然有，我们的人大代表联系点常常人满为患，来自四川、福建、江西，浙江以外的电话占了80%。如何及时地、完整地传达人们的心声，的确是让我们犯难的一个问题。不过，我觉得最重要的还是你要认真地想着去做这件事。

记者：您一直在强调这种“强烈的社会责任感”，是不是跟您的个人经历有关？

周晓光：是的。我自己是来自山区的女孩，家里兄弟姐妹特别多。我是老大，从小就觉得要担起这个家，既要和父母一起负担家里的生计，又要给弟弟妹妹们关心和爱护。所以，我很早就离开家做生意，闯天下。那时我只有17岁，带着母亲给的几十块钱，拿着一本中国地图，用6年时间跑遍了大半个中国。做生意时，我从不把自己当女人看。1995年7月，我拿出所有的积蓄投资办饰品厂时，有人劝我小心，我当时真的是天不怕地不怕，认为自己本来就一无所有，大不了重新开始。

记者：现在你的事业越做越大，已经把公司开到海外了，还有什么不满足的？

周晓光：我的生活是有了很大的改善，但我还想帮助更多的人。一开始，我帮助自己的亲戚朋友，想着让他们也快点富起来。有了自己的企业之后，我就考虑能为社会做点什么。如今，社会上还有那么多上不起学的孩子，贫困山区还有那么多人生活质量还很差，他们非常需要社会的关心和帮助。每个人都有社会责任感，企业家也一样，只要有机会，我就会去贫困地区，和当地的孩子结对子，资助他们完成学业。（我）就是这样一步步成长起来的。

女性在社会上要想有一番作为，就必须自立、自信、自强、自爱。女性同胞应该抛弃原来陈旧的观念，其实，女人在做事业的时候，完全有能力去面对和承担一些社会责任。

记者：作为一位成功的女企业家和人大代表，你觉得女性应该在社会上扮演什么样的角色？

周晓光：我觉得女性其实也有自己特殊的优势。我们的社会进步很快，妇女同胞在经济发展中的作用也越来越大，地位也越来越凸显。女性在社会上要想有一番作为，就必须自立、自信、自强、自爱。女性同胞应该抛弃原来陈旧的观念，相信自己不会比男人差。其实，我们女人在做事业的时候，完全有能力去面对和承担一些社会责任，自身的作用也能得到很好的发挥，也可以学到很多东西。我希望女性同胞要勇敢、自信地面对好的时期，把握好的机遇。

记者：马上就是“三八”妇女节了，有没有关于女性问题的议案？

周晓光：有一个预防和制止家庭暴力的议案。和谐的社会需要和谐的家庭，现在我们国家很多地方仍然存在重男轻女的思想和虐待妇女的家庭暴力事件。作为女性代表，我们更有责任呼吁全社会共同关心妇女，加强教育，健全机制，各方协作，从根本上预防和制止家庭暴力。

后记：一个国家民主政治的进程，是一个不断推进的过程，我们不妨援引深圳大学当代中国政治研究所肖俊的文章，从深层次认识周晓光：

“周晓光在当选为人大代表后逐步学习和培养自己的参政能力，逐步领会人大代表政治权利的价值内涵，形成了自己的权利意识，是在实际参政活动中成长起来的人大代表。”

“周晓光现象之所以产生如此广泛的影响，原因恐怕不在于周晓光本身，而是人们从现象中看到了有益于中国政治发展的一些东西，它使平静的政治生活变得生动起来了，把人们处于潜意识状态的参政热情激发出来了。”

“义乌精神是全社会的财富”
——全国人大代表、新光饰品董事长周晓光一席谈

原载于《浙江日报》2005年1月13日，记者　徐军整理。

一个地区经济社会的成功、崛起，是多种因素作用的结果，比如环境、机遇、政策，等等。而这个地方独特的地域文化传统、精神气质，也是其中一个至关重要的因素，是当地群众从事社会实践活动的内在支撑和原动力。

改革开放20多年来，义乌创造了令世人瞩目的经济奇迹。成功的背后，是什么在支撑、激励、推动着创造这奇迹的义乌人？对义乌精神该怎样去认识和解读？讨论义乌精神，最有发言权的，当然是体现并传承着义乌精神的义乌创业者们。全国人大代表、新光饰品董事长周晓光，就是其中颇具代表性的一位。不久前，记者特地采访了周晓光，就义乌精神的提炼、传承和创新展开对话：

什么是义乌精神？

记：义乌商人已经成为全国人数最多、比例最高、分布最广的经营者群体。义商的崛起，主要不在于有叱咤风云的航母式大企业，而是由于具有深厚的民间基础和庞大的群体力量。大多数义乌商人都是贫寒出身、白手起家，从“草根”长成“大树”的，你的创业历程也不例外。那么，是什么在推动、支撑着你们？

周：除了改革开放的时代背景，好的政策引导和市场机遇外，主要就是义乌这个地方的人文传统和千百年来附着在义乌人身上的一种精神。我不是学者专家，不能用精练的几个字来概括它，我只能用自己的理解、自己的话来阐述它，可以吗？

记：当然。大家希望看到的就是最朴素、最接近本质的东西。

周：义乌这地方从发展经济的角度看，可以说没有一点优势，地处浙中盆地，一不靠海，二不沿边，环境闭塞，土地少而贫瘠，出产也不丰富。我出生的地方是义乌的邻县，情况也差不多。

为了谋求生存，我们的祖辈只好走出家门，于是就有了肩挑货郎担、

手摇拨浪鼓，以“鸡毛换糖”换取微薄利润的商业传统。这样的生存环境和谋生方式，造就了义乌人能吃苦、不怕困难、善于适应各种环境的坚忍性格，以及不以物小而不为、不以利小而不为的独特商业理念。义乌今天的成功，也就在于选择了谁也看不上可谁也离不开的小商品行业。

记：当年你开始创业时，一定也有很多艰辛。

周：是的。我出生在诸暨一个偏僻的山村，出入全都得靠步行。那时候家里生活非常艰难，因为高中毕业没能考上大学，家中也实在没有能力再供我读书，所以才 17 岁我就走出家门，到外面的世界去讨生活了。我母亲是义乌廿三里镇人，从小就经常给我讲“鸡毛换糖”的故事，这些故事给了我很多勇气和力量。靠着借来的几十元本钱和一本中国地图，6 年多时间我跑遍了大半个中国，北到大兴安岭的冰天雪地，南到云南的少数民族村寨，都留下了我的脚印。白天摆地摊卖绣花样，晚上赶夜路睡车站，靠着一分一角的积攒，攒起了 2 万元钱，算是完成了最初的原始积累。

记：也许没有那一段生活，也就没有今天的周晓光了。

周：当然。艰苦的生活不但能够磨炼人的意志，培养生存和适应环境的能力，也能从中学习、积累很多书本上学不到的东西。比如我摆摊卖绣花样绣花针的时候，不少女孩子对怎么绣花感兴趣，我就手把手教她们绣，她们学会了，要自己回去绣，我的生意也就做成了，这让我明白了什么叫服务意识；又比如有几天生意不好，可来去的路费没法省，时间也赔了进去，所以后面几天就必须多卖几件，不然就要亏本，这让我脑子里有了最原始的成本核算概念。

不光是我，大多数义乌企业家都有这样的艰苦经历。这些经历也造就了现代义乌商人的很多特征：比如敢闯，哪里有市场、有商机，哪里就有义乌人，而且不管在哪里都能扎下根来；勤俭节约，前些年小商品市场里踩着三轮车送货的，很多都是身价几十万上百万的“老板”，舍不得雇人就为节约一点运输成本，直到今天也还有不少经营户自己搬货运货；还有善于学习，观念更新快，行动快于理念，注重实效等。

义商的群体个性

记：很多义乌企业家都不大重视宣传，也不大跟媒体打交道，这是不是也算义乌商人的一个特点或者性格？

周：据我的了解，义乌商人都比较刻意的低调，有着人怕出名猪怕壮的传统心理。企业、企业家很多不强调公众知名度，不喜欢到公众场合露面，即使是一些在很多人看来很重要的场合。不多报产值利润，也是义商的共同心理，这跟经常可以听到的国内一些地方的企业统计“注水”、夸大业绩比较起来，不爱出风头的个性十分突出。再比如对《福布斯》等不少的财富排行榜一类，不少义乌商人就表示不以为然。只做不讲，或者多做少讲，这是很多义乌商人的信条。

当然，这些特点很难说是优点或者是缺点。企业发展到一定阶段，不可能还是鸡毛换糖时代的理念。我们也应该看到，不少发展到一定规模的义乌企业已经开始重视公众形象和企业文化的建构、传播。随着市场经济的深入发展，以及跟国际主流商圈的接轨和融合，义乌的企业、企业家也都在改变、在进步。

记：义乌企业在经营、管理上是不是也有自己的风格？

周：义乌商人普遍不善表达，经营手法比较平实，不重形式技巧，领会贯彻政策也重实效而不赶时髦。创造概念和新名词，不是我们的专长。我们比较重操作、求实效，理论化的东西比较少。要概括义商的经营管理规律，也并不是很容易。

比如我们“新光”，这些年的发展很快，但一直很稳。我的原则是：做自己力所能及的事，力所不能及的事我不做。但只要认准了，就信心十足、勇往直前，再大的困难也要坚持。我们的研发战略、经销策略、组织结构、人力资源等，这些年都基本保持稳定，产品也保持了业内领先的市场占有率。记得迈克尔·波特说过：“只有在较长时间内坚持一种战略而不轻易发生游离的企业，才能赢得胜利。”

这种经营风格的结果，就是义乌企业普遍亏损少，失败率低。就是小企业，破产比例也相当低。

此外，吃苦耐劳、谨慎的冒险、重视在实践中学习，也是义商共同的特质。不少企业家都在忙着研读各种进修班，国内不少经济学专家、学者的讲座上，都能看到义乌商人成群结队的身影。

记：从义乌商人的群体个性似乎也可以折射出义乌的产业特点。我看过一个报道，说浙商的优势，就在于它的“低、小、散”。义乌在这上面似乎表现得尤为突出。

周：这个说法有一定的道理。比如说“低”，义乌商人不但起点低，知名度低，文化程度低（大多是出身农村，原来只有初中以下学历），企业组织形式、产业层次也很低。

其次是“小”，义商普遍“个头矮小”，企业平均规模要比全国水平小很多，到目前年销售额超10亿元的大概都还没有。产品也“小”，义乌的支柱产品比如服装、袜子、饰品等，都是一只手就可以拎走的小东西。这些东西科技含量、资金门槛都不高，但就是这些大家都能做的小商品，全国甚至全世界都做不过义乌人。

再说“散”，也就是流动性和行业的广泛性。“哪里有市场，哪里就有义商”，这在国内乃至全球很多地方已成了一句商界“老话”。其实这句话倒过来说倒更准确：“哪里有义商，哪里就有市场。”

记：用西方经济学的理论来套，义乌经济的成功有些不大合常理，很难用模式化的东西来解释。

周：一些学者专家也跟我谈到过这个悖论。在资本、技术、人力、管理等生产要素上都处于劣势的义乌“草根”企业，居然比很多国企、外资同行更有活力和竞争力，企业组织“落后、低级”，但效率却出奇的高，这让他们感到无法理解。

从我自己的实践经验来分析，我的看法是，义乌很多企业虽然在不少方面“低级落后”，但却很符合中国国情、文化背景和发展阶段的特点。它们往往能敏锐地把握这个阶段什么样的东西最适合，什么样的组织形式最匹配。一旦周围环境发生变化，它们也能迅速由低走高。虽然“小”，但小企业通过区域专业市场交换实现了生产链接，获得外部规模经济，或通过专业化协作进入大龙头企业主导的价值链。而作为大的龙头企业，则可以通过丰富的配套资源，将生产要素的竞争外部化，获取成本和集约优势。这是一种传统经济学上找不到的产业组合方式——由优势产业、关联行业、上下游协作配套，以及大小业主和谐共存的、符合良性经济生态平衡，内部呈条状、外部呈块状的特色产业区，具有很强的竞争优势。

当然，这绝不意味着义乌企业就可以夜郎自大、故步自封了。我们与国际主流经济圈、与业内先进企业的差距是显而易见的，我们还有很艰难的路要走。

丰富、创新和完善

记：我们谈了很多关于义乌精神的实质和具体表现，以及义商群体的个性特征。义乌精神在今天，或者在今后，是否一直都能是义乌人的精神支柱？随着时代、社会的发展变化，它是否也要变化？

周：自古以来，义乌就有“勤耕好学、刚正勇为”的精神传承，它创造了义乌悠久璀璨的历史和人文，也塑造了义乌人的性格。也正是这缕精神遗脉，让今天的义乌人能够敢为天下先，为人所不为，走出了一条义乌特色的发展道路。对于今天或者今后的义乌人，它的精神内核，永远都不能丢。同时在不断发展进步的历史进程中，它也需要与时俱进，不断充实新的内容，不断创新和完善，这样才能保持先进性，才能不断激励义乌人勇于进取、勇于创新。

义乌精神的提炼、总结、丰富和创新，是一个很大的题目。因为义乌精神不仅仅是义乌人的，它更应该是全社会的精神财富。作为一个见证了义乌经济崛起的创业者，我希望政府、专家学者，以及社会各界人士，都来关注这个课题，进行有组织的研究和讨论，这是非常有价值、有意义的一件事。

周晓光和一百多个贫儿

原载于《光明日报》2006年6月1日，记者 叶辉。

春节将临，浙江新光饰品有限公司董事长周晓光又开始记挂她结对帮扶的一百多个贫困学生了。

诸暨市的盘山公路上，轿车向岭北镇岭北周村驶去。

周晓光出生在诸暨市岭北公社岭北周村一个农家，1978年高中毕业后开始经商，曾在义乌小商品市场摆摊，后在义乌市办起饰品厂，她的企业迅速发展成中国最大的饰品企业。在她的带动下，义乌崛起了1800多个饰品企业，在全国饰品销售总额100多亿元中，义乌占60多亿元。义乌饰品的崛起猛烈地冲击了国际市场，韩国、台湾等饰品生产基地逐渐转移到义乌，境外的饰品设计专家也纷纷投奔周晓光，新光因而成为国内设计力量最强的饰品企业，每天设计的新品种近百种。周晓光还与世界饰品巨头奥地利的施华洛世奇公司和捷克的宝仕奥莎公司合作，将产品打入国际市场。2002年，新光仅出口额就达1000多万美元。周晓光也因此成为中国第一个饰品行业协会——义乌市饰品协会会长。

周晓光对家乡充满感情。她富了，对于还不富裕的故乡的要求，她几乎是有求必应。为了支持家乡的教育，她出资在岭北中学设立了奖学金和助学金，每年出资5万元；岭北中学建电脑室，她送去7台电脑；而今岭北中学将搬迁，她又决定资助10万元。近年来，她在教育等公益事业上已捐资近百万元。

谈好捐助一事，她又去探望孤儿周慧敏一家。

周慧敏是岭北中学初二的优秀学生班长。她身世凄凉，父亲5年前去世，来自贵州的母亲撇下她弟妹3人走了，从此杳无音信。当时她10岁，妹妹8岁，弟弟6岁。三口之家的重担就这样落在了她稚嫩的肩头。从此，在乡亲们的接济下，她饥一顿饱一顿，搀携着弟妹艰难地苦度时光。

周晓光助学金设立后，她弟妹仨的生活才得到改善。

低矮黑暗的屋檐下，3个孩子正在做作业。一见到周晓光，周慧敏马上激动地站起来。周晓光张开双臂，把3个孩子揽进怀中。她逐一询问了几个孩子的生活和学习情况，并嘱咐周慧敏照顾好弟妹，学习上生活上有什么困难都要告诉她，她一定会尽力帮助。说着，她拿出带来的学习文具分送给姐弟仨。

像周慧敏一样得到周晓光资助的孩子在义乌有105个。

朱莉丽出生在一个小山村，曾经有一个幸福的家。6岁那年，她家发生了意外，欠下了5万元的债，父母又离异，从此，贫困便与她形影不离。

周晓光从义乌市团委了解到，像朱莉丽一样的学生在义乌市28所中小学共有105位。

周晓光回家与丈夫商量，决定将这些孩子的学杂费承担下来。她拿出一笔钱交给团市委，由团市委根据学生的情况把钱落实到每个孩子所在的学校。

从此，她与这105位学生结成对子，每有闲暇，必驱车探望，送去文具，送去衣服，送去孩子生活和学习的必需品，送去人世间难得的温暖。

2001年“六一”儿童节，周晓光将105位孩子组织起来，到义乌市区游览，还让他们到自己的公司和职工一起联欢。

5年了，周晓光用自己的爱沐浴着这一百多位不幸的幸运者，5年的资助已使部分学生完成了中学学业。一些已上大学的学生仍得到周晓光的资助。考上华北医科学院的周伟峰没钱购买参考书，周晓光知道后马上给他寄钱。

"周晓光现象"的启示与思考

原载于《当代中国政治研究所通讯》2004年第2期、《人大研究》2004年第6期，作者 肖俊。

今年初，浙江义乌市唯一的全国人大代表周晓光自费8000元在当地电视台发布征集议案的广告，按周晓光自己的解释，她是在参加了去年的全国人大会议之后认识到，要履行好代表的职责，必须提高议案的质量和水平。在当地人大的支持下，她自费在电视台公开征集议案，并聘请了5名有理论水平的退休老同志。经过认真调研和仔细整理，提交给全国人大的议案13个、建议和意见25个，内容涵盖了商品流通、"三农"问题、医疗卫生、教育、司法等多个领域。其中包括《关于制定〈商品专业批发市场法〉的议案》、《关于制定〈国民素质教育法〉的议案》、《要求尽快出台〈全国人民代表大会和地方各级人民代表大会监督法〉的议案》等具有较强专业性和现实意义的提案。

人大代表如何更好地履行参政议政的职责？应当说通过"周晓光现象"，可以带给我们一些启示。

启示之一：人大代表必须从荣誉的光环中走出来，清醒地认识到自己的职责。

周晓光说，"看了几百个电话记录后，突出的两个感受就是：一、人大代表的身份应该更加公开，以一个开放的心态面对选民。二、人大代表也应该从选民的意见中自我反省，加强与选民的沟通。"周晓光的开放心态和选民意识说明她已经从荣誉中走了出来，体现了代表者理性的姿态和自主的精神。这是一种觉醒、一种认知上的进步。"周晓光现象"代表了一种转变趋势，即身份意识的转变，选民逐渐把人大代表从"荣誉性"职位定位转化为"功能性"职位定位，认为人大代表不应仅仅是"劳模型"、"好人型"，还必须是"能人型"、"活动家型"。

启示之二：参政与财富没有直接关系，但民主的政治生活是需要一定的成本的。

个人的智慧是有限的，个人的资源是有限的，信息获取的渠道也是有限的，具备一定的条件对于参政是十分必要的。周晓光表示她自己不过是工商界的代表，理论水平与社会视野有限，不仅需要来自那些专业工作者的帮助，也需要反映各方面意见的人的帮助。但是，她所从事的“利益综合”的工作需要成本，最直接的便是资金。周晓光作为拥有上亿资产的民营企业家，就比别的代表具有相对优势，借助一定的资源使她在参政方面表现得更有效率和影响力。

启示之三：在参政议政的过程中学习政治知识、培养参政能力。

参政议政需要一定的知识和能力，但是在中国公民社会尚不成熟的情况下，多数代表在这方面都极为贫乏。目前人大代表专职化还不可能，不过可以逐步培养他们的职业化参政议政的精神。多数代表都有当选地方人大代表的经历，职业化的参政精神可以从地方开始培养。周晓光是在当选为义乌市和金华市两级人大代表后逐步学习和培养自己的参政能力，逐步领会人大代表政治权利的价值内涵，在权利意识上形成了自己的直观感悟，是在实际参政活动中成长起来的人大代表。

启示之四：全国性和地方性的事务是有分别的。

全国性人大代表是由地方逐级推选产生，真正是代表全国人民在行使各项权利，所关注的当然是关乎全局和全民利益的事务，不论是立法事项还是不同的提案，都是从超越地方利益的高度来表达意见。地方人大代表并不是不需要关注全局，而是他们的意见必须经由全国人大代表才可以提到会议的议程之中。从职责而言，地方人大代表应将关注的视角更多地放在地方，那里是他们的权利可以行使的地方。全国人大代表经过层层推选，应该具备更为高超的参政议政能力和眼界。

“周晓光现象”之所以引起了许多人的兴趣，就在于这个现象确实引发和反映了我国当前民主政治中的一些问题：

一、代表是否认真履行职责需不需要有所规定和约束

如果以“委托—代理”模式来解释，那么人大代表与选民之间应该是一种直接的关系，不应该出现选民不认识代表、见不到代表的现象。“周晓光现象”可以告诉我们，她代表的是实实在在的公民，她与选民之间存在密切的关联性，她的责任是来自于投了票的公民的委托。

人大代表与选民之间的关系是不能忽视的，但是权利一旦交予给代表，在缺乏有效规制的情况下选民就会有无法约束代表的危险。周晓光展示的开放与负责可以肯定不是所有代表都具备的。因此，怎么样让选民了解人大代表的工作情况和负责程度，并在选民的关注下促使代表们更好地参政议政是一个需要进一步细化的问题。

二、该不该由代表自己支付参政议政的某些费用

正因为周晓光是成功的民营企业家，能够支付得起信息收集的成本。有的代表也对此表示了羡慕。作为代表公意的人大代表，从事公共事务活动却由自己的私人财产来支付参政的成本，这是不是公私界限不明呢？本应该受到保护的私有财产却为公共事务活动埋单，这不管是从情理还是从理论上都说不过去。有学者在讨论人大代表专职化时提出年薪制的设想，而且要超出一般公务员的年薪水平，就是希望以此保证人大代表有必要的参政的条件和可支配的资源。

三、提案权是人大代表政治权利的全部吗

周晓光经过调研之后写的议案显示了相当的水平，反映的问题有广泛的代表性。但是她是不是就真的具备了较好的参政能力呢？她对人大会议上的立法工作会产生多大的影响，或者说她是不是明白每一项立法的好坏？是不是了解政府工作报告的内容对社会可能带来的风险？是不是了解政府的人事任免对政府工作可能的影响？她是基于什么知识基础和认识水平来行使投票权的？这些问题都值得推敲，也是完善人大制度不可忽视的问题。

提出议案和批评建议是人大代表的权利之一，越来越多的代表开始重视这项工作，说明他们对社会公共事务的关心，也希望通过人大会议这个渠道反映和解决。提案、意见、建议一般是针对政府工作中的不足提出建设性意见，对缺乏法律保障的事务提出立法的建议，起到了很重要的信息沟通的作用。但是人大代表还有其他的权利，而所有权利中最重要的当属立法表决权。

四、议案是不是一定要涉及国家和社会所有的问题领域

代表们的议案可以分几类：立法建议案、国家政治制度改进案、政府工作监督案、与经济社会文化教育卫生体育等有关的公共政策案、司法监督案等。尤其是公共政策方面的内容，需要非常专业的人士通过大量的研究才可以付诸实施，不是非常专业的人士在这方面是不能提出多么有价值的建议和方案的。有人说一个人大代表顶得上一个信访办，甚至把人大代表看做现代“青天”，明显混淆了人大与政府、司法的功能，果真如此那便是对政府和司法权限的僭越。政府工作和司法活动有相当的专业性和独立性要求，需要保持政府政策的连贯性和司法审判的自主性，这是保持社会稳定和公正的前提。人大代表可以监督他们的工作绩效，但不宜干涉其具体工作。

因此，人大代表参政议政的范围有必要加以明确，即议案只就立法建议、国家政治制度改进、政府工作监督、司法监督等方面提出，涉及政府具体公共政策和法院审判活动的方面尽量不提。既是对政府、法院的尊重，也是明确议和行的界限，真正是在参政而不是在干政。

让辩证法融入每一个商机
——对“义乌现象”中商业文化的再解读（节选）

原载于《光明日报》2006年7月11日，记者 严红枫 叶辉 通讯员龚献明。

编者按 6月19日、20日，本报连续刊登了义乌经济发展经验的通讯和评论。从今天起，本报刊发追踪义乌经验的两篇报道，继续从文化的视角透视义乌人的文化品质和党委政府领导同志在义乌经济发展中的思考。

历史发展中，中国社会形成了晋帮、徽帮、宁波帮、洞庭帮等极具影响力的商业群落。广州商人敢于创新，奇招迭出；温州商人吃苦耐劳，敢于闯荡；上海商人精打细算；洞庭商人能够“钻天”；山西官商层出不穷……每个地方的商帮各有其特色。其精神和智慧，穿越历史，令人惊叹。

今天，伴随着被联合国与世界银行公认的全球最大的小商品市场在浙中义乌大地上崛起，横空出世的义乌商人令人关注，被世人乐道。

为什么一大批没有文凭、没有学历的义乌农民能托起这个全世界最大的小商品市场？

从明末清初就开始有经商传统的义乌人，直到改革开放才抢得先机，终成气候，且蔚为壮观。除了同样的拥有上述商帮所具有的刚正勇为、敢闯敢冒、勤耕苦读、精思巧为、海纳百川、有容乃大等文化特质外，这些洗脚上田经商的农民还有着怎样的商业智慧和商业精神？

浙江省委书记习近平说：“缺乏自然资源，缺乏工业基础，缺乏外资推动，缺乏优惠政策的义乌看似‘莫名’发展起来，其实是有‘其妙’的!”义乌商人妙在何处？

“亏与赚”

中国人说：吃亏是福。义乌人吃得起亏。义乌有不少老板说，在与别人做第一笔生意时，他们不太考虑能赚多少，因为留下长线才是最重要的。

义乌商人吴云江，有一次卖给一家超市几百箱玩具，每箱有100个。超市抽检时，发现有一箱只有99个玩具。吴云江说：“每箱玩具都按99个算好了。”这一笔生意，他少赚了一万多块钱。有人问他为什么愿吃这么个傻亏？他说："其实，我由此获得的比付出的多，因为从此那家超市就一直订我的货。"

1997年后，一位名叫艾力克塞的俄罗斯商人来到义乌小天使玩具公司，并订了100多万元的货，发货后不久，这位俄罗斯商人就打来电话，说一批游泳圈漏气。公司领导检查后发现一部分游泳圈确实有漏气问题，他马上打电话给这位俄罗斯商人："如果你愿意要货，我按照原数量再给你一批合格产品；如果你不愿意要货，我马上退给你全部货款"。艾力克塞选择了第一种方法。小天使公司因此一下就赔了3万多元，而当时该企业一年的利润也就10万多元。

但是，这笔赔本买卖却让企业受益无穷。从此，艾力克塞非常相信该企业，每年都要从这里订好多货。不仅如此，他还把这家企业推荐给他所有的商界朋友，由此，这家企业的玩具也越来越多地销往俄罗斯，并最终使它成了俄罗斯的最大充气玩具供货商。

周晓光作为东南亚最大的饰品企业——新光集团的董事长，18年前，一次吃亏几乎使她破产；而正是这次吃亏，使她在同行中赢得敬重。

周晓光1986年开始搞贸易。由于她从事的贸易商品经常换季，价格浮动大，风险也大，货物需要去抢。而她从来不向对方压价、杀价，多少就多少，即使吃亏也不与对方计较，同行都说周晓光傻。

1988年，周晓光进了一批水晶项链，进价12元一条，广州老板卖给她34元一条。她要了20万元货——这是她当时全部的资金。货拿到后，她在义乌市场上卖40元一条。没想到货上柜后，不但卖不动，而且招致骂声，说她赚钱心太黑。原来义乌另一位经销商竟也有和她一样的货，因进价只有15元，所以在市场上只卖25元一条。周晓光问供货的老板：这是怎么回事？老板急了，发誓绝对没有把同样的货卖给另一位义乌人，更别说只卖15元一条了。后来一了解，原来是香港人卖给对方的。

水晶项链的季节性很强，只有在五六月份好卖，结果这一年，周晓光库存就有价值10多万元的水晶项链卖不掉。

周晓光吃大亏了。但周晓光吃了大亏，竟没有向广州老板讨个说法，默默地认了。其实，那个老板事后心里很内疚。周晓光不找他论理，他更内疚，他说：从来没见过像周晓光这样的同行。后来，他给了周晓光另外一笔生意，让周晓光把钱赚回来了。从此以后，这个老板对周晓光非常信任，同她一直保持着生意上的关系。

如何面对“亏”与“赚”，独特的视角，使义乌商人受益无穷。义乌人独特的经商经验是：一旦认准了一个行业，即使亏，也不会轻易放弃，一直做下去，肯定会成功。因为任何一个行业都有高峰和低谷。当某一商品供不应求时，就会吸引众多企业一哄而上，于是，商品就会过剩，导致商品积压。这时，商家就会以低价来吸引买主，有时商品价格甚至低于商品价值，由于无利可图，一些商家就退出这一领域，直到供求平衡。这样，坚持到底的商家又有重新在这一领域赚回利润的机会，这坚持到最后的往往就是义乌商人。

“爱可以改变一切”
——周晓光资助105名特困生学费

原载于《人民日报》2003年1月15日，新华社记者　谢云挺。

春节快到了，浙江新光饰品有限公司董事长周晓光更加放心不下她结对的105名特困学童，孩子们穿得暖和吗？粮食够吃吗？学习上还有什么困难……近些日子，她搁下公司繁忙的事务，采购了满车的文具、食品和衣物，冒着冷雨寒风来看望这些山里的孩子。

1998年，一个偶然的机会，周晓光从浙江义乌团市委得知全市还有数百名学生因家庭经济等困难面临失学时，心头一阵酸楚：“他们多么需要读书、需要得到帮助啊！”她想，平时自己在生活上省一点，就可多让一名贫困生重新背上书包、穿上新衣、吃饱肚子。当年，周晓光和丈夫虞云新商定，一下子认领结对了义乌市10余所学校的100名特困学童，之后又陆续认领了5人，并全部承担起他们九年义务教育的所有费用。

这105名学童大都散居在义乌市的贫困山区，有的要走很远的山路，周晓光总是想方设法挤出时间来去他们家中看望，像对待自己的孩子一样关心他们的学习和生活。有的朋友不解地问晓光：“你资助这么多钱已经很不错了，干吗还要费这心思呢？”周晓光说：“捐钱固然省事，见次面可以多给孩子一点鼓励和信心，这样对孩子的成长会更有帮助。”

周晓光有个专门的小本本，她以母亲特有的细心记录下每个孩子家庭的经济和生活状况。为了能让这些孩子与别的孩子一样快乐地学习，周晓光每次看望他们时，总是真诚地叮嘱：“如果你在生活上遇到什么困难，千万记得写信告诉周阿姨，阿姨一定会帮助你”。只要得知这些孩子生活遇到困难，她总是有求必应。现就读华北医科大学至今还得到周晓光资助的大学生周伟峰来信说：“阿姨，我今后一定好好回报你。”周晓光回信说：“阿姨不是为了图回报，只要你们有出息，阿姨就心满意足了。”

“爱可以改变一切，我给这些孩子一丁点的温暖，受助的孩子们也会理解这份爱，长大后他们会再把自己的爱心播撒到四面八方。”周晓光对记者说，“多点燃些爱的灯火，让需要关心帮助的人感受到爱的温暖，这是一种难得的快乐”。近些年来，热心教育事业的周晓光，除了资助结对这105名贫困生外，看到自己的母校浙江诸暨市岭北中学20年后面貌依旧，又每年拿出5万元设立奖学基金，并帮助学校办起了电脑教室。最近她又捐资10万元用于学校教学楼建设。

今年42岁的周晓光小时家境贫寒，全家9口人她是老大，下面还有6个妹妹和一个弟弟，靠种田糊口。如今，她凭着自己的努力和社会的帮助成就了一番事业。她在义乌创办的“新光”企业已成为全国饰品行业的龙头企业之一。她说：“没有社会的关爱就没有自己的今天。”

纪念全国人大 50 周年专稿

周晓光和她的选民联络室

原载于新华网·浙江频道 2004 年 9 月 16 日，记者　谢云挺。

“个人开设选民联络工作室，主要为了方便各地的选民与我沟通。”浙江义乌市全国人大代表周晓光日前对记者说：“工作室的热线电话打开了我收集选民意见、倾听选民声音以及与选民沟通的渠道。”

去年当选为全国人大代表的周晓光，以代表的身份在家乡义乌市设立了第一个选民联络工作室，并在春节前后自费在电视台做广告公开向选民征集议案，此事经媒体报道后引起广泛关注。

周晓光向记者介绍说，工作室开设半年多时间，收到了除澳门外，全国各地包括台湾、香港在内的 1000 多封信函，还有大量的文传和电话，每天来访的各地选民也络绎不绝。

“这些信息为我履行好人大代表职责提供了强有力的帮助。”她说，“今年 3 月在北京参加‘两会’时，我牵头和其他代表一起提交了 13 个议案，其中 7 个议案被全国人大采纳，另外我还提交了 24 个建议。”

周晓光的“选民联络工作室”设在义乌市中心江滨路一幢叫“建设大楼”的 907 室。“为什么要选择此处，而不放在自己的企业里？这样可以减少自己的开支。”记者问身为浙江新光饰品有限公司董事长的周晓光。

“主要是考虑让外地人容易找到。”她说，“这里是义乌市政府的便民服务中心，大楼醒目，而自己的企业在郊区，外地人寻找很不方便，又会增加他们的费用。”

据了解，周晓光的工作室聘请 5 人组成工作班子，负责材料收集、电话接听和人员接待。

周晓光说，工作室一般不处理个案，工作人员从大量信息中，发现社会事业发展过程中存在的带有普遍性和全局性的问题，对其进行分析筛选和深度调研。她说，今年从北京参加“两会”回来后，目前又有 10 多个课题在做，涉及环保、教育、卫生、司法等诸多领域。

周晓光的举动得到了浙江省和金华市人大常委会的肯定。义乌市人大常委会还要求凡周晓光组织的考察调研，下属各局、乡镇须全力配合。

许多人认为，周晓光的举动之所以引起强烈反响，一个重要的原因是目前人大代表和选民之间缺少沟通渠道，周晓光开辟了一个人大代表与社会公众保持良性互动的新途径。

浙江大学政治学与行政管理系余逊达教授认为，这表明了代表的意识在觉醒，反映了我国政治文明建设的一种走向，一种可喜的进步。

记者在浙江采访了几位全国人大代表，他们从周晓光的举动中感受到自己内心的压力。“不能有效履行自己的职责，就对不起那些投过自己一票的选民”，一位全国人大代表对记者说。

新闻延伸：浙江 10 位人大代表联袂开设“选民热线”

新华社杭州专电 2004 年 11 月 9 日（记者　谢云挺）在全国人大代表、浙江新光饰品有限公司的董事长周晓光首创全国第一个选民联络工作室之后，一条由全国、省、市、区四级共 10 位人大代表联合开设的联系选民热线，9 日在杭州市西湖区北山街道正式启动。

“开设选民热线，主要为了方便选民与我们沟通。”浙江省人大代表、省劳模协会会长章凤仙对记者说，通过热线渠道可以更广泛地听取和征集选民的意见和要求，更好地行使作为人大代表的职责。

据了解，在这 10 位人大代表中，有第十届全国人大代表、杭州万事利集团董事局主席沈爱琴，以及章凤仙、朱评等 4 位省人大代表和 5 位杭州市、区人大代表。热线联络工作室除人大代表轮岗值班外，每天还有 4 名志愿者协助接听，联系平台包括热线电话和专门设立的电子信箱和网页。

章凤仙介绍说，选民工作室一般不处理个案，他们主要从提供大量的信息中，发现社会事业发展过程存在的带有普遍性和全局性的问题，来进行分析筛选和深度调研，向各级人代会提交高质量的议案和建议。

浙江大学政治学与行政管理系余逊达教授认为，人大代表设立“选民热线”，体现了人大代表对创新民意渠道的认同，反映了我国政治文明建设的一种走向。

为时代添一束“新光”
——写在新光集团成立十周年之际

原载于《浙江日报》2005年10月12日，作者　余风。

一

10年，在浩瀚的时间长河里，不过是短短的一瞬。然而一个人的一生，却又能有几个10年？

10年，可以是一成不变，也可以沧海桑田。

10年，足以改变很多人的命运，也足以成就一个美丽的梦想。

今天的“新光”，是一个拥有十多亿资产、5200多名员工、7家国内分公司和3家海外分公司的大型民营企业集团，是站在中国饰品行业的潮头浪尖、拥抱着世界时尚潮流的一颗璀璨明珠……然而在10年以前，它只是一个梦。是一对年轻夫妇在辛苦劳作的闲暇，偶尔会浮现的一个看起来难以企及的梦想，一个似乎仅仅用来憧憬的幻象。

然而10年过去，这个梦，就这么清晰、具体地展现在眼前了。就像央视那则著名的广告：一个乡间女孩拥抱着空气遐想地舞蹈，“心有多大，舞台就有多大”，突然间璀璨的都市、繁华的盛典扑面而来……如果说这是一个奇迹，一段传奇，那么造就这传奇和奇迹的，又是什么？

“是时代，是这个改革开放的伟大时代！”周晓光，这个当年编织着、今天实现了梦想的人，这个如今头顶环绕着全国人大代表、2004中国十大经济女性年度人物、中国女性创业年度风云人物等种种光环的知名企业家，心里充满了一种近乎虔诚的感恩：“如果没有赶上这个能够成就梦想的时代，一个出生在贫困山区的农家女孩儿，怎么可能奢望今天的一切？如果没有党和政府的开明政策，没有社会各界的关爱支持，没有浙江这片创业的热土，没有所有‘新光’人和他们背后的家属辛苦地耕耘和默默地奉献，又怎么可能开创‘新光’今天的局面？”

感恩，是中国人一种古老而朴素的传统情怀。“不论是一个人的成就还是一个企业的辉煌，都有众多的因素在或多或少地起着作用。比如社会环境，比如机遇，比如政策，比如朋友的帮助等。无论怎样的成就和辉煌，都不是无源之水、无因之果。所以，人要懂得敬畏，要懂得感恩，不能自以为是、忘乎所以。这样，才会得道多助，才会走得更长远。”“新光”的另一位创始人虞云新的这番话，透着一种感悟了人生和创业真谛的通达与平和，朴实却发人深省。

二

感恩之外，“新光”人自身的努力及取得的成就同样令世人尊重。

10年间，“新光”以“创造名牌，服务社会”为使命，致力于流行饰品市场的培育与拓展，带动义乌饰品行业发展成为当地特色支柱产业，使义乌成为中国三大饰品生产基地之一。经过10年积累，“新光”已经成为集饰品研发、生产、销售、贸易于一体的大型民营企业，并逐步形成了以饰品为主产业，多元化、资本化运作的集团化企业框架。“新光”的销售网络覆盖全国及世界各地，产品远销70多个国家和地区。公司平均日开发新产品百余款，产品包括五大系列30多万个品种。在新光商标被认定为“浙江省著名商标”，新光饰品被评为“浙江名牌”产品后，今年9月1日，新光饰品更上一层楼，成功摘取“中国名牌”的产品称号。

10年来，“新光”凭借雄厚的设计能力、高标准的企业生产标准、全程严格的产品质量检测与控制体系以及国际顶级水钻原料与独立研制开发的金属饰品材料的普遍使用，以迅雷不及掩耳之势飞速拓展着国内外市场；率先主动出击赴国外参展，近年来先后参加了香港亚洲流行饰品展、意大利米兰钟表暨珠宝饰品展、韩国仿真饰品展览会等，并在法国、迪拜建立了3个门市部。目前，“新光”已在全国11个省的中心城市设立了直营门市，同时在天津、温州、潍坊等重要商业流通城市设立了联营门市；不断完善售前、售中、售后服务体系，建立了“快速反应，立即行动”的运营机制，确保了“新光”每年的销售额以50%的速度递增，实现产量、产值、销售、出口创汇及品牌知名度稳居国内行业第一位。为能够顺利与国际行业主流接轨、经受住国际市场竞争的洗礼，“新光”先后同世界水钻第一品牌奥地利施华洛世奇及捷克宝仕奥莎建立全面合作关系，着力于整合国际市场品牌资源，借力将“新光”的品牌影响力推向更高的层次，延伸到更为广阔的市场领域。

三

在10年的发展历程中，“新光”的先进理念和大气作风，屡屡为同行和各界所称道。

“新光”这个名称，由周晓光和丈夫虞云新两人姓名的最后一个字组合而成。起初的含义，是两人把创业理想和希望融入其中。随着时间的推移，“新光”这两个字有了更加丰富的内涵，并逐步升华为企业的核心理念：创改革开放之“新”，耀饰品文化之“光”。

在推崇人性化管理的“新光”，不仅重视员工的合理化建议，而且重视员工的职业生涯规划及员工的心理健康。从员工进入公司的第一天起，就开始培训企业的经营理念、企业精神、组织架构及企业发展史等，培养员工的荣誉意识、危机意识，及努力学习、奋发向上的进取精神，辅助新员工快速地适应新的生活与工作环境。员工的在职培训规划更是令人赞赏，尤其是基层管理人员的领导力培训，做得颇具特色。新近开班的EMBA核心课程研修班，创下了国内企业管理内部培训的最新亮点。把目前国内还只是一小部分高层管理人员的进修课，有选择地优化导入企业，广泛地培训公司的基层管理队伍，增强了它的针对性与实用性。近些年来，“新光”在员工素质培训上投入的费用，每年都在500万元以上。

“新光”培育人、造就人，却绝不束缚人。不少在“新光”培养成熟、羽翼丰满的管理人员、技术人员、设计人员要离开“新光”时，“新光”敞开了大门欢送。离开的人，有自己开厂的，有到竞争品牌公司任职的，他们把“新光”先进的理念、技术、经验带了出去，各自在新的岗位上创造着成绩。业内不少人都知道，义乌饰品业3000多家生产经营企业中，有很多是由“新光”出去的人开办的。不但培养员工而且培养“对手”，这就是“新光”气度和胸襟的真实写照！

有人戏称“新光”是“免费培训学校”，而周晓光的回答却掷地有声：“‘新光’永远不会自我封闭，‘新光’将永远保持开放的心态。我们希望在良性的竞争中不仅仅做强自己，更要做大整个行业，在国际市场上去为中国人争光”。

四

为了纪念和庆祝这难忘的10年，“新光”正紧锣密鼓地筹备一个盛大的庆典活动，并将在近日正式举行。除邀请党政部门、行业伙伴、员工家属及社会各界人士共同欢庆十周年华诞外，还将举行包括国际饰品业顶尖品牌——奥地利施华洛世奇、捷克宝仕奥莎高层，“新光”经销商、供应商、饰品行业协会代表，与“新光”有过良好合作的各界专家等参加的“新光”未来发展高层研讨峰会，以及对优秀员工、员工家属及社会各界人士的答谢会等一系列活动。

面对未来，“新光”人丝毫不敢懈怠。一个崭新的未来发展规划纲要已逐步成型，将在庆典中正式向社会公布：今后 5 年，“新光”将以构建和谐企业为核心，坚持科学发展观；以科技创新为动力，坚持开发与研发两轮驱动；以实施品牌带动战略为核心，提高品牌知名度和美誉度，打造世界名牌；以体制创新为重点，坚持走低成本扩张、高资本经营的集约型之路，再创体制、管理新优势。未来 5 年总体目标，到 2010 年实现销售收入 18 亿元，出口创汇逾亿美元。

“上个世纪初，有很多企业家怀着产业报国的理想，却因为时代的动荡、国家的积弱，没有能够实现。今天我们碰上这么光明的时代，没有理由不好好地做一番事业。过去的一点成绩只能代表昨天，‘新光’未来的路还很长。能够为这个时代、为我们的国家民族添一点光彩，我们心愿已足。”这不仅是周晓光、虞云新的心声，也是整个“新光”团队的心声。

学习是企业成功的关键
——记全国人大代表周晓光

原载于《光明日报》2007年3月11日，记者　叶辉　严红枫。

全国人大代表周晓光是个传奇式的人物，她创建的浙江新光饰品集团仅十余年时间就成为世界最大的饰品生产企业；在她的带领下，浙江义乌发展起3000多家饰品企业，产品占全国市场的60%。

一个昔日游走于乡村的货郎女，如今却登上中国企业界精英云集的中欧班讲台，一个从大山深处走出来的农村女孩，而今却成为叱咤风云的企业家，周晓光是如何创造这个中国现代神话的？两会召开前夕，记者走进浙江义乌周晓光的家。

谈起自己的经历，周晓光感慨万千。她说，自己的经历就像一场梦。她于1962年出生在浙江省诸暨市岭北镇岭北周村，全家十口人，全靠父母挣工分度日。她高中毕业就奔波于生计，拉过车，打过工。1986年，她和丈夫开始在义乌创业。目前她的企业已成为全世界饰品生产规模最大的企业之一。

是什么原因使新光集团在国际市场上创下辉煌的业绩？周晓光说，学习！她经常带设计人员参加世界各地饰品展销会，在第一时间内获取世界流行饰品款式和新材料、新技术、新工艺的信息，然后经过学习消化，开发出自己的产品。近年来，她跑遍欧美及亚洲的许多国家和地区。一次为了买美国一家老牌企业的一张产品设计构思说明书和饰品历史流行记录，她花费了近三万美元。

“宁精勿滥，引领潮流”的设计目标，使新光集团始终走在时尚潮流的前列。2001年美国“9·11”事件后，新光的设计师马上设计出带有和平鸽和橄榄枝的星条图样的领带夹，这一佩饰很快在美国热销，连美国总统和议员们也佩戴上新光的领带夹。

周晓光说，在激烈的市场竞争中，企业要立于不败之地，没有文化和专业知识是不行的。尽管工作压得她喘不过气来，但她还是投入大量的时间和经费去学习。如参加“儒商论道”、“中欧国际工商学院CEO课程”、美国哈佛大学总裁 MBA 学习等。2006 年，她跑了 28 个国家进行学习和参观。

在学习上，周晓光非常舍得花钱。1999 年，她花了 17 万元请台湾的一名专家为公司骨干进行有关企业团队精神的培训。从那以后，她不定期地组织公司骨干和员工进行 EMBA 班、企业文化建设、营销学、心理学等有针对性的学习和培训。公司每年都要投入几百万元用于职工培训。

新光集团是义乌饰品的"黄埔军校。"在义乌 3000 多家饰品企业中，其中有 600 多家企业的老板和骨干是从新光出去的，她不但不把他们视为对手，还经常给他们提供商业信息甚至帮他们解决资金困难。她说，独木难成林，要使义乌成为"饰品之乡"，不能光靠一家企业，只有大家一起发展，整个地方经济、整个行业才能发展。只有整个行业兴旺了，新光才能兴旺，帮助别人其实是在帮自己呀！

周晓光的创业之路

原载于《经济日报》2008年10月9日，记者　黄平。

1995年，靠卖绣花样绣花针起家的农家女周晓光存折上有了几百万元钱，她找到一处空置的旧厂房，开始了自己办实业的生涯。两年时间，企业员工迅速增加到500多名，可文化程度不高的周晓光不知道该怎么去管理，“暗地里哭都哭过好几次”。

1997年，浙江省组织了一批民营企业家到中央党校学习，周晓光第一个报了名。“半个月时间一点儿没白花。”周晓光说，学了之后，才知道什么叫人力资源，什么叫市场营销，什么叫风险驾驭，什么叫财务决策。

从此以后，周晓光不仅自己学习，还组织公司员工共同学习。她对员工说，“也许有一天你会离开这个企业，可是知识、才能是你创业的本钱。”此后的10多年间，义乌饰品行业发展到4000多家企业，从业人员15万，其中从周晓光的“新光”饰品公司就走出了600多位创业者。

人才的流动并没有影响“新光”的发展，农家女和她的产品一起登上了国际舞台。短短10余年时间，“新光”已经成长为全球最大的饰品企业，号称世界饰品行业“原材料大王”的奥地利施华洛世奇公司最大的客户就是“新光”。

周晓光：仁者雍容

——一个简单女人和她的三十年

原载于《中国女性》杂志2008年9月刊，作者 余风。

1978年，秋天。中国东北。

黄昏的时候，田野里开始起雾，火车咔嗒咔嗒地响，轻轻地摇晃着，透过灰蒙蒙的双层车窗，东北的黑土地开始模糊起来，融入这越来越沉的夜色中。这是从哈尔滨到伊春的列车，车厢里烟雾弥漫，有人在打牌，高声笑骂，有人就着酱菜喝白酒，偶尔有列车员过来，左右看一看，趁人不备也跟着抿一小口……

一个小时前，一个16岁、瘦瘦高高的南方姑娘肩背两个大布袋刚刚吃力地挤上了车。没有座位，她略显疲惫地倚靠在靠近车门边的一个座位上——那个座位下面的地板是她选定的当晚入睡的“铺位”。大布袋里是一些绣花的花衬子、绣花针和绣花样，也是她“讨生活”的全副家当——白天，她在一个城市靠摆地摊卖这些东西赚一点钱；晚上，她就搭上到另外一个城市的火车，第二天再做同样的生计。这个时候，她眼睛微闭，看上去似乎是在闭目养神，其实，有一些东西一直在她眼前浮现：今天的收入和花销，父亲忧愁的目光，同样在外奔波劳碌的母亲，还有弟妹们渴望的眼神，以及万里之外的浙中山区那个叫做岭北镇的贫穷的故乡……

当时那整个列车的人、包括这女孩自己都没有想到，30年过后，这个叫周晓光的浙江女孩子，会成为拥有全球规模最大饰品生产基地的大型企业集团“掌门人”和著名的全国人大代表；这个那时还在为基本的生存四处奔波的女孩，今天领导着一个6000人的企业，哺育了一个产值数百亿元、从业者数十万人的新兴行业，并成为一个积极倾听民声、上达民意，入“朝堂”参议国家大政的“议案大王”。

周晓光的办公室正墙上，醒目地挂着一位书法家朋友书赠她的一幅字，上书“仁者雍容”四个大字。一位对她相知甚深的朋友评价说，这四个字真乃“知者之言”，差不多可算是周晓光事业成功之道及为人处世风格的精辟提炼和贴切写照。

孔子对于“仁”的推崇和追求，贯穿了他整个的思想体系。他曾说：“仁者不忧，智者不惑，勇者不惧。”弟子问他什么是“仁”，他简单地说了两个字：爱人。清谭嗣同在《仁学》中进一步阐述：“仁为天地万物之源，故虚心，故虚识。”所谓“仁者”，就是以立己立人，己所不欲，勿施于人，事物不仅为己，更广施于众，其人常怀悲悯恻隐之心，常显宽容温柔之态。

因为历史原因没能接受系统教育、一直在商海中搏杀打拼的周晓光，也许并不能深刻理解孔夫子玄奥的“仁学”，然而在走过那么多荆棘与坎坷之后，她祥和的、带着一层柔光的脸上，没有苦难，没有伤痕，有的只是一派君子望海的宽厚和仁者望山的雍容。周晓光常常说：我只是一个简单的女人。而也许正是这“简单”，让她谦和可亲，让她得道多助，让她拥有了消解艰难困苦的力量和资源……有很多人，一生精密算计、孜孜以求，却“求仁而不可得”；而“简单”如周晓光，却能够在不经意间“求仁得仁”。这也许就是欲速而不达，又或者“性格即命运”的又一生动注解吧。

一、行商生涯

火车是一个能铭记一些事情的道具，它是一个坐标。这个移动的家伙天生就带着离家、路途、远去、改变等符号意念。很多年后，当周晓光习惯于坐着飞机在全世界的上空飞来飞去时，地上的列车依然能让她记起那些乘坐火车奔波的日子，清晰如昨。

在记忆中，那是一段有些灰涩的岁月：蜿蜒崎岖的山路，悠远偏僻的小山村，颓败的泥墙和青瓦，表情暗淡的人们终日挥汗劳作，清瘦的父母看着膝下的6个女儿，眼中布满了忧虑，南瓜红薯凑成的晚饭，填不饱那些嗷嗷待哺的小嘴，一双双渴求营养的眼睛让人心酸。空旷的山谷中乌云密布，狂风大作，一个瘦瘦的采草药的小姑娘躲在岩石后面，睁大惊恐的眼睛慌乱地扫视着渐渐黑下来的密林，仿佛那幽暗的深处，随时会猛然蹦出一只厉鬼或者猛兽……

1978年，中国刚刚结束了10年的劫难。被严重破坏的生产力尚未复苏，大多数的人们，还生活在简单、贫乏、机械和封闭之中。据那一年国家统计局的经济年报显示：中国不少地区遇到了严重干旱，国内商品供应状况虽有所改善，但主要副食品供应仍比较紧张，日用工业品花色品种少，不能适应人民生活的需求。那一年，中美两个长期相互敌视的大国发表建交公报。年底的12月18日，具有划时代意义的中国共产党第十一届三中全会召开。

那一年周晓光16岁，第一次跟着母亲走出山沟，背着从刚刚萌芽的义乌廿三里小商品市场批发来的百余斤绣花针和绣花样等货物，开始了长达7年的流动小贩生涯。那个秋天的清晨，福建一个小县城简陋的招待所，刚刚带她“入行”才几天的母亲，“丢”下她到别的地方寻觅商机去了。还仅仅是一个孩子的周晓光，猛然间没有了母亲的羽翼，开始用瘦弱的肩膀，独自去面对、担起这陌生的世界和艰难的生活……

一个女孩子出门自然比男孩子困难得多，挤火车，赶汽车。为了不耽误时间，周晓光经常是白天摆地摊做生意，晚上坐车赶路，并借赶路的机会休息。就这样，周晓光拿着一本中国地图，沿着公路、铁路往前走，夕发朝至，走南闯北，7年之间，竟跑遍了大半个中国，而她的心里只有一个念头：为了让家里人过上好生活。

“人在外地，不舍得花钱买东西吃。中午摆摊饿了的时候，就买几个便宜的烂苹果，把坏了的部分挖掉，当作午饭吃。但最苦的还不是这个，最苦的是精神上的孤独，没有亲人，经常一个人晚上捂在被子里，静静地流泪”，周晓光回忆说。

周晓光不仅卖绣花样，还热情而耐心地教人们如何用花衬子，如何串线，如何刺绣。一个小姑娘的艰苦和热情也特别容易赢得人们的同情——每到一地，当地居家的妇女们总是喜欢跟她打交道，买她的东西。因为这些，在同行的伙伴中，年龄最小的周晓光却总是“销售业绩”最好的一个。

7年闯世界的结果，周晓光赚了2万元。依照当时的标准，已经算是一个小康人家。

二、事业初成

1985年，周晓光嫁给了同样跑过三江六码头卖绣花样的东阳人虞云新。婚后的周晓光结束了7年来那种颠沛流离的流浪生活。第二年，她和丈夫拿出1万5千元积蓄，在义乌第一代小商品市场里买下了一个摊位经营饰品——几年前在东北卖绣花样的时候，他们看到东北的女子喜欢戴花花绿绿的头饰，周晓光凭着女人的敏感以及同样的爱美天性，就选定了饰品作为主要经营的业务——她希望能用这1万5千元赚到5万元后，就回到农村和丈夫过男耕女织的生活。于是，周晓光和丈夫两人在义乌开起了“夫妻店”——丈夫到广东、上海、北京等地进来原材料后，她和妹妹们就在晚上加工，然后第二天在义乌摆摊销售。

周晓光那种生意人的潜质渐渐地发挥了出来。1987年，当她赚了十几万元，并在那个被称为“仿真饰品”或者“流行饰品”的新兴行业里做成全国数一数二的时候，她早就把“赚5万元就回家”的想法抛之脑后了——从此，周晓光再也没有“满足”过。

几年下来，周晓光在义乌最好的住宅小区买下了新房，在市中心朝阳门买下了店铺。没过多久，朝阳门成为义乌市中心的商业黄金地段——这时的周晓光，几乎实现了她“行商”时代所有的梦想：丈夫善解人意，稚子活泼可爱，家庭安定和睦……如果仅从“小家庭”的观念出发，周晓光似乎是该满足该停下来歇歇了。

然而就是在这个时候，有一种叫“事业”的东西开始在她的头脑里萌芽了。

20世纪90年代初期，周晓光在去香港考察的过程中，香港的“店铺式经营”给了她灵感。她敏锐地感觉到，有了店铺，生意会越做越大，经营的商品也会越来越多。于是回到义乌之后，周晓光成为了义乌第一个吃螃蟹的人，她开出了义乌第一个饰品店面，并做了许多新产品的代理商。

事实上，以店面的方式经营一种行业，不仅为周晓光创造了财富，更重要的是，它将周晓光和“市场”紧紧地联系到了一起。在与香港客户打交道的过程中，她愈来愈深刻地感觉到，由商转工，自己生产，在大陆上将饰品行业做大做强的时机已经来临，而她自己，由于多年来在饰品行业里摸爬滚打，对这个行业烂熟于胸，很有可能成为中国饰品行业的开辟者和领头羊……事业！1995年的一天，当这两个字在周晓光的心中显得无比清晰的时候，她竟然激动得浑身颤抖了一下。

这一年，以周晓光和她的丈夫虞云新的名字各取一字命名的“新光”饰品有限公司在义乌青口工业园区落户了。事后的周晓光回忆做出这一决策时的心情说：“是老公给了我坚定的信心，他说，凭着我们夫妻俩的人品和人缘，我们完全可以成功的。如果万一失败了，我一个人卖菜，也能养活一家人。”

如果说，此前的周晓光还只是一个解决了家庭生计问题的小“老板”的话，那么，1995年之后，因为有了一份对事业的信念和坚持，周晓光就成为了一个名副其实的“企业家”。

化蛹成蝶。蝶与蛹的根本区别在于它插上了理想的翅膀。而插上了理想之翅的周晓光，就要翩翩于美丽饰品的海洋中了。

三、企业转型

毋庸讳言，与20世纪七八十年代的大多数浙商一样，周晓光同样是崛起于阡陌之间的“草根浙商”。这一代浙商的一个共同特点是：因为苦难，他们形成了坚强不屈的性格，大胆而及时地抓住了时代的机遇，迅速成立了自己的企业；但也同样是因为苦难，他们被迫过早放弃了学业，在企业迅速成长之后，他们因为知识的不足而遇到“瓶颈”；这时，又是因为在苦难中形成的性格，他们又勤于学习，迅速转型，最终使得浙商群体成为令世人瞩目的一大商帮。

从1995年办厂开始到1998年，几年时间，新光饰品厂以连续翻番的速度发展，并在全国建立了自己的产品销售网络，一举成为国内饰品行业的龙头企业。1998年，当周晓光拿着自己生产的首饰首次进军香港珠宝展时，无数客商的目光被琳琅满目的新光饰品吸引过来，随后的订单如雪片般地飞来。然而，就是在这如雪片的订单中，周晓光开始察觉到，自己的企业已经到了必须转型、非转不可的时刻。

“1995年企业刚开办时，只有几十号人，很多都是自己的亲戚，然而只用了三年，企业员工就达到800多人。产品虽然供不应求，但质量不稳定，总会出现这样那样的问题，而且员工也不稳定，以前管几十人的那种管理方法左右碰壁，人累得要死，还把自己给管哭了，但企业问题仍然是一大堆。”周晓光意识到，那种管理家庭作坊式企业的管理办法已经远远不能适应企业的发展速度，她决定改变自己的观念和思路。

1997年，周晓光与浙江省的30多位民营企业家去中央党校学习了半个月。她从零开始，虚心求教：什么叫管理，什么叫财务，什么叫人力资源，什么叫内部控制，这些曾经看上去很简单的字眼，在专业老师的讲解下，周晓光却感到又新奇又陌生。在这30多人中，周晓光是最用功、最勤奋、最认真的一个。别人下课了，她还拉着老师问这问那，就像一个一无所知的小学生一样，对一切都充满了好奇。而党校的老师们见到如此求知若渴的“小学生”，也乐得倾囊相授。直到2005年，8年过去后，中央党校的肖主任出差到义乌时，还向周围的人打听：“周晓光的企业办得怎么样了？”

对这次学习的重要性，周晓光是用“重生”来形容的。知识给她打开了一扇天窗，她学习的劲头从此一发而不可收。

然而，周晓光知道，对一个高速成长而人员素质又相对不高的企业来说，仅仅她一个人学习是远远不够的，企业的成长需要一大批高素质管理人员的支撑。她必须带领整个企业员工和管理班子不断充电、学习。在这样的认知下，她开始了新光饰品公司学习型企业的建设：或者带领管理团队远赴北京、上海等地进修、听课，或者重金聘请知名学者、教授来公司授课：她曾花费巨资请中国内地和中国台湾的权威专家为公司骨干进行了有关团队精神的培训，送员工去浙江大学读 MBA。但她发现，每年送一两个人去读 MBA 实在太慢，于是干脆把商学院教授请到公司来——开设了新光集团中层干部“EMBA 核心课程研修班”，把浙江大学商学院教授请到公司，讲授根据公司情况设计的课程，管理人员足不出户，就可以进行学习培训。

1998 年，周晓光开始引进专业的管理咨询团队，对企业进行全面的管理变革，并导入企业形象标识系统，成为义乌市第一家导入企业形象标识系统的企业。与此同时，她加快了家族式企业向现代企业制度的转变：从台湾聘请职业经理人担当公司总经理；全面推行管理标准化，并于 2001 年 10 月，在同行业中率先通过 ISO9001：2000 质量管理体系认证；2005 年，公司通过 ISO10012 测量管理体系认证和浙江省清洁生产验收；2006 年，公司通过 ISO14001 环境管理体系认证和浙江省绿色企业验收；同年，环保型金属饰品锡基材料及锌合金饰品被评为浙江省高新技术产品，前者还被列入国家火炬计划项目；2007 年，新光实现了中国名牌、中国驰名商标、中国出口商品免验企业“大满贯”，并且成了中国流行饰品行业标准的起草制订单位……

“经验很重要，但方法更重要，背后的人最重要”，尽管周晓光具有如此的远见卓识，但她以重金聘请专家突破自身“瓶颈”的努力仍然遭到了一些企业管理人员的反对：“你花那么多钱请人来讲课，还不如多发点钱给我们。”

改革总是要经历阵痛的。对这些能力和素质已经无法跟上企业发展步伐的人员，周晓光既没有让他们继续待在原来的位置上阻碍企业的发展，也没有粗暴地将他们辞退了事而伤害了同事的创业情谊，而是自己出钱，资助并鼓励他们去创业，壮大整个饰品行业。就这样，这些从新光离开的员工大多都成为了义乌饰品行业的从业者。六七年间，从新光出来做饰品行业的人员近千人，新光成了义乌饰品行业名副其实的“黄埔军校”。

亲手培养了如此众多的竞争对手，这在商界似乎是一件不可思议的事情。但周晓光却坦然地说："我要的是一片森林，而不是一棵大树。同行未必是冤家，只有行业兴，企业才会旺，我在乎的是整个行业的发展。"

近些年来，周晓光开始着力于多元化发展战略，以她为核心组建的"义乌资本联盟"横空出世，以杭州西湖绝版地块竞投、上海美丽华集团并购等多项成功案例，震动业界，迅速扩张，跨出了现代化资本运营的坚实步伐；新光旗下的万厦、新光两家房地产公司，已经成为当地房地产行业的龙头企业，并组建专业的现代化物业管理公司，着力于开拓空间巨大的物管服务业；同时，作为主业的饰品，也将突破固有的批发市场体系，开始大举开拓零售领域、推进品牌化战略。对于未来的发展，周晓光说："我们前不久确立了中、长期发展战略，首先是继续做大做强饰品本业，通过技术创新、管理创新和商业模式创新，成为流行饰品领域的标杆企业、领导品牌、国际著名品牌；其次，房地产业务进一步完善内部架构，创新开发理念，提升开发层次，着力塑造品牌商业地产专业开发商形象；最后，要通过品牌和管理输出，依托自身资源优势，整合国际国内各种有效资源，着力于建构资本雄厚，品牌影响力、渗透力强大，管理能力卓越的现代化资本运营体系。"

"远古有一种神鸟，每500年到来之际，它就要背负积累于人世间的所有尘垢和痛苦，集香木而自焚，在熊熊的烈火中经历肉体和精神的巨大痛苦和艰难轮回，从而获得新生。新生后的神鸟，羽毛更加丰满，声音更加清亮，精神更加坚强，成为百鸟之王。"周晓光经常给管理层和合作伙伴们讲这个"凤凰涅槃，浴火重生"的故事，激励大家要勇敢地面对变革和转型。

四、"907"号房间

周晓光在全国成为知名的新闻人物，纯属一个意外。起因要从2004年春节的一则普通的企业拜年广告说起。

2004年新春佳节，在义乌市电视台的新春祝贺广告上，播出了一条只有10秒钟的祝福广告。广告画面跟其他"泛滥"的拜年广告没有区别，只是画外音上播出的声音让人们感到新奇："鉴于全国人大会议即将举行，全国人大代表周晓光竭诚向社会各界征集议案……"

广告一播出，立即引来全国各地新闻媒体的迅速反应，并由此引发了全国范围内社会各界的广泛关注。短短的一个多月时间里，信件如雪片般地飞来，设在义乌建设大楼 907 房间的“全国人大代表周晓光联络点”来访者人声鼎沸，电话铃此起彼伏，来访、电话、信件全国各地都有，先后有 300 多家境内外媒体前来采访。联络处成立至今，已接听电话 2436 个，收阅群众来信包括电子邮件 1305 件，接待上门反映情况的群众 1109 人次。几乎每天都要接待好几批登门造访者，最多时一天接到 100 多个电话和大批信函。

“一开始，我真的没有想到会有这样大的轰动。有的人从几十里外赶来，有的向我哭着诉说。我当时真的感到非常激动，一方面是这些老百姓对我的信任，另一方面我也看到了我们的代表真的需要与百姓沟通的桥梁。”

周晓光先后当选为义乌市第十一届、第十二届人大代表，金华市第四届人大代表，全国第十届人大代表。今年，周晓光又连任全国第十一届人大代表。在担任第十届全国人大代表的 5 年间，周晓光总共提交议案 125 份、建议 109 份，其中 111 份议案、109 份建议经大会主席团决定，交由有关专门委员会审议。

每一个议案的背后，都蕴涵着一些感人的故事。在这些故事中，让周晓光久久难以忘怀的一个，是“司法鉴定法”议案诞生背后的故事。

2004 年 2 月 3 日，周晓光像往常一样早早地来到办公室，秘书将一封群众来信交到了她的手上，这是一封来自北京市石景山区的普通来信。周晓光被信的内容深深地吸引了。信中主人公将亲身经历了 4 年所发生的事情详细地做了叙述，对当前我国司法鉴定工作中存在的问题进行了反映，并以他弟弟的经历作为素材进行论证……一口气读完信，周晓光的心久久无法平静。她觉得司法鉴定工作还不完善，如果进一步调研，并对司法鉴定进行完善肯定是一个好的议案。3 月份全国人大就要召开了，时间紧，任务重，为慎重起见，周晓光当机立断，召集了人大代表联络点的几位专家，召开了专题会议。在得到专家的支持后，她便和专家们一起去省市公安局、检察院、法院，调查研究，搜取素材，分析问题……在得出了当前司法鉴定在鉴定时间、鉴定单位、鉴定内容、鉴定范围以及鉴定费用五方面存在问题后，周晓光又跑机关跑基层，上山下乡跑农村，对每一项内容都进行论证……

2004 年 3 月，十届全国人大二次会议召开，周晓光《关于要求制定司法鉴定法》的议案被大会采纳。由于这个议案贴近群众，关心百姓，为人民代言，引起了社会各界很大的反响。

当周晓光在北京第一时间将这个消息通过电话告诉那位石景山区的来信群众时，电话那头，那位男子激动地连声说“太好了，谢谢，谢谢”，一连五六声“谢谢”，一个四五十岁的大男人竟泣不成声……

“作为一名人大代表，具有良好的知识结构和文化素养非常重要，这是履行好人大代表职责的保障，但更重要的是拥有一颗对人民负责、对宪法和法律负责的责任心，这种精神比宪法、法律知识更为重要。”回顾担任人大代表的10年历程，周晓光如是说。

五、大爱无疆

2008年5月12日发生的举世震惊的四川汶川大地震，深深牵动着周晓光和新光集团全体干部职工的心。当日晚上，在外出差的周晓光就嘱咐公司党委、工会，一方面迅速与地震波及地区的分公司、门市部、经销商联络，确认每一个人的安全；另一方面，向全体140多名四川籍员工开放长途电话，方便他们跟家人联络，确认人身安全和财产安全，并抓紧安排对家中遭遇灾情的员工进行特别补助，以及放假回家探视等事宜；第二天，公司组织全体党员、员工为灾区捐款。短短一个小时，就募集善款34万元；5月16日，出差回来的周晓光刚刚走出飞机，马上就拍板向地震灾区捐赠500万元，同时她还个人向“汶川地震孤儿专项救助基金”等慈善机构捐赠了60万元。此外，新光旗下的新光房产等子公司也纷纷发起捐赠，到目前已超过130余万元。至此，新光集团向灾区捐赠的善款已达到700余万元。

周晓光表示，只要灾情需要，新光随时准备再为灾区群众提供支援和帮助。另外这位多年来资助了500多名贫困儿童的“爱心妈妈”还表示，如果可能的话，她希望领养一些因灾情失去亲人的“地震孤儿”。

回报社会、爱心救助，对于周晓光来说，已经是一种常态。比如她和另一位山东人大代表袁敬华救助聋儿的故事，就一时传为佳话。

这是一个延续了6年的特殊情缘。

今年32岁的山东姑娘袁敬华，1992年在家乡鲁西北的夏津县一间不足20平方米的土房中办起了学校，开始了漫长的聋儿语训教学。经过16年的奋斗，在慈善部门和社会各界的帮助下，当初只有7个学生的语训班如今已发展成为占地12亩，在校学生140人的现代化特殊教育学校，并使300多名孩子开口说话。

2003年，同样刚刚当选全国人大代表的周晓光，首次在北京参加全国

“两会”期间，很偶然地听说了袁敬华的事迹，一下子就被这位年轻姑娘的无私大爱所感动。听说袁敬华的聋儿学校办学碰到了困难，周晓光决定要见见那位年轻的“爱心妈妈”。经过热心的媒体记者牵线，两位有着同样爱心的女人相遇了，并当即结成帮扶对子，周晓光决定每年固定地向学校提供赞助经费。当年在现场的媒体记者回忆：“一说起那些聋孩子和学校碰到的困难，袁敬华眼泪刷刷地往外流，像周晓光这样的女强人都感动得哗哗地掉眼泪，两个女人抱头大哭，那场面，可真叫感人呐!”

今年，两人都分别连任全国人大代表。两人早早地就约定，到北京再聚。袁敬华告诉周晓光，学校在大家的帮助下，发展得很顺利，很多孩子都念叨着要见见从未谋面的“周妈妈”。周晓光感动地说，今年一定抽时间，去看看那些可爱的孩子们。她还关切地询问那些毕业的孩子走上社会的情况，表示可以在自己的企业帮助这些孩子就业。

这样的故事，在周晓光身上可说是不胜枚举。周晓光的新光集团已连续多年纳税额在义乌市民营企业中名列前茅，自 1995 年公司创办以来，新光集团已吸纳安置来自 23 个省（市）14 个民族的就业人数累计达 10 万余人次，当前公司保持职工人数 6000 余人，为构建和谐劳动关系，解决政府就业压力作出了积极贡献；公司积极投身公益事业，尊师重教，支持希望工程，以实际行动回报社会，自 1998 年以来，已累计向慈善基金捐款、捐资助学及其他社会公益事业等投入达 2200 多万元。2008 年，周晓光成了“浙商公益联盟”的发起人之一；无私帮扶整个行业共同发展，努力在研发、管理、营销渠道、市场信息、人才培训等诸多方面，对业内其他企业进行带动、引领、帮扶、共享。经过十多年的精心培育和扶持，如今流行饰品行业已发展成为义乌市一大支柱产业，涌现了 4000 多家饰品生产企业和经营户，年产值达 125 亿元，占全国市场份额的 70%以上，解决了 15 万人的就业问题。

文化的见识和强力
——解读“义乌现象”的精神内核

原载于《光明日报》2008年7月7日，记者 叶辉 严红枫。

50个专业市场，5.8万个商位，如果每天逛8小时、每个商位前停一分钟，需要120天；2000个集装箱，40多万种商品，每天运往212个国家和地区；8000多名外商，来自130多个国家和地区，常年在此安营扎寨……置身于浙江省义乌市的小商品市场，除了震惊，还是震惊。

商务部将在年内发布“义乌·中国小商品指数”，这里小商品价格的波动，将直接影响到全世界小商品的价格。

更令人震惊的是，托起这个被联合国报告称为“世界最大的小商品市场”、能左右中国乃至世界小商品经济命脉的，竟是一大群没有文凭、没有学历的义乌农民！

经济的背后是文化

到义乌学习取经的人，常会生发这样的疑问：一群没文化的农民何以能创造出如此的经济奇迹？

“凭什么说义乌农民没文化？难道只有学历和文凭才是文化？”金华市委副书记、义乌市委书记楼国华6月上旬接受记者采访时这样反诘。“文化是一种基因，义乌经营者都有经商的基因，正是这种文化基因成就了义乌的市场。”

经济不是无源之水、无本之木，它的背后是文化。

义乌人善进取，擅开拓，敢冒险，富有商业头脑。对千百年来占主流地位的“重义轻利”的儒家文化，务实的义乌人早就悄悄地作了修正。春秋时代越国的范蠡助勾践复国，功成身退，弃官位，辞荣华，携西施“乘舟浮海而去”，成为中国下海经商文人第一人。此事就发生在与义乌毗邻的诸暨。

以明代浙江文人叶适、陈亮、吕祖谦为代表的“永嘉学派”，对义乌人的“务实重商”、“通商惠工”、“义利并存”的商业文化十分推崇。

义乌市市志办主任吴海潮把义乌的商业文化归结为“拨浪鼓文化”。

他说，鸡毛换糖的“拨浪鼓文化”是环境逼出来的，义乌人多地少，土地贫瘠，力耕所得，不能果腹。土地贫瘠要提高肥力，鸡毛可以肥田。环境迫使义乌人外出谋生，形成敲糖帮。到清代，大量义乌人在农闲时肩挑货郎担，手摇拨浪鼓，鸡毛换糖。即使在“文革”期间，仍有7000多副义乌货郎担游走于四方。

改革开放初期，面对急于摆脱贫困的广大农民，义乌市委顺应民意，大胆出台“四个允许”政策：允许农民进城经商，允许长途贩运，允许城市市场开放，允许多渠道竞争。此举抓住了一个千载难逢的历史机遇，为小商品市场的形成奠定了基础。

“缺文化者的成功正说明了传统文化与先进文化相结合产生了强烈的渗透力。”浙江工商大学教授徐斌说。

“一夜可暴发成财主，三世难养出一个贵族。”义乌人的经商素质就是多少个“世”的商业文化熏染出来的。这种商业文化渗入义乌人的骨髓，融入他们的血脉，变成他们的行为方式。这种重商文化的基因犹如种子，一有阳光就灿烂，一遇雨露就成长。

没有学历的义乌人却富含文化基因，那么义乌商人又有哪些文化特质呢？

文化特质之一：刚正勇为　敢闯敢冒

义乌历来人文荟萃，文化积淀深厚，自唐至清，有文科进士182人。在当代，义乌籍的教授、副教授有5000多人。

“初唐四杰”之一的骆宾王，铁骨铮铮，写下永垂青史的《讨武曌檄》。

我国最早的共产党人之一陈望道，1920年首译汉文版《共产党宣言》，正气凛然的义乌人中，有文艺理论家冯雪峰，有历史学家吴晗。

原义乌市政协副主席冯志来，因上书要求包产到户而被错划为右派。而他却以“戴罪之身”，于1962年再次上书，写出《半社会主义论》，其理论竟与今天的社会主义初级阶段理论吻合。

从骆宾王到冯志来，义乌人实事求是、刚正不阿的精神和献身真理的勇气在传统的文化上则表现为敢冒风险，勇往直前。

1982年春节前夕，在广州开往上海的火车上，乘警检查爆竹，当一乘客犹豫着打开箱子时，周围发出一片惊呼：一箱现金！

这位乘客是在广州做小生意的义乌人。

带着一箱箱现金去外地进货，带着一箱箱现金回家过年，义乌人冒着巨大风险搏击市场。义乌市场也是在这一箱箱现金的铺垫下从马路市场、大棚市场、室内市场到国际商贸市场，一路走向辉煌。

林语堂说：江南多的是精明的商人，出色的文学家，战场上的胆小鬼。

商场如战场。商场上的义乌人精明，但绝非胆小鬼，他们拥有共同的商业文化特质：敢冒风险，百折不挠。

摇拨浪鼓出身的余汉平不懂韩语，冒着风险单枪匹马闯荡韩国，耗资10多亿人民币把市场建到韩国去。敢冒风险使翁荣弟成为袜子大王，他创建的浪纱集团生产的袜子远销全球。敢冒风险使拉链大王陶海弟的浙江伟海拉链集团年产拉链可以绕赤道200圈……

廿三里街道如甫村农民施仲谋，做小生意四起四落：贩卖纪念章赚数万元却被窃；做首饰赚数万元却被工商局罚光，竟买不起回家的车票；在广西所有货物被铁路没收；直到1993年在乌鲁木齐办义乌分市场才终于成功。

廿三里街道张家园村农民虞劲松，17岁闯荡市场，赚了几百万却被合伙人席卷而去；东山再起后厂房却被一把火烧掉。1997年，他建了化妆品公司，2002年收购上海霞飞日化公司，不屈的性格终于使他成为“中国彩妆大王”。

不畏艰险，敢闯敢冒，义乌人就是凭着这种精神闯荡出一个大市场，还把市场建到10多个国家的。

文化特质之二：勤耕苦学　精思巧为

2005年，上海中欧国际工商学院举办讲座，每张讲座门票卖到5000元。主讲者有原IBM副总裁王嘉陵、惠普亚太服务集团高级副总裁连萧思、上海光明乳业董事长王佳芬等国际国内顶尖的专家或商界名人，唯有一位中年女性仅高中学历，她就是义乌商人周晓光。

16岁时，周晓光走出贫瘠的小山村，肩挑卖绣花针的担子周游全国。1986年，她在义乌市场摆摊卖饰品。1995年，她将积累的700万元全部投入办起饰品厂。仅10年，她组建的新光集团就成为东南亚最大的饰品企业，生产的饰品畅销世界市场。在她的带领下，义乌的饰品企业发展到3000多家，饰品占全国市场的70%。目前她担任浙江省饰品协会主席、全国人大代表。

周晓光酷爱学习，多年来，在京、沪、浙等地高校的高级研修班里常见到她的身影。从1998年开始，她就以百万年薪聘请职业经理管理企业，当时这还成为当地的一大新闻。2004 年，她开始组建投资公司，进行资本经营。2005 年，她成功收购国有老品牌美丽华，轰动上海滩。她还每年花费五六百万元，用于企业管理人员的学习，这笔费用占企业利润的 12%。

有人说，每一个义乌商人都是一本市场经济的教科书。

铁皮石斛是滋补中的极品，但人工栽培铁皮石斛被中外称为医学界的“哥德巴赫猜想”。1997 年，仅有初中学历的义乌农民俞巧仙拿出在义乌市场经营滋补品的积累，先后投入 5000 多万元，成立研究所，聘请十多位国内知名专家联合攻关，取得人工栽培成活率 98%的成果。2001 年，经科技部、中科院等单位组成的专家组论证，“天然药用植物品种组培工厂化技术研究”被列入科技部“十五”科技攻关项目，产品终于开发成功。

俞巧仙也对学习情有独钟。一次，她正欲去复旦大学听经济学家吴敬琏的讲座，而同时有一大客户指名要与她谈一笔大业务，她毫不犹豫地启程赴沪而放弃业务。

一个不识字的 63 岁义乌老太太在迪拜做生意，她对前来考察的义乌领导说，准备再到欧洲做生意。“外语？学呗!”

在义乌市场，几乎所有的摊主都能说几句外语，凭着一个计算器和简单的几句外语，他们都能直接和外商做生意。

2001 年，义乌市委、市政府倡导全民学习，建设学习型城市，对普通劳动者，包括农民工、外来务工人员、下岗转岗人员开展免费培训，培训费由政府埋单。

每当夜幕降临，忙碌一天的义乌人便会涌入各类学校，学英语，学电脑，学外贸，学烹饪，学文秘，学服装裁剪，学企业管理。

5 年来，义乌 31.6 万农村劳动力已有 25 万经过基本的学习和培训，顺利转移到第二产业、第三产业。市场经营户业务知识培训每年最多达 9000 人次，已有 3.1 万名经营户接受培训。

义乌人对文化的钟情还体现在对教育的尊重上。1993 年，义乌市政府与杭州大学合作，创办了杭州大学义乌分校，这是浙江省第一所由县级市创办的大学。

文化特质之三：海纳百川　有容乃大

徜徉在义乌街头，店家的牌匾，朝鲜文、英文、阿拉伯文交相辉映，清真饭店、美国快餐、韩国料理遍布其间。记者入住的银都酒店里，各种肤色的外国人来往穿梭。

义乌市委外宣办主任吕华告诉记者，现在市场上有 40 多个民族，仅少数民族商人就有 2.8 万多，其中仅来自国内外的穆斯林商户就有 8000 多人。

义乌市委宣传部副部长胡滨对义乌人的文化特质有较多研究，他在谈到义乌的包容性时说，义乌人的包容性源于自身的经历，他们长年在外，知道在外的难处，得到别人的帮助，就会特别记恩。当别人来义乌经商时，他们就表现出海纳百川、包容万物的心胸。在义乌街头发生外地人与当地人冲突的时候，义乌人往往不会帮当地人，反而会帮外地人讲几句。

都说同行是冤家，是对手，周晓光却不这样认为。商人往往对商业秘密捂着盖着，但她 2000 年第一次去中国香港参展归来后，却立刻在行业协会广而告之，和盘托出所有的商业信息。此后每次从国外回来，她都会召集同行通报情况，交流信息。

她还乐于培养对手。新光集团外销部经理兼开发部经理刘汉国 4 位部门经理，都是周晓光多年来花重金培养的主要骨干，周晓光居然鼓励他们出去创业，还借给他们每人四五十万元的资金和材料。现在这 4 人都已拥有自己的企业。每年办培训班时，她还要邀请他们回来“充电”。

在义乌现有的 3000 多家饰品企业中，许多老板都曾是新光的员工。同行称新光是义乌饰品行业的“黄埔军校”。

周晓光为何要这样做？她对记者说：“只有竞争才能把企业做大，才能把义乌的饰品做大，才能把全国的人才吸引过来，才能吸引世界眼光。有竞争才有压力，有压力才有动力，有竞争才能发展。我渴望竞争!”

正是这种海纳百川的胸怀，使国内外的客商在义乌如鱼得水。在 68 万人口的义乌，外来人口却超过 100 万。对他们，义乌人没有丝毫歧视，却给予关爱，如在国内最早允许外来务工者参加人大、政协代表选举等等。

是贫困造就了义乌的财富，是落后造就了义乌的先进，是“善进取，急图利”、“经世致用”的价值观，是渗透骨髓的商业意识造就了义乌人的商业勇气，是经济背后的文化，是“勤耕苦学，刚正勇为”的义乌精神导致了义乌市场的崛起，是义乌人的奋发有为导致了义乌经济的飞速发展。

毛泽东说，群众是真正的英雄。义乌市场是义乌农民创造的，创造出世界第一的义乌农民无疑是这个时代的商业英雄。

义乌经验不可复制！义乌精神值得学习。这是许多外省来义乌考察取经者的体会。

文化就是思想，就是精神；文化就是素质，就是品格。文化可以塑造，可以传播。只要将义乌经验的这些文化基因移植，义乌精神就一定能够在祖国各地发扬光大，开花结果。

周晓光：领着对手成长

原载于《浙商》杂志2007年10月刊，记者 王文正。

人物：浙江新光饰品有限公司董事长周晓光

新商道：我要的是一片森林，不是一棵大树。同行未必是冤家，只有行业兴，企业才会旺。

11年来，已有500多人从新光走出去自己当上了老板，成为周晓光的“对手”，而周晓光的应对之法就是：领着对手成长。

周晓光并不“聪明”——论读书，原始学历只有高中毕业；论经商，她甚至不懂得“挤垮”同在一城的竞争者；生意场上，受到了别人的愚弄，竟然不会去“报复”人家……

但是，许多人说，周晓光有大智慧。因为有大智慧，才能把她的新光事业越做越大。而那些比她“聪明”的小商人们，却一直赶不上她。

甘愿做个小学生

出生于贫苦之家，崛起于阡陌之间。从“行商”到“坐商”再到创办自己的企业，这是一段艰难的历程。毋庸置疑，少年时代的苦难经历造就了周晓光，没有那些苦难的经历，就没有今天的周晓光。

周晓光知道这一点。但是，周晓光的智慧之处就在于，她知道自己的短处：因为时代和家庭的原因，少年时代的她对知识的吸收与掌握远远不够。世易时移，时代在发展，商业环境也发生了巨大的变化。她清楚，如果仅仅凭着不怕吃苦的精神，而在知识结构上跟不上时代的需要，那也早晚会被时代所淘汰。

“做生意如同下棋，一招不慎全盘皆输。如果步步为营，小本生意也能做成大买卖；而若看不准行情，就是拥有大本钱，也会亏得一干二净。所以我认为，我们现在要用脑袋赚钱，做‘知本家’——以知识为本钱的企业家。那种完全凭资本、凭不怕吃苦而取胜的时代已经过去了。企业主如果没有文化知识，就不可能有更大的发展，也成不了真正意义上的企业家。”周晓光说。

正是因为认识到这些，周晓光对知识的渴求程度才会令许多人印象深刻。1997 年，周晓光与浙江省的 30 多位民营企业家去中央党校学习了半个月。她从零开始，虚心求教：什么叫管理，什么叫财务，什么叫人力资源，什么叫内部控制……别人下课了，她还拉着老师问这问那，就像一个一无所知的小学生一样，对一切都充满了好奇。而党校的老师们见到如此求知若渴的“小学生”，也乐得倾囊相授。直到 2005 年，8 年过去后，中央党校的肖主任出差到义乌时，还向周围的人打听：周晓光的企业办得怎么样了？

“2006 年，我参加国内外企业管理培训班的费用就有六七十万元。学习开阔了我的眼界，企业管理者只有眼界开阔了，才能带动企业不断提升。”周晓光说。

培养了 500 个竞争对手

义乌是我国饰品生产、研发、销售的重要基地。周晓光的新光饰品公司是义乌乃至全国饰品生产、研发的龙头企业，也是义乌饰品行业的人才培养基地，每年都有一批研发、管理人员掌握了本事以后自己办厂。新光饰品公司成立 11 年来，已有 500 多人走出去自己当上了老板，成为周晓光的“对手”。

如何对待这些自己培养起来的竞争者？对此，周晓光坦然地说：“我要的是一片森林，不是一棵大树。同行未必是冤家，只有行业兴，企业才会旺。我在乎的是整个行业的发展。”

周晓光认为，这些人在新光积累了一定的经验和技术后去开办小企业，虽然对新光来说可能带来一定损失，但对整个饰品行业和义乌经济的发展都是有好处的，因此她不仅不强行阻止员工“跳槽”，有时还为他（她）们提供资金、销售、信息资讯以及技术辅导等方面的帮助。甚至在整个行业遭遇市场“寒流”时，周晓光不但不乘机挤压竞争对手、进行行业“洗牌”，反而主动大幅提价，为众多小企业留出生存、喘息的空间，避免了这个新兴行业上演如别的行业多次演绎过的伤己伤人的价格“血拼”惨剧。

由于是行业中的“王中王”，新光饰品拥有 300 多人的、平均每天推出 150 余款新产品的、业内规模最为庞大最具专业水准的设计开发团队。新光集团是整个行业潮流的引领者，也是这一行业公共的研发中心，它所推出的每一款产品都引来了许多企业的跟随。对此，周晓光不仅没有为别人的抄袭和模仿生气恼怒，相反，她认为：“别人跟得快，我才会跑得更快，整个行业才显示出创新的活力。”

民营企业家参政新生态
——“商而优则仕”带来什么（节录）

原载于《大地》杂志社2008年1月17日，记者 周文水。

1993年无疑是中国民营企业家社会角色和地位转变的一个分水岭，当年，21名非公有制经济人士作为代表进入全国政协，成为“大亨委员”，一直游离在体制外的民营企业家开始出现在中国政治舞台上。

2003年对于民营企业家参政来说是一个春天的来临。在新当选的全国人大代表中，非公有制经济的代表逾230名，占代表总数近10%，全国政协委员中至少有65名来自非公有制经济阶层，“民企参政”这一概念开始进入了民众的视野。

与几年前的关注点不同，人们现在更关心的是：“商而优则仕”形成的强大游说势力，会不会改变着我们的商业和政治链条？会不会改变整个社会政治生态的平衡？

泥瓦匠的儿子郭广昌创建了中国资本市场上的复星系，其政治履历中填写着第九届全国政协委员，第十届全国人大代表；曾经打铁的鲁冠球执掌着浙江万向企业集团，成功地当选了第九届、第十届全国人大代表；从建筑工地上打拼出来的广厦董事局主席楼忠福不仅是全国人大代表，同时还是东阳市人大常委会副主任；摆鞋摊起家的南存辉以全国人大代表的身份参政议政……

因此有人惊呼：中国民营企业家参政的“激情燃烧的岁月”已来临！

当民营企业人士身影越来越频繁、声音越来越洪亮地出现在中国最高政治舞台上时，人们已不再怀疑这个群体社会地位是否得到提升，不再担心他们的出现只是个点缀，全国都在关注：这个阶层出现的政坛新贵，会不会改变社会生态的平衡？

时至今日，“民企参政”已不再是什么吸引大众目光的新鲜事了，然而五年过去了，民营企业家参政究竟给我们带来了什么？民营企业家参政到现在究竟是一个什么样的生态？

周晓光的参政“蜕变”

四年前“两会”期间采访周晓光时，她还很主动地与记者取得了联系，在电话里接受记者的采访。而日前，当记者再次联系浙江新光集团时，起初很顺利确定好的采访时间生变：周晓光的助手在电话中说周代表这一段时间特别忙，实在没办法抽空接受采访，约记者月底再进行采访。本来约好的采访为什么会生变呢，再次沟通时，新光集团公司负责宣传的同志给记者释疑了：马上面临着新一届全国人大代表的选举，这时在媒体上露脸可能会引起误会，还是保持低调为好。

虽然没能采访到周晓光很遗憾，但是如果说到民营企业家参政，我们就无法绕开周晓光。这些年，在浙江的非公有制经济代表人士中，周晓光几乎已经成为参政议政的标杆了。

周晓光，一个私营企业主代表，在 2003 年全国人大十届一次会议上，她基本上还不显山露水，然而在 2004 年“两会”期间不经意地引起了各大新闻媒体的关注。这一切都源于她的那则“征题广告”和她创办的“全国人大代表周晓光同志联系点”。

春节来临之际，企业家在电视台做拜年广告是义乌当地的习惯，而 2004 年 1 月 18 日，身为浙江新光饰品有限公司董事长的周晓光，在义乌电视台做广告时强调的是她人大代表的身份——她公开向选民征集议案。广告在当地的电视台播了 20 天，在综合频道每天播出两次，图文信息频道则是滚动播出。

2003 年当上全国人大代表的周晓光，无意识中又创下了一个“第一”——第一个做广告征集议案的人。此前的 2003 年 10 月，她设立了第一个全国人大代表联系点。

接下来发生的事情，周晓光说“做梦也没有想到”。联系点的电话每天响个不停，来电有来自义乌、金华的，也有浙江省内的，甚至有从四川、广东、福建、江西、上海等十几个省市打来的。许多寄给周晓光的信件甚至没有具体地址，只要写上“义乌市人大代表周晓光”，就能飞进她的办公室。在有关媒体报道此事后，至少有上百家媒体的记者蜂拥而至，要求采访此事，多家主流网站开辟了“周晓光专栏”，各类媒体对此事的报道和评论已经超过千篇。

周晓光说：“我不是为了作秀，我的企业在义乌、在全行业早已经是名声在外，通过媒体征集议案，完全是为了更好地履行代表职责，更好地为人民代言。”

“周晓光现象”引起了理论界人士的广泛关注。中国政法大学法学院院长马怀德表示，通过媒体征集议案，人大代表和政协委员以一种主动的姿态贴近群众，了解群众呼声，这是一种进步。

中国人民大学行政管理学系主任、教授毛寿龙撰文写道，周晓光的举措，给民意提供更多的上行渠道，给国家贡献更加符合民意的议案，给国家的政策增加更多的民意基础，让人民代表的运作更加贴近民众。

学者周平撰文表示，不论是打广告，还是聘请老同志和专家组成议案调研组，这都需要一定的实力作为后盾。既然是为了“公共利益”，就不应该由企业或者个人出钱。有人还提醒说，对于全国大多数的人大代表来说，这种做法并不具有可复制性，相反正说明了兼职人大代表履行代表职责的困境和尴尬。

五年过去了，也许我们无法知晓周晓光参政的素质究竟发生了哪些深层次的变化，但是我们也许可以从她向大会提交的议案窥见一斑。

2003 年，周晓光提交的 5 份议案中，谈论的基本是跟非公有制企业圈内有关的问题，而且无论是所提的议案质量，还是审议各种报告的水平，周晓光都感受到了差距，这次会议用她自己的话说是“当了一回哑巴代表”。

在 2004 年召开的全国人代会上，周晓光领衔向大会提交了 13 份议案，内容涵盖了商品流通、“三农”问题、医疗卫生、教育、司法等多个领域。经大会核准，最终被采纳的有 7 件，而当时浙江代表团总共提交议案 154 件，最终被采纳 69 件，无论从被采纳议案的数量还是采纳率，周晓光所提的议案都是比较高的。

2005 年的十届全国人大三次会议，周晓光提交了 31 件议案，有 28 件被大会列为正式议案。当年，大会采纳的议案总数为 991 件，其中浙江代表团提交的有 132 件，是全国最多的省份；而周晓光个人就占了浙江团的五分之一，是浙江代表团中最多的。

2006 年的十届全国人大四次会议，周晓光又提交了 35 件议案，而且全部被大会列为正式议案。

2007 年，她又准备了 56 份议案，其中大部分都是制定和修改有关中国法律方面的内容。

不仅如此，这些年来，周晓光还被浙江各级人大邀请去给人大代表讲课，谈如何当好一名人大代表。2006 年底，一本厚达 120 页的《周晓光：

我当人大代表的体会》，作为今后的讲本已经面市。

“代表不能只是吃吃馒头，举举拳头。”周晓光说，要善于运用人大代表这个平台，整合社会各种资源。

有关专家在谈到“周晓光现象”时认为，他们已真正意识到了“全国人大代表”中“全国”的意义了。他们参政能力已明显提升，从单纯的要资金要项目向立法、修法的更高层次迈进。他们代表的身份正从一种荣誉向“职业化”转变，他们不断投入更多的时间和精力来扮演一个“职业代表”的角色。

（本文于原文有删节）

美丽“新光”用爱点亮
——新光集团争做“企业公民”侧记

原载于《浙江日报》2008年10月23日，记者　余风。

“除了赚钱，还有责任让这个世界变得更美好！”

这是一个炎热的下午，2008北京奥运会正在如火如荼地进行着，中国军团争金夺银，势如破竹。新光集团董事长周晓光试图用最浅显的语言，向笔者阐述她对“企业公民”的理解。

作为连任第十、第十一届全国人大代表的周晓光，一直对“企业的社会责任”、“‘企业公民’的概念与实践”等理念很感兴趣，前不久还特地去北京参加了一个“民企与社会责任”的论坛和讲座，并且颇有心得。她告诉笔者，一个经济体中的企业成员大致有这样三个发展阶段：纯粹挣钱（原始积累时期）——追求规模（资源整合时期）——追求和谐（企业公民时期）。“企业公民”是企业为表达对人类、社区以及环境的尊重，所作出符合道德及法律规范的发展策略，其核心是在发展自己的同时不忘回馈社会，表现出高度自觉的社会责任感。其具体的考量标准，包括形成企业社会责任的战略规划、制定并执行严格的商业伦理规则、系统的社会发展资助行为、对企业公民规划落实的专门的管理与监督机制等。

“距离严格意义的‘企业公民’，新光还有很长的路要走。”周晓光对此很谦虚，也很理性。然而，在新光十三周年的发展历程中，公共意识、社会效益、为构建和谐社会贡献力量，一直都渗透在它向前迈进的每一步中。也许可以这么说，作为一个致力于提供优质公共产品的社会化服务企业，新光从一开始就在向“企业公民”努力地靠拢……

2008年5月12日发生的举世震惊的四川汶川大地震，深深牵动着周晓光和新光集团全体干部职工的心。当日晚上，在外出差的周晓光就嘱咐公司党委、工会，一方面迅速与地震波及地区的分公司、门市部、经销商联络，确认每一个人的安全，另一方面，向全体140多名四川籍员工开放长途电话，方便他们跟家人联络，确认人身和财产安全，并抓紧安排对家中遭遇灾情的员工进行特别补助，以及放假回家探视等事宜；第二天，公司组织全体党员、员工为灾区捐款。短短一个小时，就募集善款34万元；5月16日，出差回来的周晓光刚刚走出飞机，马上就拍板向地震灾区捐赠500万元，同时她还以个人名义向“汶川地震孤儿专项救助基金”等慈善机构捐赠了60万元。此外，新光旗下的新光房产等子公司也纷纷发起捐赠，到目前已超过130余万元。至此，新光集团向灾区捐赠的善款已达到720余万元，在整个浙商团队里也名列前茅。

周晓光还向有关慈善机构和媒体表示，只要灾区需要，新光随时准备再为灾区群众提供支援和帮助。另外这位多年来资助了500多名贫困儿童的“爱心妈妈”还表示，如果可能的话，她希望领养一些因灾情失去亲人的“地震孤儿”。

回报社会、爱心救助，对于周晓光来说，已经是一种常态。比如她和另一位山东人大代表袁敬华救助聋儿的故事，就一时传为佳话。

这是一个延续了6年的特殊情缘。

今年32岁的山东姑娘袁敬华，1992年在家乡鲁西北的夏津县一间不足20平方米的土房中办起了学校，开始了漫长的聋儿语训教学。经过16年的奋斗，在慈善部门和社会各界的帮助下，当初只有7个学生的语训班如今已发展成为占地12亩，在校学生140人的现代化特殊教育学校，并使300多名孩子开口说话。

2003年，同样刚刚当选全国人大代表的周晓光，首次在北京参加全国“两会”期间，很偶然地听说了袁敬华的事迹，一下子就被这位年轻姑娘的无私大爱所感动。听说袁敬华的聋儿学校办学碰到了困难，周晓光决定要见见那位年轻的“爱心妈妈”。经过热心的媒体记者牵线，两位有着同样爱心的女人相遇了，并当即结成帮扶对子，周晓光决定每年固定地向学校提供赞助经费。当年在现场的媒体记者回忆：“一说起那些聋儿孩子和学校碰到的困难，袁敬华眼泪刷刷地往外流，像周晓光这样的女强人都感动得哗哗地掉眼泪，两个女人抱头大哭，那场面，可真叫感人呐！”

今年，两人都分别连任全国人大代表。两人早早地就约定，在北京再聚。袁敬华告诉周晓光，学校在大家的帮助下，发展得很顺利，很多孩子都念叨着要见见从未谋面的“周妈妈”。周晓光感动地说，今年一定抽时间，去看看那些可爱的孩子们。她还关切地询问那些毕业的孩子走上社会的情况，表示可以在自己的企业帮助这些孩子就业。

这样的故事，在周晓光身上可说是不胜枚举。周晓光的新光集团已连续多年纳税额在义乌市民营企业中名列前茅，自 1995 年公司创办以来，新光已吸纳安置来自 23 个省（市）、14 个民族的就业人数累计达 10 万余人次，当前公司保持职工人数 6000 余人，为构建和谐劳动关系，解决政府就业压力作出了积极贡献；公司积极投身公益事业，尊师重教，支持希望工程，以实际行动回报社会，自 1998 年以来，累计已向慈善基金捐款、捐资助学及其他社会公益事业等投入达 2200 多万元。2008 年，周晓光成为了“浙商公益联盟”的发起人之一，协同广大浙商广泛开展各类慈善公益活动；此外，新光还无私帮扶整个行业共同发展，努力在研发、管理、营销渠道、市场信息、人才培训等诸多方面，对业内其他企业进行带动、引领、帮扶、共享。经过十多年的精心培育和扶持，如今流行饰品行业已发展成为义乌市一大支柱产业，涌现了 4000 多家饰品生产企业和经营户，年产值达 125 亿元，占全国市场份额的 70%以上，解决了 15 万人的就业问题。

“议案大王”的两项“原创”
——访全国人大代表、新光集团董事长　周晓光

原载于人民网《图说中国·人物》专栏2009年3月17日，作者　余风。

人物名片

周晓光：浙江诸暨人，新光集团董事长，全国第十、第十一届人大代表。这位“货郎女”出身的女企业家，在当选全国人大代表之后，以创造性的履职表现，成为在全国具有一定影响的“议案大王”。她的两项“原创性”履职举措，成为了全国人大历史上的两个第一：第一个设立“人大代表联络点”；第一个通过广告向公众征集议案的人大代表。担任各级人大代表10年来，周晓光提交的300多件议案、建议被各级人大采纳。

初当代表“战战兢兢”

“议案大王”当年刚刚踏上参政议政道路时，还远没有今天的淡定从容。“10年前，我头一回选上义乌的人大代表，头一回参加人代会，心里只有一个字——‘慌’！为什么慌？没当过没有底啊。群众将这份神圣的职责托付给我，这是对我的信任，又是对我的考验。怎么才能履行好代表的职责，我感到无从着手。发言不敢发，说话怕讲错，只好闭上嘴巴当‘哑巴代表’。”回想起当年的惶恐心情，周晓光仿佛历历在目。

然而这位16岁就走出山沟走南闯北的山妹子非常地要强，她并不甘心就这样“混代表”。于是，管理经营企业之余，周晓光开始有意识地关注国家大事、时政要闻，以及身边发生的民生点滴。从义乌市人大第十一届第二次大会开始，她开始尝试着提出议案。起初，因为认识水平和经验不够，提出的议案基本局限于跟企业有关的一些问题，涉及面比较狭窄，挖掘也不够深入。听到人家的批评，周晓光暗暗较劲，一定要拿出有分量的东西。

“市场新建”一炮打响

那几年义乌经济飞速发展，国际国内商贸往来日益频繁。经过深入的思考，周晓光强烈地感觉到建设全新模式的小商品新市场已经迫在眉睫。只有建设新市场，才能进一步提升义乌小商品产业的发展层次。1999年

义乌市第十一届人大二次会议上，她从自身经商的切身体会入手，领衔提交了“关于要求建立饰品专业市场的议案”。

这份议案虽然还比较单薄，思路也比较狭窄。但其中大胆而新颖的构想，却受到了义乌市领导的高度重视。市委市政府经过反复论证，采纳并发展了这个议案的构想，决定新建具有更高水准、面向全球客商、拥有一流配套设施的国际商贸城。

2002 年 9 月，经过两年多时间的努力，占地 420 亩、建筑面积 34 万平方米，拥有 9000 多个商位、1 万多户经营者的中国义乌国际商贸城一期工程建成并投入使用。到目前，中国义乌国际商贸城建成总面积已达 140 万平方米，是全球单体规模最大的小商品市场。

一炮打响后，周晓光的积极性得到了极大鼓舞。她进一步深入地观察研究义乌经济社会发展，有意识地就一些群众关心的热点、重点问题展开调研。这一届代表当下来，她共领衔提交了 24 个议案、6 份建议，大多数被采纳。

两项“原创”的必然与偶然

2003 年春天，巨大的幸福和巨大的压力同时降临到周晓光头上——她当选为第十届全国人大代表，也是义乌有史以来的第一个全国人大代表！

也许是因为这巨大的压力，周晓光的第一次全国人大之旅，差不多算是交了“白卷”，又当了一回“哑巴代表”。

“那时候心里别提多难受了。家乡人眼巴巴地送你去开会，你却什么话也没带到就回来了。你这个代表有什么用？”周晓光陷入深深的自责中。怎么才能更好地为民代言？怎么才能做一个有为的全国人大代表？怎么才能打开一扇广泛了解社情民意的“窗口”，提炼有价值的议案、建议？

一想到“窗口”，周晓光眼睛亮了。2003 年 10 月，经过向上级人大领导咨询、请教，周晓光提出了设立“人大代表联系点”的设想。没想到，这个看似平淡的想法，却意外地得到了当地有关部门的热烈响应，市建设局还主动提出为她提供联络点的办公场所。于是，全国第一个“全国人大代表联系点”，在义乌建设大楼 907 号房间正式诞生！

周晓光请来几位退休的老领导、老专家，帮助她接待人民来信来访，开展调查研究，整理议案、建议。义乌市人大还专门下了文件，要求有关单位和镇街要全力配合联络点的调研工作。

联络点成立之初，很多群众并不知道它的存在，来反映情况、提供线索的寥寥可数。没有达到预期效果，周晓光心里有些着急。恰好，当地电视台来她的企业联系新年贺岁广告事宜。周晓光突发奇想：能不能做拜年广告同时，加一句请广大群众提供议案线索的内容呢？

几天后，义乌的电视台播放了这条"内容独特"的拜年广告。

后面发生的事，是周晓光做梦也没想到的——联络点的电话几乎被打爆，前来反映情况、提供议案建议的群众挤得踏破了门槛，前来采访的来自全国各地的媒体排起了"长龙"，各路媒体竞相转载、评说、议论……"周晓光现象"的说法由此不胫而走；有专家撰文称：周晓光的这"一小步"，是中国民主政治建设不可忽视的"一大步"……

"这不是刻意策划的，因为再高级的策划，也不会如此精彩！"回首往事，周晓光微笑作答："这里面有必然中的偶然，又有偶然中的必然。"

"议案大王"贵乎责任

周晓光介绍说，联络点成立至今，已接听有效电话 3436 个，收阅信函、电子邮件 2305 件，接待上门反映情况的群众 2109 人次。这里几乎每天都要接待好几批造访者，最多时一天接到 100 多个电话和大批信函，大都是群众反映社会普遍关心的热点问题：其中既有失地农民的困难，也有下岗职工的痛苦；既有请求帮忙讨要被拖欠工资的求援，也有关注城市"牛皮癣"问题的建议……联系点的电话记录显示，除了义乌本地外，外地打来的电话竟占了 80%多，有的甚至来自四川、福建、江西等遥远的省份。

担任第十届全国人大代表 5 年间，周晓光共向全国人大提交议案 125 份、建议 109 份，其中 111 份议案、109 份建议被正式采纳。此外，向浙江省人大提交并被采纳的议案 11 件、建议 8 件；向金华市人大提交并被采纳的议案 6 件、建议 1 件；向义乌市人大提交并被采纳的议案 29 件、建议 7 件。累计共达 282 件。周晓光提交议案的数量之多、质量之高，在历届全国人大都属罕见。

周晓光提交的"关于要求制定《司法鉴定法》的议案"、"关于要求制定《循环经济法》的议案"、"关于要求制定《反垄断法》的议案"、关于"手机充电器接口标准统一"的建议等，均被国家有关部门采纳，并进入立法程序或出台相应制度、措施，对国家经济社会发展起到了积极的推动作用，在全国产生了较大的社会影响。今年 1 月，周晓光再次当选全国第十一届人大代表。

“改革开放的 30 年，正好是我走出山沟开始创业的 30 年。这些年，我由一个走街串巷的货郎女成为拥有 6000 多名员工的集团企业负责人；由一个高中生成为哈佛商学院的研修毕业生；由一名普通女性成为能够参议国家大事的全国人大代表。这样三个层次的巨大变化，只有在这伟大的 30 年里才会发生。”说这些话时，周晓光平静的语调里带着几分压抑不住的激动。

创业，就要永不退缩

原载于《企业家》杂志2007年第8期。

因为特定历史时期的原因，我在很小的时候就不得不告别了学校，开始面对艰难的生活道路。虽然我没有得到良好、系统的高等教育，但人生总是丰富多彩的，走向成功的道路也并非只有一条。对于今天许多已经开始或者将要开始创业的年轻朋友，我有四个字愿与大家分享，那就是——永不退缩！

简单的四个字，却使我受益至今。我觉得这是在创业的道路上、在面对人生的挫折和失败的时候，应该始终坚持的一种态度，或者说，是一种精神，一种贯穿着我们漫长人生的信念。

我出生在义乌紧邻的诸暨一个偏僻的山村，那里出入全都得靠步行。那时候家里生活非常艰难，因为高中毕业没能考上大学，家中也实在没有能力再供我读书，所以才17岁我就走出家门，到外面的世界去讨生活了。靠着借来的几十元本钱和一本中国地图，7年多时间我跑遍了大半个中国，北到大兴安岭的冰天雪地，南到云南的少数民族村寨，都留下了我的脚印。白天摆地摊卖绣花样，晚上赶夜路睡车站，靠着一分一角的积攒，攒起了2万元钱，算是完成了最初的原始积累。这期间，无论哪一刻我退缩了，都不会有今天的我。

艰苦的生活不但能够磨炼人的意志，培养生存和适应环境的能力，也能从中学习、积累很多书本上学不到的东西。比如我摆摊卖绣花样、绣花针的时候，不少女孩子对怎么绣花感兴趣，我就手把手地教她们绣，她们学会了，要自己回去绣，我的生意也就做成了，这让我明白了什么叫服务意识；又比如有几天生意不好，可来去的路费没法省，时间也赔了进去，所以后面几天就必须多卖几件，不然就要亏本，这让我脑子里有了最原始的成本核算概念。

自古以来，义乌就有“勤耕好学、刚正勇为”的精神传承，它给了义乌人精神力量，塑造了义乌商人“永不退缩”的性格。正是这种精神气质，让今天的义乌人能够敢为天下先，为人所不为，走出了一条义乌特色的发展道路。

另外，创业是为了什么？是为了成功。但事业的成功并非意味着一切。人生的价值，除了自我的实现，还有圆满。什么是圆满？没有缺憾的人生才是圆满！事业，是人生重要的一个内容，但却并非全部。在我们的生活中，还有亲情、友情和爱情，还有责任和义务……我有一个幸福的家，有一个少见的、由 28 个成员组成的大家庭。这里面有我的父亲和母亲、我的丈夫、四个妹妹和四个妹夫、一个还没成家的妹妹、一个弟弟、九个孩子等。每天的晚饭时间，是我们一家人最集中、最快乐的时候，大家一起交流一天的见闻和感受，一起陪老人聊聊家常，一起和孩子玩耍游戏……这是一个温暖的氛围，充满着爱和关怀。这些，对于我的创业生涯，是最为坚实的后盾。

人生永远充满了不确定的变化，充满了值得我们为之奋力追寻的希望！在创业的起步阶段，在遭遇挫折和困境的时候，希望年轻的朋友们能够保持积极乐观的心态，永不退缩，永不言败。在成功之后，还得保持平和谦逊的心态，要学会感恩。感恩，是中国人一种古老而朴素的传统情怀。不论是一个人的成就还是一个企业的辉煌，都有众多的因素在或多或少地起着作用。比如社会环境，比如机遇，比如政策，比如朋友的帮助等。无论怎样的成就和辉煌，都不是无源之水、无因之果。所以，人要懂得敬畏，要懂得感恩，不能自以为是、忘乎所以。这样，才会得道多助，才会走得更长远。

开明的制度环境是民企健康发展的基本需求

2007年9月15日周晓光在北京“财报论坛”上的主题演讲。

跟大多数浙商一样，新光起于“草根”，出身“贫寒”，托改革开放之福，从无到有、从小而大。所以说到今天讨论的主题——“制度环境与民企发展”，多年来种种甘苦，我也算亲历其中，有一些比较直接的体验和感悟，愿与大家分享。

感谢国家民主政治的进步，给予了我们民营企业、民营企业家前所未有的社会地位和政治待遇，对于民企的社会认同度也大大提升。因此，对于国家、政府、社会，作为民企，感恩是第一位的。

另外，曾经仅仅是“补充经济”、“增量经济”和“草根经济”的民营经济，目前已经成为我国经济持续进步的活力源泉和促进社会生产力发展的重要力量，已经占据了整个国民经济50%的比重。然而有了这个比重，是不是就获得了相应比例的“权重”？是不是就获得了相应比例的“看重”与“尊重”呢？恐怕在发达地区与欠发达地区，大企业和中小企业之间，还是有些差别的。当然，就我自己和新光而言，生长在浙江这样的“民营经济大省”，是非常幸福的一件事，各种政策、措施，都围绕着民营经济在设计和推行。然而就全国范围，广大民企还在呼唤着一种更加完善、更加和谐的政府管理模式，呼唤着一个更加公平、更加合理、更加开明的制度环境。

其中比较突出的呼唤，大概集中在这样几个方面：

（1）市场准入的限制。目前，我国的民营企业能够进入的产业范围还是比较狭窄的，大多局限在技术含量较低的传统劳动密集型产业，如纺织、服装、加工、餐饮等，而在基础设施、市政工程项目、基础产业、石油、天然气、矿产开采等都还有一定的准入限制。某种程度上，民企能获准参加的业务，不但与国企不好比，可能还不如外资企业。

（2）融资支持的限制。国家这些年也陆续采取了很多措施改善中小企业的融资环境，但迄今为止，对众多中小企业而言，还没有实质性的改善。民企从金融机构获得的支持还不那么充分。民企的资金仍主要来源于自筹，或者依赖民间金融、地下金融和非法金融等渠道。这里有三组数据来说明民营经济融资之难：一是截至2006年底我国有民营企业498.1万户，而同期国家五大银行的小企业授信户总数只有68.43万家，仅占总量的13.7%；二是根据人民银行的最新研究，到2006年底我国个体私营经济贷款总额仅占国有商业银行的8.81%，政策性银行的0.27%，股份制商业银行的5.9%，城市商业银行的7.96%，占中小金融机构的25.38%；三是据研究机构在全国27个省份进行的抽样调查和总体估计，2005年我国民间金融、地下金融和非法金融的总量约为2.9万亿元，并一直在大幅度增加。

前不久全国工商联主席黄孟复为此替民企“叫屈”说：当前影响民营经济发展的最大制约“瓶颈”因素就是融资问题了。一方面银行金融机构存在大量的存贷差额；另一方面民营中小企业有巨大的贷款需求，却得不到必要的金融支持。他呼吁，银行理当为民营企业提供平等的金融服务平台，国有商业银行和股份制银行要逐步转变服务对象的观念，将服务对象由国有经济为主，转变为国有经济与民营经济并重。他还希望突出金融市场创新，建立多层次的资本市场，允许更多的中小企业上市融资。

（3）各种“潜规则”对民企发展的限制。就政府部门而言，对国有企业有“责任”支持，对外商有“义务”照顾。而对众多民企，尤其是刚起步的中小民企，则是既没有“责任”，也没有“义务”，态度比较冷淡。在土地、规划、项目审批等诸多要素和环节上，民企受到的限制都要甚于国企和外企。日前世界银行公布的《2006年全球企业经营环境报告》显示，在世界155个国家或地区当中，中国内地的经商环境排在第91名，处于中下游水平。其中提到最多的是中小企业融资难问题，以及政府对中小企业所从事的行业宏观指导力度不足，配套基础设施不完善，产品市场准入门槛较高，有些地方行政执法效率低下，当地司法部门对企业权益保障程度低，政府政策规章的透明度较低，以及社会信用环境较差，等等。

中国的民营企业绝大多数是中小企业，真正做大的还很少。其中一个主要原因，就是发展所必需的优势资源比较缺乏。此外，我国的民企进入门槛太低，从行业来看，民企进入的数量和行业的等级成反比，越是低等级的行业，越能吸引民企。因此民企也面临着产业升级的大题目，应该努力向经贸、现代服务业等高等级产业和体现国家竞争力的高新技术领域发展。而一些必须由国有经济控制的领域，如公共事业、基础设施等，民企也可以以参股的方式进入……这些，都需要一个开明的制度体系作保障。

我认为，从经济持续发展的长远考虑，首先，政府应逐步拆除“制度壁垒”，给予民企同等的“国民待遇”。其次，还应该为民企专门设计更适合它们发展的推动、帮扶机制。对于这样来自政府层面的更加到位的推动、帮扶力量，民营企业的需求是很迫切的。因此，在这里我想为广大中小民企提几个“盼望”：一盼进一步放宽市场准入政策，实现民企在发展空间上的新突破；二盼加大对民企的金融支持力度；三盼政府鼓励、支持民企技术创新、产业升级，积极引导民企投资的战略方向，帮助民企做大、做强、做高。

由“通、变”而至“生生之境”
——对义乌经济发展现状及未来走向的观察与思考

原载于《浙江日报》2005 年 1 月 23 日“商城论道”专栏。

从鸡毛换糖到地方性集贸市场的成立，再由一个地区性的小市场发展成全球知名的“小商品海洋，购物者天堂”，对于义乌这样一个人口只有几十万的农业小县来说，其间走过的道路漫长而艰辛，经历了诸多的坎坷，令人感慨赞叹的东西实在不少。

然而义乌经济发展到目前这个地步，市场、企业的经营现状却也存在着许多的隐忧，需要仔细地观察、深入地思考、积极地应对。义乌市场的发展已经走上了一个新的里程碑，这对义乌企业来说，既是机遇又是挑战：机遇在于市场的发展给义乌企业带来更多新的观念和新的发展机会，而挑战在于如果义乌企业不跟上时代发展的步伐，积极改变、创新，而是因循守旧、安于现状，那么就有被淘汰的危险。

根据我个人的观察，义乌经济目前比较突出的问题，首先是生产要素的紧缺，以及现有区域行政框架的制约和不适应。义乌已经走过了资本的原始积累阶段，但是同样重要的资源、技术和人力的短缺却日趋严重。近几年的缺水缺电，还有土地问题，技术工人、劳动力的短缺问题，已经昭示着现有资源的逐渐枯竭；由于行政框架的制约，虽然政府部门做了很大的努力，但社会化管理服务体系、公共产品的提供与满足，还是日益显示出不适应性。举一个比较明显的例子，由于外来人口的急剧增长，安全隐患、社会问题日益突出，而警力配备因行政框架的限制，无法得到相应增加，导致社会安全难以得到有效保障。随着义乌经济的进一步高速发展，随之而来的类似问题会越来越多、层出不穷。此外，由于当前义乌在地域经济结构中的地位和辐射能力，一个以义乌小商品产业为核心的经济辐射圈，已经冲破行政框架的限制，正在自发地以民间和市场的方式悄然形成，周边许多县市，乃至邻近的地级市衢州，都不约而同地提出了“接轨义乌”的口号。这一能够有效整合地域经济资源配置、分工协作的良好趋势，或多或少也因行政框架的制约而显得缓慢和凌乱。

其一，在诸多要素资源的组合中，自然资源是比较刚性的，需要政府来协调和统筹。而作为企业，在人力要素的需求和培养上，可以有所作为。从一定意义上，人才影响着企业发展的根本水平，更决定着今后的发展水平。人才是一种特殊的资源，能够为企业节约其他要素资源和带来额外的赢利。在温州和台州企业中，人才都是从企业的长远战略角度来考虑的。台州总投资4.1亿元的飞跃工业城一期工程，从开工到建成不到10个月，就节约了5000万元资金。这里面就有经济学家吴敬琏的功劳，他预见到建筑原材料价格要上涨，并建议工业城要造就得快，不快不如不造。一个前瞻性的提示就节约了5000万元，这就是人才的价值。

其二，不少企业主和市场经营者的素质还不能适应现代企业发展的需要。随着国际化步伐的加快，义乌势必将不仅仅是一些大型国外采购商购物的天堂，他们的经营触角也在往这里延伸，要在这里安营扎阵，直接参与竞争。据了解已经有国外商业机构开始正式进入义乌了。这些对于义乌企业和市场经营者来说，是一个必须面对的严峻考验。

因为不懂得更为专业的外贸和营销知识，我们不少经营者还是采用传统的营销方式，把自己禁锢在专业市场的店面里，不能运用有效的手段主动把自己融入到全球的供销体系中去，面对更大更多的海外市场和客户，很多企业、经营者都没有充分地加以利用或者深入挖掘，从而浪费了很多好的商机和客户资源。如果仍不突破现有的素质障碍和问题，无异于坐以待毙。因此，义乌去年提出了打造“学习型城市”的口号，这是非常及时的。

其三，浙江经济有着显著的区域特征，浙北经济是以上海为中心的长三角经济圈的一个组成部分，是全球供应链的某个环节；而浙中南经济则基本上是天然的市场经济的产物，包括台州、温州、义乌等。尤其是义乌企业，它的个体性和独立性比较强，而且以家族制企业居多，并且有群集的特征。但这样的一个区域经济，在这种天然的市场经济条件下，容易使很多企业盲目生产，造成结构的不合理，相互之间进行恶性的价格竞争，这是义乌企业所面临的一个很现实的问题。

其四，不少义乌企业是凭借着一种市场变化的随机性来运作，甘愿经营小本生意就是不想走出去。这是义乌市场给企业带来的一个负效应，因为义乌市场繁荣了，怎么说也有义乌企业的一杯羹，除非义乌市场垮了，但这种可能又是在义乌市场繁荣初期所不会产生的。于是客观上给小富即安的思想带来了保障，使得义乌不少企业过分地依赖于义乌市场，这样的循环必然导致企业发展原动力的衰竭，从而不思进取、得过且过。

其五，义乌走的是一条“小商品、大市场”的道路，并培育了服装、针织、饰品、彩印、拉链等优势产业和产品，形成了具有区域特色的块状经济。因此在发展初期，产业结构是不可避免的，这在一定程度上也是充分市场化的结果。有人认为，如何看待义乌产业结构的重复建设可以借鉴温台的模式，因为温台的模式说明一旦在一个地区实现了集群，建立起了自己的产业价值链，各行业和企业之间建立良好的协作和分工，那么这样的产业结构可以促使产生规模效应。不过令人深思的是，义乌产业建设是不是真的适合这样的模式呢？相对于温台地区而言，义乌经济的崛起走的是兴商建市的路子，基础和操作方法都不一样。如果还有那么一个二十年，或许义乌产业建设再去遵循温台模式也许可行，但问题是时不待人。理性地看待义乌产业结构现象是对的，但把握好自身的优势和缺点也是重要的。

对于所面临的这些形势和问题，义乌企业必须积极地应对。我的浅见，第一，就是要优化要素组合，重视人力资源的开发。义乌企业要想做得更大、更强，光有商气是不够的，更要有才气。自己没有较高的知识层次，手下没有专业的团队，企业是不可能有大的发展的。第二，形成现代营销观念，有效提高营销素质，努力改善营销环境。第三，加强分工与合作，突出产业集群的内在优势，实现资源的优化，技术和信息的共享。第四，推进企业网络建设和信息化，搭建一个高效的内部信息沟通和对外交流的平台。第五，加大结构调整力度，合理规划布局。通过提高自身产品的外向度，不断地适应国际市场的需求。通过跟国外客商的交流，不断地提升和调整自身的产业结构、产品结构和企业组织结构。同时，要不断地创新，加大自己独立研发的能力，要向低成本高利润产品的开发方向转化，形成真正的核心竞争能力。第六，提高竞争意识，建立合理的竞争机制，促使品牌观念的形成。品牌，是企业核心竞争力的集中体现，义乌企业必须要树立品牌意识，不但要注重产品质量的提高，也要致力于企业形象的塑造，重视品牌文化内涵的提升。同时，还需完善竞争机制，避免出现恶性的价格竞争。

《周易》有言：“穷则变，变则通，通则久”，又说：“变而通之以尽利”。把古人的智慧引申到今天的经济生活中，我的看法是，“变”，可以理解为创新、突破；“通”，可以理解为学习、实践、达到。也就是说，要达到理想、和谐的状态，就要通过不断的学习、实践去创新和突破，这样才能有所收获。在解释什么是理想状态时，《周易》有一句话叫“生生之谓易”，意思是单纯的静态的动植物和人的生命存在是“生物”，动态的、创造和产生这些生物的过程是“生产”，进而言之，当事物的形态超越动态与静态、将“生物”和“生产”和谐圆满地融为一体时，就达到了《周易》所主张的“生生之境”，也就是生生不息的境界。

随着义乌国际性商贸城市的加速建设，义乌企业也将不断实现新的突破和发展。不过这需要我们不断地“变”和“通”，并且通过这样不断的循环往复，再辅之以外部环境的改善和行政框架的突破，义乌企业才会真正地跳上一个崭新和更高的平台，义乌经济才能逐步达到自己的“生生之境”。

以史为鉴　超越前人

——从徽、晋商帮的兴衰成败思考义商群体的走向

原载于《浙江日报》2006年5月27日“商城论道”专栏。

义乌这个城市，义乌商人这个群体，在改革开放的历史机遇中，从鸡毛换糖的拨浪鼓文化氛围里脱颖而出，不断发展壮大，开始在中国的经济版图上显山露水，在全球广阔的市场上呼风唤雨。作为被誉为继徽商、晋商之后中国第一商人群体的浙商家族中一股不容忽视的新生势力，义商群体用20多年时间沉淀了丰富的操作经验，储备了庞大的经营者队伍，积累了可观的发展基础，日益显示出咄咄逼人的气势。

然而，我们也应该清醒地认识到，义乌的迅速崛起时间还很短，还仅仅是一个开始。不要说比肩辉煌数百年的徽商、晋商，就是跟温州、宁波等地的传统商帮相较，也还显得底气不足，缺乏厚度和内涵。何况，古代先贤早有“富不及三代”、“其兴也渤焉，其亡也忽焉”的古训。所以，今天的义乌商人，妄自菲薄固然不可，居安思危却是必需。

怎样才能使义商不仅能成为徽商、晋商那样具有广泛而长远影响的商人群体，成为人文内涵丰富的经济品牌，又能跳出古代商帮由盛而衰的覆辙，获得更大的发展和超越呢？缘此，总结反思并切实借鉴历代商帮兴衰成败的经验教训，以及他们的经营之道、管理思想，就显得十分必要。深入探讨这些道理和原因，就会从中发现古今之通理，为我们提供丰富的营养。

明清两代山西商人称雄国内商界达500多年，“生意兴隆通四海，财源茂盛达三江”，就是他们的真实写照。

晋商得以长时间兴旺发达，有很多原因。其首要，莫过于商德彰著、诚信为本。毋庸讳言，一个时期以来，我们经济生活的各个领域中，信用度的低下已经在某种程度上影响了经济的正常运转，以致有人用“诚信危机”、“信用危机”来概括。所以，晋商以诚信为本的经营理念，是一种人文精神，也是中华民族的基本美德之一，应该得到继承和发扬。

其次，我们知道，每一种社会实践活动都有一种特殊的精神作为其灵

魂，这种内在的灵魂是实践活动中最活跃的能动力量。晋商的成功，就在于他们是在一定的历史条件下自觉和不自觉地发扬了一种特殊精神，它的核心可以归纳为进取精神、敬业精神、群体精神。这些都充分地贯穿在晋商的经营意识、组织管理和心智素养之中。

孔子曰："富而可求也，虽执鞭之士，否亦为之。"所谓"天下熙熙皆为利来，天下攘攘皆为利往，夫千乘之王、万家之侯、百室之君，尚犹患贫，而况匹夫编户之民乎。"由利益而起动的进取精神，是晋商鏖战于商场的精神动力。清代纪晓岚说："山西人多商于外，十余岁辄从人学贸易，俟蓄积有资，始归纳妇。"这就是说，事业不成，甚至连妻子也不娶。可见晋商是把经商作为大事业来看，他们通过经商来实现其创家立业、光宗耀祖的抱负，而这种观念正是使其在商业上不断进取的极其巨大的精神力量。

晋商的进取心还表现在强烈的开拓意识，以及不畏艰辛，敢于冒风险等诸多方面。他们走沙漠，闯边疆，东渡东瀛，南达南洋。清代，晋商开辟了一条以山西、河北为枢纽，北越长城，贯穿蒙古戈壁大沙漠，到库伦，再至恰克图，进而深入俄境西伯利亚，又达欧洲腹地彼得堡、莫斯科的国际商路，这是继丝绸之路衰落之后兴起的又一条陆上国际商路。从明代开始，晋商就已在海外开展贸易活动，清朝乾隆时晋商范氏是日本最大的洋铜供应商，清末晋商在韩国、日本开办了银行。这些事业的成功，没有非常的气魄与胆略是不可能实现的。经商犹如打仗，险象环生是常事。他们不仅要经历天气环境之险，而且还常常遇到被盗贼抢掠及至丧失生命之险。由上可见，开拓进取、自强不息、不畏艰辛、敢于冒险是晋商成功的重要因素。

晋商的敬业精神，也常常为人所称道。敬，原是儒家哲学的一个基本范畴，主张人在一生中始终要勤奋、刻苦，为事业尽心尽力。在封建社会，传统观念是重儒轻商，故四民中商为末等。但晋商却不这样看，他们认为商和士农工是同等重要，都是本业，同样要敬。三晋大地许多知识分子也改"学而优则仕"为"学而优则商"，能数代集中优秀人才锐意经营商业，从而形成了一个具有相当文化的商人群体。也正是由于这些人把儒家的诚信、仁义、忠恕精神引入商界，这才有了晋商的辉煌成就。在具体实践中，晋商的敬业又表现为勤奋、刻苦、谨慎的作风。

晋商在经营活动中很重视发挥群体力量。他们用宗法社会的乡里之谊